Sander L. Gilman, Robert Jütte,
Gabriele Kohlbauer-Fritz (Hg.)
»Der schejne Jid«

»Der schejne Jid«

Das Bild des »jüdischen Körpers« in Mythos und Ritual

Herausgegeben von
Sander L. Gilman, Robert Jütte und Gabriele Kohlbauer-Fritz
im Auftrag des Jüdischen Museums Wien

Mit 66 Abbildungen

Picus Verlag Wien

Dieses Buch erscheint zur Ausstellung

»Der schejne Jid«
Das Bild des »jüdischen Körpers«
in Mythos und Ritual

Jüdisches Museum Wien
Palais Eskeles,
16. September 1998 bis 24. Jänner 1999

Wissenschaftliche Leitung: Sander L. Gilman, Robert Jütte
Kuratorin: Gabriele Kohlbauer-Fritz
Mitarbeit: Naomi Lasar, Michael Sturm, Rhoda Rosen
Gestaltung: Mathis Esterhazy
Graphic Design: Andreas Pawlik

Die Deutsche Bibliothek – CIP-Einheitsaufnahme

Der *schejne Jid*: das Bild des jüdischen Körpers in Mythos und
Ritual; [erscheint zur Ausstellung »Der schejne Jid« – Das Bild des
»jüdischen Körpers« in Mythos und Ritual, Jüdisches Museum Wien,
Palais Eskeles, 16. September 1998 bis 24. Jänner 1999] / Sander
Gilman … (Hg.). – Wien: Picus Verl., 1998
ISBN 3-85452-282-7

Copyright © 1998 Picus Verlag Ges.m.b.H., Wien
Alle Rechte vorbehalten
Redaktion und Lektorat: Natalie Lettner
Übersetzung: Dietmar Pirklbauer,
Martina Schatke, Natalie Lettner
Graphische Gestaltung: Dorothea Löcker, Wien
Druck und Verarbeitung: Druckerei Theiss GmbH, Wolfsberg
ISBN 3-85452-282-7
Printed in Austria

Inhalt

Vorwort

Diese Publikation ist das Ergebnis eines internationalen Symposiums, das mit dem Titel *Der schejne Jid. Körper – Kultur – Hygiene* im Juli 1997 am Institut für Geschichte der Medizin der Robert Bosch Stiftung in Stuttgart unter der Leitung von Professor Dr. Robert Jütte stattfand. Die Idee für diese wissenschaftliche Veranstaltung als Vorbereitung für eine gleichlautende Ausstellung entstand während der Gastprofessur von Professor Sandor L. Gilman, University of Chicago, im Jahre 1996 am Moses Mendelssohn Zentrum für europäisch-jüdische Studien in Potsdam. Der Direktor des Zentrums, Prof. Julius H. Schoeps, war damals auch künstlerischer Leiter des Jüdischen Museums in Wien. Ausgangspunkt für die geplante Wanderausstellung sollte Wien sein, als weitere Stationen wurden Dresden mit dem Deutschen Hygiene-Museum und unter anderen auch Chicago ins Auge gefaßt.

Das Wiener Jüdische Museum ist durch seine Sammlungsgeschichte prädestiniert, sich dieses Projektes anzunehmen: Im Jänner 1910 wurde Dr. Max Grunwald (1871-1953) – Rabbiner, Volkskundler und Mitarbeiter des Wiener Jüdischen Museums – mit der wissenschaftlichen Leitung der »Unterabteilung Hygiene des Judentums« für die im Jahr 1911 geplante Internationale Hygiene-Ausstellung in Dresden beauftragt. Er beabsichtigte, in einem weitgespannten Bogen die *Hygiene der Juden* – so wie er es ein Jahr nach der Ausstellung in dem gleichnamigen Buch darlegte – vom Altertum über das Mittelalter und die Neuzeit bis zur Gegenwart in

einer alten Holzsynagoge anhand von Judaica, neu angefertigten Modellen, historischen Graphiken und musealen Objekten darzustellen. Letztendlich mußten die über 300 Objektnummern in zwei kleineren Räumen der historischen Abteilung – Vorantike und Mittelalter – präsentiert werden. Aus dieser großen Anzahl von Objekten, die nach der Dresdner Ausstellung dem alten Wiener Jüdischen Museum übereignet wurden, ist heute nur noch wenig erhalten. Zusammen mit vergleichbaren Stücken anderer Sammlungen oder vergleichbaren Wiener Gegenständen sollen Teile der Dresdner Ausstellung gezeigt werden, jedenfalls die schon für das Wiener Museum 1899 zusammengestellte »Gute Stube« des heute weltberühmten Wiener Malers Isidor Kaufmann. Das Mobiliar (das in der Mittelalter-Abteilung gezeigt wurde, obwohl es sich um Objekte des 19. Jahrhunderts handelte!) scheint in Kaufmanns Bildern vielfach auf. Diese kleine Schabbatstube fand nostalgischen Anklang und wurde zum mehrfachen Vorbild anderer Jüdischer Museen und diverser Ausstellungen.

Nach den inhaltlichen Vorgaben des wissenschaftlichen Leiters Sander L. Gilman hat die Kuratorin am Jüdischen Museum Wien, Dr. Gabriele Kohlbauer-Fritz, durch ihr umfangreiches Fachwissen und die große Kenntnis einschlägiger Sammlungen des In- und Auslandes eine ganz eigenständige und aufregende Szenographie für die Ausstellung *»Der schejne Jid« – Das Bild des »jüdischen Körpers«* in *Mythos und Ritual* entworfen, die von Mathis Esterházy gestaltet vom 16.

Vorwort September 1998 bis 24. Jänner 1999 im Palais Eskeles in Wien gezeigt wird. Ihnen und den Mitarbeitern Rhoda Rosen und Michael Sturm danke ich ebenso herzlich wie den Autoren dieses Bandes und Herrn Professor Jütte sowie ganz besonders der Robert Bosch Stiftung in Stuttgart, ohne deren finanziellen Beitrag dieses Projekt nicht stattgefunden hätte.

Karl Albrecht-Weinberger
Direktor des Jüdischen Museums Wien

Die Inszenierung des jüdischen Körpers: Zwischen Identifikation und Projektion

Rhoda Rosen

Den Ausgangspunkt der Ausstellung *Der schejne Jid* bildet eine andere, lange zurückliegende Schau: die Internationale Hygiene-Ausstellung 1911 in Dresden. Sie wurde im Stil der damals populären Weltausstellungen ausgerichtet, bei denen verschiedene Pavillons den »Völkern der Welt« gewidmet waren. 1911 in Dresden bildete die Beschreibung der Hygienepraktiken der »Völker der Welt« das Leitmotiv. Eine eigene Abteilung widmete sich den jüdischen Hygienepraktiken und versuchte, diese in einen wissenschaftlichen Kontext zu stellen. Ein Ziel der heutigen Ausstellung ist es, die damals – im »Zeitalter der Säkularisierung« – unternommenen Versuche, jüdische Rituale wissenschaftlich zu begründen, nachvollziehbar zu machen. Was die Ausstellung von 1911 so besonders spannend macht, ist die Tatsache, daß Juden nicht »von außen« beschrieben, sondern beauftragt wurden, sich selbst darzustellen.

Die jüdischen Ärzte, Anthropologen und religiösen Leitfiguren, die um Rat gefragt wurden, wie man der Welt die Hygienepraktiken der Juden veranschaulichen sollte, reduzierten die jüdische Geschichte auf zwei Zeitabschnitte. Sie orientierten sich dabei an Texten, wobei den Schriften (und zeitgenössischen Interpretationen) der Bibel und des Talmuds der Vorzug gegeben wurde. Den Mittlern der jüdischen Kultur im Dresden des Jahres 1911 ging es dabei um zwei wesentliche Ziele: Erstens interpretierten sie die rituelle Bedeutung bestimmter Praktiken neu – wie zum Beispiel den Zweck der Beschneidung, der Kaschrut und der Nidda – und be-

dachten sie mit hygienischen Erklärungen. Gemäß dieser Argumentation waren die europäischen Juden des 19. Jahrhunderts »gesünder« und »moralischer« als die nichtjüdischen Europäer, da sie auf eine lange Tradition von Hygienepraktiken zurückblicken konnten. Zweitens wollten sie sich als mitteleuropäische Juden durch ihre Art der Ritualpraktiken von den sogenannten Ostjuden, die zum Teil noch immer in Ghettos lebten, als auch von den Juden des Nahen Ostens, die für eine ferne historische Vergangenheit standen, abheben. John Efrons Essay in diesem Band diskutiert die Auswirkungen dieser Fragestellungen auf die deutschen Juden im 19. Jahrhundert.

Spätestens seit der Aufklärung geraten Juden ins »Blickfeld« und werden unter diesem Blick auch immer wieder zum Opfer. Genau diese Spannung kennzeichnet die Moderne und ist zugleich ein wichtiger Inhalt der aktuellen Ausstellung. Während Juden einerseits zum Objekt des modernen Blicks wurden, haben sie sich andererseits auch innerhalb der Grenzen dieses Blickfelds bewegt und inszeniert. Ein einfaches, jedoch aufschlußreiches Beispiel dafür, wie Juden die visuellen Codes ihrer Betrachter übernommen haben, um diese zu absorbieren und in ihren eigenen Prozeß der Identitätsstiftung einfließen zu lassen, bietet die Arbeit von Ephraim Moses Lilien (1874–1925)[1]. Lilien wurde als »Gründer der jüdischen Kunst«[2] bezeichnet. Er war auf jeden Fall der erste Künstler, der an der Seite der Zionisten arbeitete und ihren Zielen visuellen Ausdruck verlieh. Doch seine Darstellungen von Jeru-

Ephraim Moses Lilien:
Rumänischer Jude,
Photo, 1906–1910

das Motiv aus großer Entfernung dar – beide distanzieren sich von der exotischen Szene. Sie wählen einen erhöhten Standpunkt – der Blick fällt, ganz in der Tradition imperialistischer Landschaftsansichten, von oben auf das Tor herab. Beide Darstellungen integrieren exotische arabische Händler, die sich mit ihrem Vieh ungezwungen und ahnungslos unter dem besitzergreifenden Auge des Betrachters bewegen. Obwohl Lilien dieselben Codes einsetzt, die von den Briten und Deutschen in deren Palästina-Darstellungen benutzt wurden, läßt er dabei manchmal seine zionistischen Bestrebungen und seine Hoffnungen für Palästina erkennen. Auch für die Darstellung des *Jordan* haben sowohl Lilien als auch Roberts einen distanzierten und erhabenen Blickpunkt gewählt, von dem aus sie auf den sich dahinschlängelnden Fluß hinunterschauen. Wieder haben sich beide Künstler vom dargestellten Motiv entfernt; durch die Wahl des Blickpunktes ergreifen sie wieder von ihm Besitz. Roberts jedoch bevölkert seine Landschaft mit Pilgern, die im Fluß getauft werden, und verleiht der Szene damit eine christliche Bedeutung. Lilien dagegen stellt eine völlig menschenleere Landschaft dar. Sie war schon immer menschenleer. Es ist ein leeres, verlassenes Stück Land, das darauf wartet, bevölkert zu werden. Sein Blick ist der originäre Blick; die jüdische Besiedlung ist die originäre Besiedlung. Das ist Liliens visuelle Umsetzung des politischen Statements von Theodor Herzl: Ein Land ohne Volk für ein Volk ohne Land.

Herzl ist in seinen Überlegungen, ob Palästina ein geeigneter Standort für einen jüdischen Staat sei, völlig unsentimental. Er schreibt in sein Tagebuch: »Gegen Palästina spricht Nähe Rußlands und Europas, Mangel an Ausbreitung sowie Klima, dessen wir schon entwöhnt. Dafür die mächtige Legende.«[3] Man könnte nun behaupten, daß Lilien Palästina wieder zu einer »mächtigen Legende« macht: Während er die Landschaft, wie wir gesehen haben, mancherorts »entvölkert«, bevölkert er sie bei anderen Gelegenheiten mit einer lebendigen jüdischen Ge-

salem sind keineswegs neu, sondern fügen sich in eine Geschichte der kolonialen Palästina-Darstellung durch Künstler wie Holman Hunt, Edward Lear, David Roberts und Johan Anton Ramboux ein.

Schon ein oberflächlicher Vergleich eines David Roberts mit Ephraim Moses Lilien zeigt, daß beide dieselben Motive für ihre Werke wählten. Beide stellten den *Davidturm*, das *Damaskustor*, die *Abschalom-Säule*, den *Jordan* und den *Siloam-Teich* dar. Darüber hinaus setzen beide bei vielen Bildern beinahe identische visuelle Codes ein. Ein Vergleich des *Damaskustores* von Roberts mit dem gleichnamigen Werk von Lilien verdeutlicht die Parallelen. Beide stellen

schichte und einer langen kulturellen Tradition. So ist beispielsweise seine Darstellung von *Lag Ba-Omer am Grab des Rabbi Simeon bar Yohai* mythisch und zeitlos. Die hier versammelten Juden sind orientalisiert und scheinen an einem uralten, ungebrochenen, alljährlich wiederkehrenden Brauch teilzunehmen, als wären sie schon immer in diesem Land gewesen. Obwohl der abwesende Künstler wiederum nicht Teil der von ihm dargestellten Szene ist, erweckt er doch den Eindruck, als gäbe es eine lange und lückenlose Verbindung der jüdischen Kultur und Tradition mit diesem Ort, diesen Bäumen, dieser Landschaft. Mehr als das: Die dargestellten Menschen scheinen ein Teil des Ganzen zu sein, ein und dieselbe Wellenlinie zeichnet die Bäume und die Menschen; das Oval des zentralen Baumes spiegelt die Anordnung der im Vordergrund sitzenden Personen wider. Links im Hintergrund ist das Land verlassen und erstreckt sich gegen einen unkultivierten, unbevölkerten Horizont. Die Szene scheint das einzige Leben, die einzige Geschichte im Land zu sein. Auf diese Weise setzt Lilien die alten visuellen Codes des Kolonialismus für einen neuen Prozeß der Identitätsschaffung ein. Das interessanteste Beispiel für die Verwendung dieser Codes findet sich in seiner Darstellung von Juden in Jerusalem. Seine *Jüdin aus Buchara* ist demselben Blick ausgesetzt, den ethnographische Photographen haben, wenn sie jüdische Motive exotisieren. Die Darstellung im Profil, die distanzierten Augen, die den Blickkontakt mit dem Betrachter meiden, setzen die Figur dem musternden Blick des Zuschauers aus. Ihre bestickte Kleidung und der erlesene Schmuck distanzieren sie noch weiter vom Betrachter. Gleichzeitig ist sie schön. Sie wird sowohl als Archetyp wahrgenommen als auch mit Begehren betrachtet. Distanziert vom Künstler, dem europäischen Juden, und doch Objekt seiner Begierde, scheint sie nur für ihn – und damit für den männlichen Betrachter – zu posieren.

Im Mittelpunkt der Ausstellung »*Der schejne Jid.*« *Das Bild des »jüdischen Kör-*

pers« in Mythos und Ritual steht die Darstellung von Juden und durch Juden im post-aufklärerischen Zeitalter: Ein Ziel ist es, die Inszenierung des jüdischen Körpers in der Moderne geschichtlich zu verorten, die historischen Parameter für die Gemeinplätze über den jüdischen Körper und seine Praktiken zu verdeutlichen und zu veranschaulichen, wie dringend das Bedürfnis war, die »Andersartigkeit« der Juden darzustellen. Gleichzeitig thematisiert die Ausstellung jene visuellen Systeme (scopic regimes) und Beobachtungstechniken (techniques of observation), die der Darstellung des jüdischen Körpers zugrunde liegen.[4] Mit anderen Worten sind es der Blick und das Sehen selbst, die auch zum

Ephraim Moses Lilien: Rumänischer Jude, Lithographie, 1911

in der Geschichte zu reflektieren und um nachvollziehbar zu machen, mit welchen dramaturgischen Mitteln ein Betrachter konstruiert wurde. Im Gegensatz zum aufklärerischen Anspruch ist es nicht Erkenntnis, die der Betrachter daraus gewinnt, daß ein exotisches Thema »ins Licht gerückt« und in die Vitrinen des Pavillons gebracht wurde. Ein traditioneller jüdischer Inhalt und ein assimilierter jüdischer oder nichtjüdischer Betrachter treffen aufeinander. Die Ausstellung sollte den Gegenstand in die Ferne rücken, um die Angst vor einer Identifikation mit dem Schaustück zu verringern und die eigene soziale und politische Identität zu sichern. Der Betrachter übernahm die Rolle des Wissenschaftlers, der »den Juden« als Untersuchungsgegenstand ins Blickfeld rückte. Die aktuelle Ausstellung macht die Darstellungsmethoden und -techniken bewußt, die zu dieser dramaturgischen Erfahrung führten. Sie will diese Erfahrung allerdings nicht reproduzieren, sondern versucht vielmehr, die Doppelrolle des Betrachters aus dem Jahr 1911 als Wissenschaftler und Eindringling zu zeigen.

Nicht nur die Zusammenstellung der Kunst- und Ritualobjekte von 1911 wird nachvollziehbar, auch Präsentationstechniken des Jahres 1911 werden deutlich: die Beschriftungen, die Vitrinen, die Verwendung von Photographien, das Mittel der Wiederholung, der Einsatz von Dioramen und Modellen sowie von biblischen Texten. Im Zusammenhang mit den Präsentationstechniken ist von größter Bedeutung, daß diese Objekte nach der Ausstellung ihren Weg zunächst ins damalige Jüdische Museum in Wien gefunden haben und 1938 gemeinsam mit dem Rest der Sammlung konfisziert und von den Nazis in einer Reihe von Ausstellungen verwendet worden sind – und zwar, um mit fast den gleichen Mitteln den gegenteiligen Effekt zu erzielen. So wurden die beschlagnahmten Objekte etwa als Teil einer anthropologischen Ausstellung im Naturhistorischen Museum in Wien gezeigt, die 1939 unter dem Titel *Das körperliche und seelische Erscheinungsbild der Juden* zu sehen war. 1940

Gegenstand dieser Ausstellung werden. Wie Pier de Bolla feststellte, ist »der Blick nicht nur thematisch von großer Bedeutung für das Denken der Aufklärung«, sondern kann darüber hinaus als »die Metapher des Aufklärungsgedankens« verstanden werden.[5]

Es sollte uns daher nicht verwundern, daß das Plakat für die jüdische Abteilung in Dresden 1911 ein einzelnes, alles sehendes Auge zeigt. Deutlich wird, wie der Blick der Aufklärung visuelles und politisches Terrain erfaßte, beanspruchte und absorbierte. Elemente aus der Hygiene-Ausstellung von 1911 in Dresden dienen in der aktuellen Ausstellung dazu, um über Projektionen von und durch Juden zu einem bestimmten Zeitpunkt

wurde die Sammlung dem Museum für Völkerkunde einverleibt. Ein Objekt fand seinen Weg in die Sammlung des Österreichischen Museums für Volkskunde, einige Objekte wurden in der Österreichischen Nationalbibliothek aufbewahrt und einige wurden als Teil der Bestände der Universitätsbibliothek Wien inventarisiert.[6] In allen diesen Fällen dienten diese Ausstellungsobjekte, die in Zusammenhang mit Praktiken wie der Mikwe, der Beschneidung oder der Kaschrut stehen, nicht dazu, auf die lange Hygienetradition der Juden zu verweisen, sondern die Objekte wurden von den Nazis ausgestellt, um Juden als genetisch und sozial degenerierte Verbreiter von Krankheit und moralischer Entartung darzustellen. Dies zeigt einmal mehr die verführerische Macht der Bilder und wie unterschiedlich diese je nach Absicht und Kontext interpretierbar sind. Heute kommt als weiterer Kontext die Sichtweise einer Welt nach der Schoa dazu; da wir alle Teil dieser Welt sind, müssen wir davon ausgehen, daß uns einige ihrer Auswirkungen noch immer verborgen sind. Die aktuelle Ausstellung ist daher Teil einer notwendigerweise unvollständigen, sich ständig weiter entfaltenden Auseinandersetzung.

Stephen Greenblatt hält fest, daß das Sammeln exotischer Objekte »die Leere im Zentrum des verstümmelten Ritus des Besitzes« ausfüllt.[7] Obwohl er sich auf Objekte bezieht, die in der Neuen Welt gesammelt wurden, ist dieser Ansatz auch hier von Relevanz, den bereits früher Benjamin in den viel zitierten Thesen *Über den Begriff der Geschichte* formuliert: »Denn was er (der historische Materialist) an Kulturgütern überblickt, das ist ihm samt und sonders von einer Abkunft, die er nicht ohne Grauen bedenken kann. (…) Es ist niemals ein Dokument der Kultur, ohne zugleich ein solches der Barbarei zu sein. Und wie es selbst nicht frei ist von Barbarei, so ist es auch der Prozeß der Überlieferung nicht, in der es von dem einen an den anderen gefallen ist.«[8] Während die Objekte in dieser Ausstellung einerseits herangezogen werden können, die behauptete Verbindung zwischen Juden und

Pathologie zu reflektieren, färbt andererseits die Geschichte der Objekte selbst diese Diskussion. Nachdem sie 1911 zum ersten Mal als Beitrag zur Eugenik verwendet wurden, indem sie Juden eine lange Tradition der Hygiene bescheinigten, wurden dieselben Objekte nach 1938 von einer anderen Generation von Eugenikern neu interpretiert – und das hatte verheerende Folgen. In der aktuellen Ausstellung benützen wir eben diese Objekte mit einer gewissen Befangenheit, um über Geschichte und Interpretation nachzudenken.

Obwohl Bilder von Juden schon lange vor der Aufklärung als Exotika existierten und gesammelt wurden, dienen jene Bilder

Ephraim Moses Lilien: Bucharische Jüdin, Lithographie, 1915

Plakat der Internationalen Hygiene-Ausstellung in Dresden 1911, Entwurf von Franz Stuck

Stein gewordenen Dingen (Fossilien); die Hand einer Meerjungfrau; die Hand einer Mumie; ein kleines Stück Holz vom Kreuz Christi; Bilder aus der Kirche der Heiligen Sophia in Konstantinopel, die von einem Juden in ein Buch kopiert wurden; eine Fledermaus von der Größe einer Taube; ein Instrument, das von den Juden bei der Beschneidung verwendet wird; die Robe des Königs von Virginia; ein Gürtel, wie ihn die Türken in Jerusalem tragen; die Leidensgeschichte Christi, sehr zierlich eingraviert in einen Pflaumenkern (…)«[9]

Wie Weschler feststellt, gibt es seit der Aufklärung einen neuen Zugang: Man beginnt Objekte gemäß den Gesetzen der Wissenschaft fortlaufend zu ordnen, anstatt die Natur in eine Vitrine zu sperren. Das »Wunder«, das immer ein wenig mit Zweifel und Geheimnis zu tun hat, wird durch die »Autorität« der Wissenschaft ersetzt. Anstelle des Wunders dient jetzt die Wissenschaft zur Erklärung grundlegender Unterschiede. Die Erfahrung der Juden hat allerdings gezeigt, daß auch die Wissenschaft unschlüssig sein kann. Das von den Juden für die Beschneidung verwendete Instrument wird 1638 als Symbol für das »Wunder« gesehen; 1911 dient es bei der Ausstellung in Dresden als ein Zeichen fortschrittlicher Hygiene; 1912 glaubt man, wie Sander Gilman feststellt, daß die Beschneidung für die Verbreitung von Tuberkulose und Syphilis verantwortlich ist.

Francis Bacon schlägt in seinen *Gesta Grayorum* aus dem Jahr 1594 vor, daß der vornehme Mann gut daran täte, sich folgendes anzulegen: »a goodly, huge cabinet, wherein whatsoever the hand of man by exquisite art or engine has made rare in stuff, form or motion; whatsoever singularity, chance and the shuffle of things hath produced; whatsoever Nature has wrought in things that what life and may be Kept; shall be sorted and included.«[10] Für Weschler ist vor allem die Entflechtung von Menschen und Objekten aus einem »shuffle of things«, einem Wirrwarr von Dingen, in eine gewisse Ordnung entscheidend. Diese Entflechtung schreibt er dem Zusammentreffen der politi-

für unsere Ausstellung nur als Archiv beziehungsweise Speicher im Hintergrund, da sie völlig anders registriert und aufbereitet wurden als Objekte unmittelbar nach der Aufklärung. An dieser Stelle sollte noch einmal daran erinnert werden, daß – Michel Foucault folgend – nicht die Objekte per se, sondern das Ordnungssystem, dem sie unterworfen wurden, die Art und Weise verändert hatte, wie die Menschen über sich selbst und ihre Welt dachten. Georg Christoph Stirn, ein Besucher der Sammlung der Tradescants, des Vorläufers des Ashmolean Museums, bemerkte 1638 in dieser Wunderkammer: »Eine Gans, die in Schottland auf einem Baum gewachsen war; eine Reihe von zu

schen Expansion der Welt im Zeitalter der Aufklärung mit dem Entstehen neuer wissenschaftlicher Disziplinen zu, wie der Anthropologie, Biologie, Genetik und Psychologie, um nur einige zu nennen, die eingesetzt wurden, um die Bewohner dieser »neuen« Welt zu beschreiben.[11] Mit der Entwicklung einer Sprache, die die »neue« Welt erfaßte, ging die Entwicklung einer rassischen Erfassung der Welt einher. Es entstand eine Sprache, die die »Andersartigkeit« in den Kolonien beschrieb. Und wie sich am Beispiel der Juden zeigte, wurde diese Kartographie der Welt auch innerhalb Europas auf den Körper umgelegt. Sowohl vehement antisemitische Theoretiker als auch enthusiastische Zionisten bedienten sich kartographischer und rassischer Begriffe, um ihre politischen Ziele zu begründen. Ernest Renan vertritt die Meinung, daß die Geographie zum Niedergang der »jüdischen Rasse« beigetragen habe. Als die Juden die Wüste und die Prophezeiung gegen einen Staat, einen Tempel und ein Gesetz tauschten, hätten sie die Fähigkeit verloren, sich ethisch weiterzuentwickeln.[12] Friedrich Ratzel sagt es noch deutlicher: »Der Beduine verfault, wenn er Wurzeln schlägt. Das Stadtleben vergiftet, degeneriert ihn. Seine männlichen Qualitäten und seine Religion gehen verloren, wenn er die Wüste verläßt. Der Kontakt mit den Städten von Philistia und den fruchtbaren Ebenen der Kanaaniter mit ihren fleischlichen Göttern haben die Israeliten demoralisiert.«[13]

Ratzel bezieht sich auf Ereignisse fernab vom Europa des 19. Jahrhunderts, doch es gibt für ihn keinen Zweifel, daß sich die Juden von jener Zeit moralisch nie mehr er-

holt haben. Ratzel bezeichnet an anderer Stelle die in der Diaspora lebenden Juden als »die Trümmer einer Nation«.[14] Der Zionismus kehrt genau dieselbe Behauptung um: Die Juden sind vielleicht pathologisch (und Zygmunt Bauman erinnert daran, daß die Zionisten bei der Beschreibung der Ostjuden auf dieses Argument zurückgegriffen haben), aber das sind sie nur in Europa.[15] In Palästina würde die Umgebung zu ihren Körpern und Psychen passen. Jede »Rasse« brauche ihren Lebensraum.

In den Jahren unmittelbar vor der Hygiene-Ausstellung in Dresden tritt die Beschreibung von Juden als eine innerhalb Europas ausgeprägte eigene »Rasse« als Gegenpart zum geographischen Argument auf. Zwischen 1869, als die Anthropologie in Deutschland erstmals institutionell anerkannt worden ist, und der Ausstellung des Jahres 1911 verschmelzen Biologie und Rassenpolitik sowohl auf institutioneller als auch auf diskursiver Ebene. »Charakteristische« Merkmale, wie Sprache, Nase, gelocktes Haar, Haltung, Füße, Ohren, Schenkel, Bauch und Krankheiten der Juden, werden nicht nur klassifiziert, sondern werden, insbesondere aufgrund von »Mischehen«, als Bedrohung für den sozialen Zusammenhalt der »deutschen« Mittelklasse interpretiert. Wie Rudolf Virchow, ein prominenter Pathologe und der erste Vorstand des Anthropologischen Instituts an der Universität Berlin, feststellt, sei die jüdische Nase »so gekrümmt, daß es für die meisten von ihnen ausreichte, um eine Geburtsurkunde zu ersetzen.«[16]

Da Deformität und Pathologie immer mehr die (verzerrte) Darstellung von Juden

*Beschneidungsmesser,
Österreich,
19. Jahrhundert*

Rhoda Rosen bestimmt haben, nehmen Krankheit und Gesundheit in den Juden-Darstellungen von jener Zeit an eine derart prominente Rolle ein. Wie die Bilder der aktuellen Ausstellung zeigen, erscheint zwar die Sprache der blinden Vorurteile unmißverständlich und klar; die von ihr beschriebenen Kategorien sind jedoch oft sehr verschwommen. Die einen Wissenschaftler debattieren, ob religiöse Juden aufgrund ihrer isolierten Lebensbedingungen Krankheiten wie Tuberkulose und Syphilis verbreiteten; die anderen behaupten, daß die Juden durch einen vermuteten genetischen Defekt besonders resistent gegen Krankheiten seien. Assimilierte Juden versuchen sich von den Ostjuden abzugrenzen; einige »korrigieren« ihren Körper mit Hilfe kosmetischer Chirurgie; die Zionisten propagieren körperliche Ertüchtigung und Gesundheit.

Die aktuelle Ausstellung bietet viele Beispiele für diesen Feldzug zur »Rettung« des Körpers. Sander Gilmans Aufsatz erläutert, wie der »jüdische« Körper mit moralischen Qualitäten besetzt worden ist. Hier sollen nur einige ergänzende Beispiele aus verschiedenen Perioden der Moderne hinzugefügt werden. Für viele ging die Rettung des Körpers Hand in Hand mit dem Erfolg in einem fremden Land. Bezeichnenderweise erschienen im Jahr 1900 in der jiddischen Presse in Amerika Artikel, in denen jüdische Immigrantinnen aufgefordert wurden, Hüfthalter zu kaufen, um ihre fleischigen Taillen zu zügeln. Gleichzeitig wurden sie ermahnt, nur die am breitesten geschnittenen Schuhmodelle zu verlangen, wenn sie die dünnsohligen und hochhackigen amerikanischen Schuhe bestellten. Die jiddische Presse erinnerte sie daran, daß ihre Füße nicht zierlich genug seien.

Das Überwinden des jüdischen Körpers, um in einem fremden Land erfolgreich zu sein, wird auch in der Populärkultur thematisiert. In *Chariots of Fire* (Regie: Hugh Hudson, 1981) sind die beiden britischen Hauptkontrahenten um die Goldmedaillen in den Sprintbewerben bei den Olympischen Spielen in Paris 1924 ein Jude und ein Christ. Es ist aufschlußreich, wie unterschiedlich sie an den Wettkampf herangehen. Eric Liddell läuft, um seinen christlichen Glauben zu festigen, und er gewinnt mit Stolz und für Gott. Ganz anders Harold Abrahams: Wie ausdauernd und wie schnell er auch läuft – keiner wird ihn vergessen lassen, daß er Jude ist. In einer Szene gesteht er seiner Geliebten, daß das Laufen eine »Waffe gegen das Jüdischsein« sei. In *Bugsy* (Regie: Barry Levinson, 1992) tritt Benjamin Siegel als der gerissene und berechnende Gangster auf, der Las Vegas erfunden hat. Doch trotz seines prahlerischen Gehabes wird mehr als einmal gezeigt, wie er an seiner Ausdrucksweise feilt. In seinem Bemühen, seinen jüdischen Akzent, seinen jüdischen Tonfall, sein jüdisches Timbre abzulegen, wiederholt er ständig den Satz: »Twenty dwarves take turns doing handstands on the carpet.« In der Spielfilmversion von *The Natural* (Regie: Barry Levinson, 1984) nach einem Roman von Malamud kommen Juden überhaupt nicht vor. Für den Protagonisten ist es das Baseballfeld, das zugleich zum Projektionsfeld wird für seine Hoffnungen und Träume, Amerikaner zu sein.

Der Versuch, sich des jüdischen Körpers zu entledigen, der in der jüdischen Immigrantenkultur eine zentrale Rolle spielte, hatte seine Ursprünge in Europa. Die geistreichen, wenn auch tragischen Romane von Aharon Appelfeld, die zwar in Israel geschrieben wurden, aber im Vorkriegseuropa spielen, befassen sich mit der schwierigen Logik der »Erlösung durch Untauglichkeit«. In *The Retreat*[17] – der Anstalt – scheitern die jüdischen Gäste ständig in ihrem Bemühen, ihre jüdischen Körper durch Sport und frische Luft zu verändern, und verfallen schließlich wieder in ihre alte Gewohnheit, lange Pokerabende zu veranstalten. Einmal beklagt sich ein Gast: »Heute Schweizer Schokolade, morgen ein paar Häppchen Käse, und der Körper, an dessen Heilung ich so hart gearbeitet habe, wird wieder so hoffnungslos jüdisch sein, wie er zu Beginn war.«[18] Doch der Gründer der Anstalt verspricht, »daß er innerhalb eines kurzen Zeitraums peinliche jüdische Gesten und häßliche Akzente schmerzlos beseitigen würde. Keiner würde sich mehr schämen müssen.«[19]

Diese Darstellungen hatten auch ihre Parallelen im Alltagsleben. Es ist beispielsweise bemerkenswert, daß der erste Europäer, der einen schwarzen Gürtel im Judo tragen durfte, Dr. Moshe Feldenkrais war, der später die Feldenkrais-Methode entwickelte, welche die »Bewegung mit Denken, Fühlen und Sinnesempfinden vervollkommnet.«[20] Während die Ärzte Körper und Geist einrenkten, Chirurgen Nasen und Schenkel veränderten, schuf Ruth Handler in Los Angeles eine Puppe, die die letzten Spuren oder Stigmen des Jüdischseins in den amerikanischen Haushalten auszulöschen schien. Barbie, die nach ihrer Tochter, und Ken, der nach ihrem Sohn benannt ist, vervollständigen den Assimilationsprozeß durch ihre Ebenbilder aus Kunststoff. Nicht nur, daß eine jüdische Frau die ultimative Schickse schuf – ebenso bemerkenswert ist, daß in den siebziger Jahren, als man den Hersteller Mattel dazu überredete, eine Serie ethnischer Barbies und Kens auf den Markt zu bringen, keine jüdischen Gruppen für ihre eigene Barbie eintraten. Während Mattel das Unternehmen Shinanda Toys bei der Einführung schwarzer Puppen, wie *Slade, the Super Agent* oder *Talking Tamu*, unterstützte, blieb die populäre *Miss Israel Barbie* auf dieser Ausstellung groß, blauäugig und stupsnasig, hatte lange Beine und schlanke Hüften.[21]

Der biologische Reduktionismus führt dazu, daß sogenannte jüdische Charakteristika für Nichtjuden genauso problematisch sind wie für Juden. In ihrer Sammlung von Träumen, die »reine« Deutsche während der Vorkriegsjahre 1933–1938 geträumt hatten, isoliert Charlotte Beradt Träume über »jüdische Merkmale«. In einem Fall »glaubte anscheinend ein 22jähriges Mädchen, dessen zierlich geformte, beinahe semitische Nase ihr Gesicht dominierte, daß sie jeder für jüdisch halten würde.« In ihrem Traum sind all jene Themen vereint, die bisher in diesem Essay besprochen wurden: »Ich ging in das Büro zur Feststellung der arischen Abstammung (das unter diesem Namen nicht existierte, und sie hatte auch nichts mit einem derartigen Büro zu tun) und legte eine Bescheinigung vor, die die Herkunft meiner Großmutter bestätigte und für die ich monatelang herumgelaufen war. Der Beamte sah aus wie eine marmorne Statue und saß hinter einer niedrigen Steinmauer. Er griff über die Mauer, nahm das Papier, zerriß es und warf die Papierfetzen in einen Ofen, der in die Mauer eingebaut war. Und er bemerkte (herablassend, indem er sie duzte): ›Glaubst du, daß du jetzt noch immer rein arisch bist?‹«[22]

In einem anderen Traum träumte dieselbe junge Frau: »Ein friedlicher Familienausflug. Mutter und ich hatten etwas Kuchen und die Mappe mit unserer Genealogie mitgebracht. Plötzlich ein Schrei: Sie kommen! Jeder im Gartenrestaurant hier an der Havel wußte, wer ›sie‹ waren und was unser Verbrechen war. Lauft, lauft, lauft. Ich sah mich nach einem Versteck hoch oben um. Vielleicht oben in den Bäumen? Auf einem Schrank im Restaurant? Plötzlich fand ich mich unter einem Haufen Leichen wieder, ohne die geringste Ahnung, wie ich dorthin gekommen war – jedenfalls hatte ich ein gutes Versteck. Vollkommen glückselig unter meinem Haufen Leichen umklammerte ich meine Papiere in der Mappe.«[23]

In einem weiteren Beispiel sind es dunkle Augen und dunkles Haar, angeblich determinierende Merkmale der »jüdischen Rasse«, die die »reine« Deutsche an sich selbst fürchtet. In ihrem Traum drückt sich das so aus: »Bei einer Versammlung von ausschließlich blonden, blauäugigen Menschen öffnete ein zweijähriges Kind, das noch nicht sprechen konnte, seinen Mund und sagte zu mir: ›Solche wie du haben hier überhaupt nichts zu suchen.‹«[24]

Wie wir aus diesen Träumen sehen können, ist der jüdische Körper gefährlich, weil er wie jeder andere Körper aussieht, weil er ein vertrauter Körper ist. Gerade weil der jüdische Körper ein vertrauter Anblick war, wurde es im späten 19. Jahrhundert unabdingbar, sich an die Wissenschaft zu wenden, um die »Andersartigkeit« der Juden zu ergründen und nachzuweisen.

Rhoda Rosen

Der jüdische Körper und insbesondere die um den Körper kreisenden Riten wurden als gefährlich angesehen, da sie sich dem Blick der Aufklärung entzogen. Die Wissenschaft spürte zuerst die angebliche Andersartigkeit der Juden auf, um dann zu behaupten, daß diese Rassenmerkmale niemals ausgelöscht werden könnten. Wie sehr sich »der« Jude auch assimilierte, die Spuren des »Jüdischseins« würden immer bleiben. Viele zeitgenössische jüdische Künstler, die in dieser Ausstellung vertreten sind, übertragen die Geschichte des jüdischen Körpers auf ihren eigenen Körper. Sie eignen sich die Stigmen des Jüdischseins an und stellen sie auf und mit ihrem Körper dar. Der Körper fungiert als »Schandmal«. Durch das Zurschaustellen der »Schande« beginnen die Künstler ihre eigenen Darstellungen zu beherrschen. In Pier Martons *One Self* ist sein Gesicht mit hebräischen Schriftzeichen überlagert. Die Schriftzeichen sind unauslöschlich aufgedruckt. Sie können nicht entfernt werden. In Helene Hourmats *The Salty Taste of Lips: The Straits of Gibraltar* haftet der salzige Geschmack, den die Überfahrt marokkanischer Juden nach Europa hinterlassen hat, auch den assimilierten Nachfahren im zeitgenössischen Paris an. Schließlich zeigt der tätowierte Körper von Marina Vainshtein auf schockierende Art Bilder des Holocaust in genau jenem Medium, das einerseits stark mit biblischen Tabus assoziiert ist und andererseits über die Erfahrung des Holocaust von Scham durchdrungen ist.

Der Ausgangspunkt dieses Essays war eine Ausstellung aus dem Jahr 1911, doch durch die Vorstellung dieser zeitgenössischen Künstler wird deutlich, daß die Themenbereiche um den jüdischen Körper noch immer als komplexe Projektionen von Rasse, Kultur und Ethnizität auftauchen. Nicht nur aufgrund dessen, was sie uns über die jüdische Geschichte sagen, ist die Konfrontation mit diesen Themen von größter Wichtigkeit, sondern auch, weil sie einen wichtigen Beitrag zu den aktuellen Debatten über kulturelle Authentizität versus Hybridismus oder Pluralität darstellen. Man kann einwenden, daß diese jüngere Generation von Künstlern der ersten Nachkriegsgeneration angehört, die das Jüdischsein nicht nur am Rande, sondern genau im Zentrum einer bedeutenden kulturellen Debatte zur Schau stellt. Gleichzeitig verlangt es die umfangreiche und wachsende Literatur, die zu diesem heute modernen Konzept des kulturellen Hybridismus verfügbar ist, sich in der aktuellen Ausstellung die-

Pier Marton:
One Self,
Computer-Installation,
work in progress, Internet

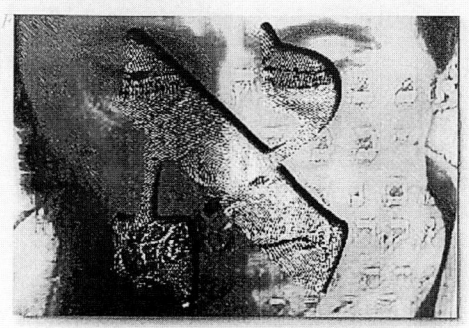

the sampling will progressively include more images...

from the recent *ONE SELF*

(about facing the Aleph)

one, about facing ourselves

and going back in time, the early self-portraits.

All images Copyright Marton 1998

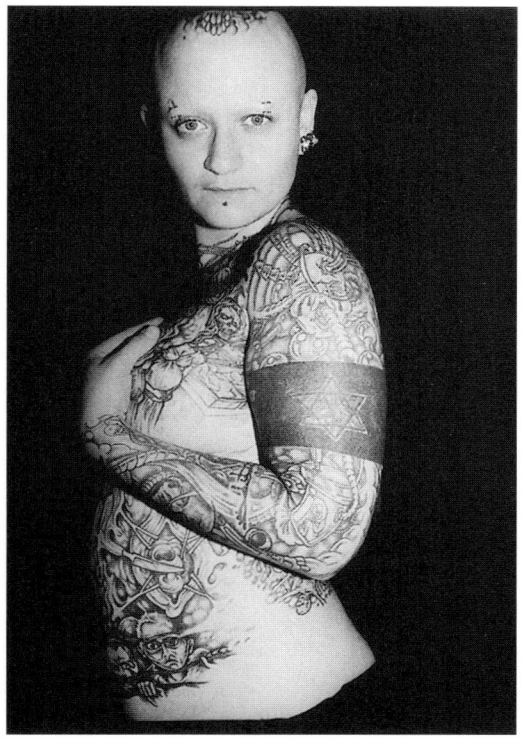

Marina Vainshtein: Tattooed Body, work in progress, Photo von 1998

ser Thematik zu stellen. Vielfach wird die Meinung vertreten, die Intellektuellen des späten 20. Jahrhunderts müßten versuchen, das Dilemma zu lösen, wie man eine Vielfalt kultureller Eigenheiten tolerieren kann, ohne sie zu kulturellen Wesensmerkmalen zu machen. Viele Wissenschaftler sind besorgt, da sie in dieser Welle der kulturellen Toleranz die Verwendung einer bekannten Sprache erkennen. Viele erinnert die Sprache, die heute verwendet wird, um Identitäten zu schaffen, besorgniserregend an jene fundamentalistische Sprache, die gebraucht wurde und wird, um einen biologischen Essentialismus zu verfechten.[25]

Anmerkungen

1 Eine eingehendere Erörterung von Liliens Radierungen aus dem Heiligen Land findet sich bei: Joseph Gutmann: Jerusalem by Ephraim Moses Lilien. New York 1976.

2 Ebd., S. 15.

3 Vision und Politik. Die Tagebücher Theodor Herzls (1895–1904). Auswahl und Nachwort von Gisela Brude-Firnau. Frankfurt am Main 1976, S. 30.

4 Diese in der Kunstgeschichte mittlerweile gängigen Ausdrücke wurden der immer umfangreicheren Literatur über die Visualität in der Aufklärung entnommen. Vgl. zum Beispiel Teresa Brennan und Martin Jay (Hrsg.): Vision in Context. Historical and Contemporary Perspectives on Sight. New York 1996.

5 Ebd., S. 65.

6 Eine vollständige Liste aller Orte, an denen die Objekte aus dem Jüdischen Museum Wien von den Nazis ausgestellt wurden, findet sich bei Bernhard Purin: Beschlagnahmt. Die Sammlung des Wiener Jüdischen Museums nach 1938. Wien 1995.

7 Zit. n. Lawrence Weschler: Mr. Wilson's Cabinet of Wonder. Pronged Ants, Horned Humans, Mice on Toast and Other Marvels of Jurassic Technology. New York 1995, S. 122.

8 Walter Benjamin: Illuminationen. Ausgewählte Schriften. Frankfurt am Main 1977, S. 254. Die Thesen *Über den Begriff der Geschichte* wurden erstmals 1942 von Max Horkheimer und Theodor W. Adorno veröffentlicht.

9 Weschler, Mr. Wilson's Cabinet (Anm. 7), S. 96.

10 Ebd., S. 76.

11 Sybilla Nikolow und Susanne Belovari besprechen in ihren Beiträgen zu diesem Katalog den Hintergrund der Entwicklung der Rassenbiologie.

12 Vgl. Lewis Freeman Mott: Ernest Renan. New York 1921, S. 414–443.

13 Zit. n. Ellen Churchill Semple: Influences of Geographic Environment on the Basis of Ratzel's System of Anthropo-Geography. New York 1911, S. 514.

14 Ebd., S. 93.

15 Zygmunt Bauman: Modernity and Ambivalence. Ithaca 1991, S. 102–160.

16 Benoit Massin: From Virchow to Fischer. Physical Anthropology and Modern Race Theories in Wilhelmine Germany. In: George W. Stocking, Jr. (Hrsg.): Volksgeist as Method and Ethic. Essays on Boasian Ethnography and the German Anthropological Tradition. Madison 1996, S. 90.

17 Aharon Appelfeld: The Retreat. Trans. Dalya Bilu. New York 1984.

18 Ebd., S. 59.

19 Ebd., S. 62.

20 The Feldenkrais Guild: Feldenkrais Method. How Your Body is Meant to Be. Brochure. Albany 1990.

21 Zur Figur der Barbie gibt es inzwischen eine umfangreiche wissenschaftliche Literatur. Eine ausgezeichnete Darstellung der Geschichte der Barbie bietet M. G. Lord: Forever Barbie. The Unauthorized Biography of a Real Doll. New York 1994. Eine geistreiche Diskussion über die Beziehung zwischen Barbie und assimilierenden amerikanischen Juden findet sich bei Rhonda Lieberman: Je m'apelle Barbie. Artforum 33, 5–7 (1995). S. 20–21. Und: Rhonda Lieberman: Goys and Dolls. Artforum 33, 8–10 (1995), S. 21–22.

22 Charlotte Beradt: The Third Reich of Dreams. Trans. Adriane Gottwald. Chicago 1968, S. 80.

Rhoda Rosen

23 Ebd., S. 81.

24 Ebd., S. 85.

25 Eine Auseinandersetzung mit diesen wichtigen Fragen findet sich zum Beispiel in: Pnina Werbner und Tariq Modood (Hrsg.): Debating Cultural Hybridity. Multi-Cultural Identities and the Politics of Anti-Racism. London 1997. Und: Chantal Mouffe: For a Politics of Nomadic Identity. In: George Robertson, Melinda Mash, Lisa Tickner, Jon Bird, Barry Curtis, Tim Putnam (Hrsg.): Travellers' Tales. London 1994, S. 105–113.

Wie wir zur »idealen weißen Rasse« kamen

Eine kurze Geschichte des biologischen Rassenbegriffs

Susanne Belovari

Erste Versuche, die Menschen nach »Rassen« zu beschreiben, gehen ins 17. Jahrhundert zurück. Bis dahin hatte man Menschen anhand von kulturellen, geographischen und religiösen Merkmalen in verschiedene Gruppen unterteilt. Der biologisch-wissenschaftliche Begriff der »Rasse« (und die Vorstellung, daß die Menschheit eine einzige Gattung darstellt) ist sogar eine noch jüngere menschliche Erfindung. Er ist ein *rechtes* Kind des 19. Jahrhunderts und als solches das Geistesprodukt einiger seiner modischsten Wissenschaften und Pseudowissenschaften: der Sozialstatistik, der Phrenologie und der Physiognomik, der Anthropologie (genauer: der physischen Anthropologie) und – ein wenig später – der Eugenik. In der Folge möchte ich zusammenfassen, wie der Begriff der »Rasse« im Laufe der Zeit entwickelt wurde. Dieser Begriff beinhaltet die Idee, daß sich Menschen nach optischen Kriterien – wie Hautfarbe, Knochen, gewissen Winkeln und Größen, (später auch nach Genen) – biologisch in Gruppen klassifizieren lassen und daß diese Gruppen hierarchisch angeordnet werden können. Und bald folgerte man daraus, daß die optischen Kriterien alle wichtigen Fähigkeiten und Lebensumstände der Menschen bedingten.

Schon im Zuge der ersten Entdeckungsreisen und in den Anfängen des Kolonialismus diskutierten Theologen darüber, ob die – von Europäern – neu entdeckten Völker Menschen oder Tiere seien. Handelte es sich um Menschen, mußte ihre Existenz mit der Bibel vereinbar sein – dem einzigen maßgeblichen Erklärungsmuster jener Zeit. Mit der päpstlichen Bulle *Sublimis Deus* beendete Papst Paul III. im Jahr 1537 diese Diskussion innerhalb der Kirche, indem er entschied, daß es sich bei den *Indios* um Menschen handle; was allerdings keineswegs bedeutete, daß sie von da an menschlich behandelt wurden. Nun standen Kirchengelehrte vor dem Problem, deren Abstammung nachzuspüren – das heißt, sie mußten die Frage beantworten, inwiefern jene Menschen Nachfahren von Adam und Eva sein konnten – wenn sich doch in der Bibel keine eindeutige Spur von ihnen finden ließ.[1]

Bereits im Mittelalter hatten jüdische Häretiker, die in ihren Schriften vom kirchlichen Dogma abwichen, über die unterschiedliche Herkunft verschiedener Menschengruppen spekuliert. Da man nun neu entdeckte Völker »erklären« mußte, wurden solche Spekulationen immer beliebter. Isaac de La Peyrere (1594/6?–1676), ein hugenottischer Theologe, dessen marranische Vorfahren schon früh zum Kalvinismus übergetreten waren, stellte eine Theorie auf, nach der die Juden von Adam und alle anderen Menschen von Prä-Adamiten abstammten.[2] Damit wurde er zum Vorläufer späterer Rassentheoretiker, die annahmen, es gäbe eine eigene »jüdische Rasse«. Peyrere selbst beschrieb Christen und Juden jedoch nie als biologisch definierte Gruppen. Er war bald gezwungen, sein Buch vor Papst Alexander VII. offiziell zu widerrufen und zum Katholizismus überzutreten. Obwohl seine Schriften an der Sorbonne verbrannt und vielfach widerlegt wurden, weil sie gegen die Kirchendoktrin verstießen, säten sie erste Zweifel über den ei-

Susanne Belovari

nen gemeinsamen Ursprung aller Menschen, über die sogenannte *Monogenese*. Hiermit begann eine Debatte, die schreckliche Folgen hatte, führte sie doch im 19. Jahrhundert zur wissenschaftlichen Theorie der *Polygenese*. Diese letztere Theorie behauptete, daß verschiedene Gruppen von Menschen unterschiedliche Vorfahren hätten und daß die Menschheit demnach in viele und *grundlegend* verschiedene ungleiche Rassen unterteilt werden könne.[3]

Während Gelehrte erst im 18. Jahrhundert, im Zeitalter der Aufklärung, darangingen, die Kirchendoktrin abzuschütteln und Herkunft und Wert verschiedener Menschengruppen wissenschaftlich zu erklären, hatten viele Theologen bereits den Weg dafür geebnet. Sie definierten Menschen anderer Hautfarbe und anderer Kulturen als primitiv und weniger wertvoll. Damit rechtfertigten beziehungsweise »erklärten« Theologen wie Gelehrte, warum diese primitiven Völker sowohl kolonisiert als auch ausgebeutet werden durften und sollten. Während man sich bei den Indianern nicht ganz so einig war (im Europa des 18. Jahrhunderts betrachtete man sie als »edle Wilde«, in den USA wurden sie ermordet und versklavt), galten Afrikaner einhellig als verdammt. Viele sahen in den Afrikanern Nachkommen der Söhne von Ham, die – mit Gottes Fluch – ihr Sklavenlos verdienten. Andere interpretierten die Hautfarbe der Afrikaner als Kainsmal. Tautologisch und mittels religiöser Verkündung wurde aufgezeigt, daß Afrikaner Sklaven seien, weil sie minderwertig sind, und daß sie minderwertig seien, weil sie Sklaven sind. In dieser Frühzeit der Rassentheorie legte François Bernier, ein französischer Reisender und Arzt (1620–1688), einen wichtigen Grundstein für die weitere Entwicklung. Er war der erste, der den Ausdruck »Rasse« im heutigen Sinne in einem im April 1684 erschienenen Artikel im *Journal des Savants* gebrauchte. Bernier sah die vier bis fünf »Rassen« als so unterschiedlich an, daß er es für notwendig erachtete, sie ganz neu über die Hautfarbe und die Körpermerkmale zu definieren und nicht, wie bis dahin üblich,

über geographische, kulturelle oder religiöse Kriterien.[4] Darüber hinaus war Bernier der Erste, der nichteuropäischen »Rassen« negative tierische Eigenschaften zuschrieb.

Obwohl das 18. Jahrhundert als Zeitalter der Aufklärung, der Revolutionen und der Freiheits- und Toleranzdeklarationen gilt, entwickelten sich gerade in jener Zeit auch der Begriff der »Rasse« und die Vorstellung von »Rassenhierarchien«. Oft vertrat eine Person beide Strömungen zugleich. François Marie Arouet Voltaire (1694–1778) zum Beispiel wandte sich in seinen Schriften einerseits gegen etablierte Herrscher und gegen die Ausbeutung (wie etwa die Sklaverei) und setzte sich für die Gedanken-, Glaubens- und Handlungsfreiheit ein, andererseits unterstützte er die Theorie von der Polygenese. Er definierte Afrikaner als minderwertig hinsichtlich ihres »nationalen Charakters« und ihrer Intelligenz – und erklärte sich damit deren Versklavung. Die Europäer stellte er hinsichtlich ihrer intellektuellen, kulturellen und theologischen Geschichte über die anderen sechs »Arten« beziehungsweise »Rassen«. Deren Überlegenheit hatte sich nach Voltaires Ansicht dadurch erwiesen, daß so wenige Europäer in so kurzer Zeit so viele Indianer besiegt hatten.[5] Obwohl er Juden nicht als »Rasse« definierte, war er schon zu Lebzeiten für einige seiner antisemitischen Schriften berüchtigt, in denen er die jüdische Glaubensgemeinschaft unter anderem als minderwertige »Menschenspezies« betitelte.

Nachdem sich die Wissenschaften außerhalb der Theologie etabliert hatten, konnten die Naturwissenschaftler – unter ihnen die ersten Vertreter der Anthropologie (die damals »Naturgeschichte der Menschen« genannt wurde) – damit beginnen, die Erde, die Tiere, die Pflanzen und die Menschen zu klassifizieren und zu katalogisieren. Im Gegensatz zu lediglich sechstausend Jahren biblischer Existenz hatten die Menschen beziehungsweise die ganze Natur plötzlich eine vorläufig unendliche Geschichte erhalten, die es zu erforschen galt. Im Gegensatz zu einem Universum mit Gott im Mittelpunkt, stellte das neue wissenschaftliche Universum die

Menschen an die Spitze allen Lebens – wobei jedoch einige Menschengruppen höher standen als andere. Menschen wurden jetzt als Teil der Natur betrachtet – einer Natur, die es zu beobachten, zu erklären und mit der es zu experimentieren galt. Als Konsequenz daraus und als Reaktion auf frühere theologische Erklärungen gaben Wissenschaftler scheinbar unveränderlichen biologischen Merkmalen den Vorrang und erklärten diese im Laufe der Zeit zu den wichtigsten und entscheidendsten Faktoren. In der 1758 erschienenen Ausgabe seiner *Systema Naturae* (1735), dem gewaltigen und damals beispiellosen Versuch, die gesamte Natur zu katalogisieren, hatte der schwedische Naturwissenschaftler und Arzt Carl von Linné (1707–1778) die Menschen zum ersten Mal der Natur zugeordnet. Er reihte Menschen und Affen in die Kategorie der Primaten ein und unterschied zwischen Tag- und Nachtmenschen. Die Nachtmenschen sind bei Linné die Orang-Utans, die Tagmenschen sind die Menschen selbst. Die letzteren unterteilte Linné auf Grund kultureller und biologischer Faktoren in sechs »Hauptrassen«. Er unterscheidet den Wilden, den Europäer, den Amerikaner, den Asiaten, den Afrikaner und den mißgebildeten Menschen. Ohne eine präzise biologische Hierarchie zu schaffen, stellte Linné diese sechs »Rassen« in eine ausdrückliche, wenn auch vage Rangordnung, die vom Abscheulichen bis zum Bewunderungswürdigen reichte. Der europäische *Albus* sei schöpferisch, weiß, vernunftbegabt, zuversichtlich und durch Gesetze lenkbar. Der amerikanische *Rubescus* hingegen sei zufrieden mit seinem Los, liebe die Freiheit, sei unbeherrscht, starrköpfig, freundlich, durch alte Sitten lenkbar und habe sich nach der »Zähmung« durch britische Kolonisten wesentlich gebessert – wie es verfeinerte Sitten, Handfertigkeiten und die angepaßte Lebensweise angeblich bewiesen. Linné charakterisiert den *Asiaten* als melancholisch, ernsthaft, genußsüchtig, geldgierig und durch Meinungen lenkbar. Und der afrikanische *Niger* ist in seinen Augen – und das seien nur einige seiner verachtens-

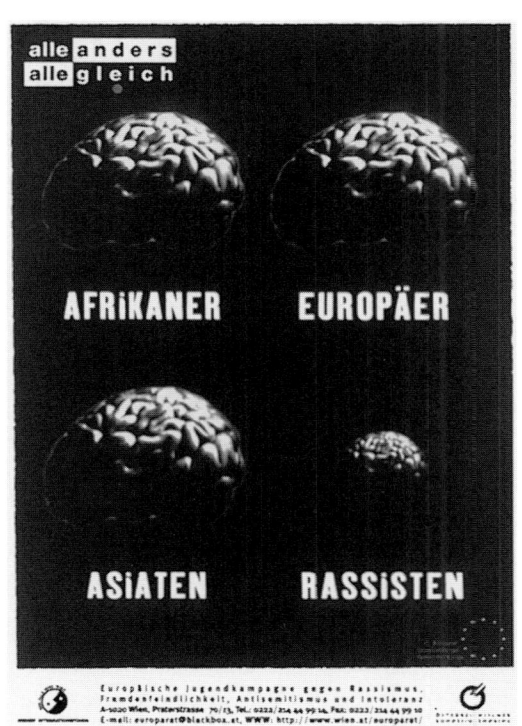

werten Eigenschaften – faul, phlegmatisch, melancholisch, verschlagen und durch die Gnade seines Herrschers lenkbar.[6] Vom ersten naturwissenschaftlichen Versuch an, Menschen als Teil der Natur und als Angehörige unterschiedlicher »Rassen« zu *bestimmen* und zu *katalogisieren*, gingen Naturwissenschaftler davon aus, daß *Hierarchien dieser Rassen* existierten; und sie schufen Rangordnungen, die weitverbreitete politische und moralische Bewertungen widerspiegelten. Diese Rangordnungen sollten sich in Westeuropa und in den USA als hartnäckiges Vermächtnis erweisen, das die meisten Menschen bis ins 20. Jahrhundert hinein nicht einmal als Problem wahrnahmen. Im Einklang mit der damaligen naturwissenschaftlichen Schwerpunktsetzung unterschied Linné noch nicht innerhalb der weißen europäischen »Rasse«.

Mit ihrer Mischung aus biologischen und kulturellen Faktoren war Linnés Rassenhierarchie ein typisches Geschöpf des 18. Jahrhunderts. Zum ersten Mal wurden vermutete und beobachtete Unterschiede zwischen

Wie wir zur »idealen weißen Rasse« kamen

alle anders – alle gleich. Plakat der Europäischen Jugendkampagne gegen Rassismus, Fremdenfeindlichkeit, Antisemitismus und Intoleranz

25

Susanne Belovari

Menschen biologischen, und nicht religiösen, materialistischen oder kulturellen Faktoren zugeschrieben. (Und bald schon glaubte man, daß biologische Merkmale alle anderen Unterschiede determinierten.) Die Hautfarbe entwickelte sich zum wichtigsten Klassifikationsinstrument und wurde mit den konventionellen Vorstellungen von Schönheit, Perfektion und Häßlichkeit in Zusammenhang gebracht. Europäische Wissenschaftler definierten ihre eigene Hautfarbe als weiß – ungeachtet der Tatsache, daß europäische Hauttöne von olivenfarben bis fleischfarben und von blaßgelb bis rosarot reichen. Und sie bezeichneten »weiße« Haut als Norm und »schwarze« Haut als häßliche Abweichung. Hier gebührt die fragwürdige Ehre, der erste eindeutige ästhetische Rassentheoretiker zu sein, dem Philosophen Christoph Meiners (1746–1810), der die Menschheit schon im Jahr 1793 in die schöne weiße und die häßliche dunkle Rasse unterteilte.[7]

Beim Versuch zu erklären, *warum* Menschen so verschieden aussehen, gerieten die Wissenschaftler des 18. Jahrhunderts immer mehr in Schwierigkeiten. Wie konnten sich verschiedene Hautfarben entwickeln, wenn die Menschen von einem gemeinsamen Vorfahrenpaar abstammten? Einige Wissenschaftler versuchten, die verschiedenen Farben aufgrund von klimatischen und umweltbedingten Faktoren zu erklären. Nehmen wir zum Beispiel den Grafen George Louis Leclerc de Buffon (1707–1788). Im Jahr 1752 verkündete er, daß die schönsten Menschen zwischen dem vierzigsten und dem fünfzigsten nördlichen Breitengrad lebten. Unter den sechs »Rassen« habe die »weiße Rasse« als einzige eine natürliche Hautfarbe. An dieser Norm könne man »alle anderen Abstufungen von Farbe und Schönheit messen.«[8] Als Vertreter der Monogenese behauptete Buffon, daß Hautfarbe und Haartyp klimatische und »materialistische« Ursachen (Klima, Nahrungsmittel, Sitten und ansteckende Krankheiten) hätten und demnach reversibel seien. Um diese Hypothese zu beweisen, wollte er Afrikaner in nördliche Länder umsiedeln und sie dort für acht bis zwölf Generationen iso-

lieren – bis sie sich »entschwärzt« hätten. Er führte die andersartigen Gesichtszüge der Afrikaner darauf zurück, daß sie sich »die Nase flach schlugen, die Augenlider nach außen und die Ohren in die Länge zogen, die Lefzen nach außen streckten und das Gesicht flach drückten.«[9] Die Indianer seien weder weiß noch schwarz, da – wie Buffon erklärt – die klimatischen Unterschiede auf den amerikanischen Kontinenten nicht so extrem seien wie in der Alten Welt und da sie – wie er mysteriös anmerkt – einen wilden beziehungsweise halbwilden Lebensstil hätten. Andere Anhänger der Monogenese erklärten die Unterschiede in der Hautfarbe mit der Existenz von zwei Vorfahren (einem männlichen und einem weiblichen), von denen der weibliche mehrere und unterschiedliche Eizellen habe; oder mit der Funktionsweise der Gallenblase; mit dem Bluttyp; mit einem Eisenüberschuß; mit verschiedenen Nervensäften oder gröberen Hautfasern.[10] Johann Blumenbach selbst dachte, ein Kohlenstoffüberschuß sei für die schwarze Hautfarbe verantwortlich.

Weil keine dieser Hypothesen bewiesen werden konnte, vermuteten die Wissenschaftler, daß man – wenn sich die körperlichen Unterschiede nicht mit Umweltfaktoren oder aus materialistischen Ursachen erklären ließen – die Begründungen umkehren sollte. Sie behandelten nun körperliche und biologische Merkmale als Grundfaktoren (die bereits in für Europäer günstigen Hierarchien angeordnet waren), die alle anderen Merkmale oder Eigenschaften bedingten. Das heißt, kulturelle, politische, wirtschaftliche, technologische und andere Qualitäten wurden damit zu Variablen jener biologischen Grundfaktoren degradiert. Das stellte einen Quantensprung in der Geschichte des Rassismus und künftiger Rassentheorien dar. Die Wissenschaftler wechselten von einer umweltbedingten und materialistischen Definition des Rassenbegriffs zu einer rein biologischen Bestimmung. Damit konnten sie, nachdem sie die Zeitdimension hinzugefügt hatten, die Menschheitsgeschichte neu erklären. Von da an reduzierten Autoren politi-

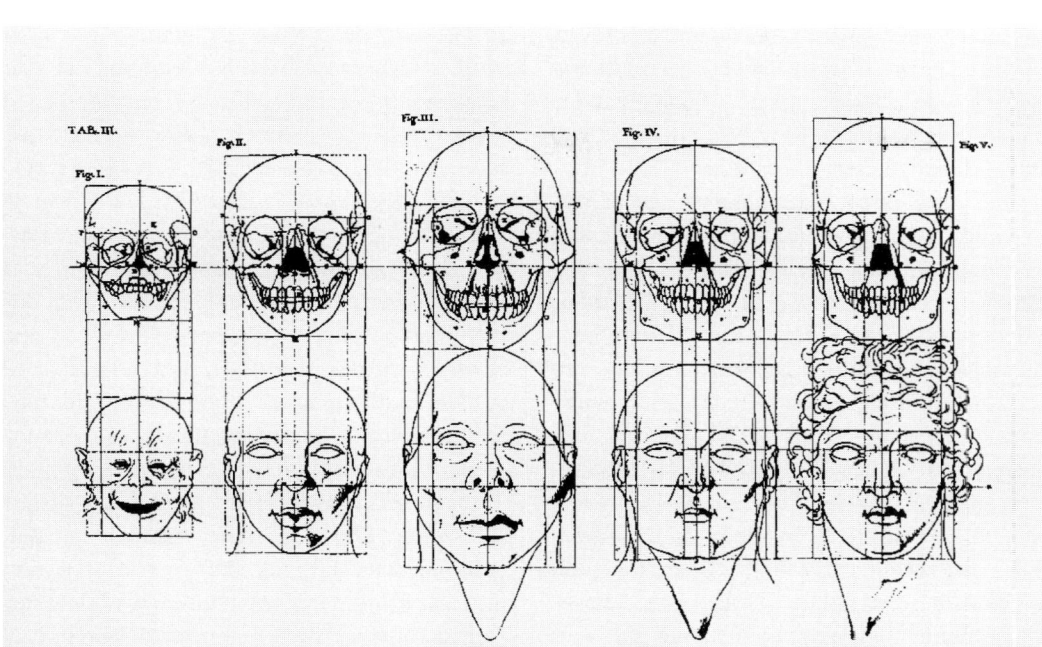

Campers Gesichtswinkel. Abbildung aus Petrus Camper: Über den natürlichen Unterschied der Gesichtszüge in Menschen verschiedener Gegenden und verschiedenen Alters; Über das Schöne antiker Bildsäulen und geschnittener Steine; Nebst Darstellung einer neuen Art allerlei Menschenköpfe mit Sicherheit zu zeichnen. Übers. S. Th. Soemmering. Berlin 1792

sche, kulturelle und wirtschaftliche Interessen und Bedingungen auf die Biologie, auf biologische Gruppen und eine biologisch determinierte Geschichte. Forscher, Politiker und Schriftsteller bedienten sich dieser biologistischen Erklärungen, um die Herrschaft einer Gruppe über andere Gruppen zu rechtfertigen und zu beschreiben. Sklaverei und Kolonialismus wurden als Naturphänomene betrachtet, als unvermeidliche Folge der Überlegenheit der weißen Rasse, und nicht als Folge bestimmter wirtschaftlicher und politischer Interessen beziehungsweise Strukturen.[11]

Nicht nur die christliche Abstammungslehre von Adam und Eva, sondern auch das christliche Dualitätsprinzip von Körper und Seele wurden über Bord geworfen. Jetzt schloß man vom Körper auf die Seele (beziehungsweise auf alles, was den Platz der Seele eingenommen hatte, das heißt auf intellektuelle, kognitive, moralische und kulturelle Fähigkeiten sowie – später – auf politische, soziale und wirtschaftliche Verhaltensweisen). Die Aufgabe der Wissenschaftler war es, aus dem Äußeren und dem Knochenbau

intellektuelle, kulturelle und andere Unterschiede abzuleiten. Die Phrenologie (die von der Schädelform auf geistige Fähigkeiten schloß), die Physiognomik (die aus dem Gesichtsausdruck intellektuelle und moralische Eigenschaften ableitete) und die Anthropologie erfanden zuerst den »Rassenkörper«, um ihn anschließend zu definieren. Naturwissenschaftler und systematische Anthropologen katalogisierten und definierten die Menschenrassen, bedienten sich dabei der Phrenologie und der Physiognomik und orientierten sich an ästhetischen Normen, die sie von den gerade wiederentdeckten griechischen Skulpturen ableiteten. Damit hatten sie ein allumfassendes hierarchisches Archiv aufgebaut, in dem sämtliche Körper, nachdem sie zu »Rassenkörpern« umdefiniert worden waren, gemäß ästhetischen, moralischen oder intellektuellen Normen untergebracht und positioniert werden konnten. Die Klassifizierung durch das Auge und den Blick (nach Hautfarbe, Haaren, Schädelform, Körperbau) blieb dabei stets am wichtigsten. Man schaute zu weißen Körpern auf, die nach dem Vorbild der klassischen griechischen Skulp-

Susanne Belovari

turen gestaltet wurden; und man blickte auf schwarze Körper herab, die oft wie die erst kürzlich entdeckten Affen dargestellt wurden.[12] Diese visuellen Archive – denn es gab ihrer unzählige, die zwar hinsichtlich der Anzahl von Rassen beziehungsweise der Unterscheidungskriterien variierten, jedoch alle auf einem Schwarz-Weiß-Kontinuum basierten – wurden zum Rückgrat der Rassentheorien des 19. Jahrhunderts, für die »Rassenunterschiede« und »Rassenkämpfe« der Schlüssel zum Geschichtsverständnis geworden waren.

Gegen Ende des 18. Jahrhunderts behaupteten Wissenschaftler, daß sie in der Lage seien, alle Menschen in einer umfassenden Typologie systematisch und wissenschaftlich zu klassifizieren. Die Ergebnisse dieser Bemühungen und Absichten lassen sich gut mit dem Begriff des »visuellen Archivs« beschreiben. Dies gilt speziell für jene Autoren, die in mehreren Wissenschaftszweigen arbeiteten und in ihren Publikationen häufig von einem Gebiet zum anderen wechselten, verschiedene Fachbereiche kombinierten und sogar Teile gegensätzlicher Theorien zusammenfügten, um ihre Vermutungen zu beweisen. Hier bildeten sich zwei Gruppen heraus. Die eine Forschergruppe erfand Unähnlichkeiten und Ungleichheiten, die ihrer Ansicht nach die einzelnen »Rassen« voneinander trennten. Die zweite Gruppe suchte nach dem Ursprung des Menschen, der eine Einteilung der »Menschenrassen« nach deren Alter erlauben würde. Natürlich arbeiteten einzelne Forscher oft in beiden Bereichen und bauten auf den Erkenntnissen ihrer Kollegen auf. Macht man sich jedoch die beiden unterschiedlichen Forschungstendenzen klar, wird die weitere Entwicklung leichter verständlich. Die erste Gruppe beschäftigte sich mit einer breiten Palette von sichtbaren menschlichen Eigenschaften, anhand derer sie die einzelnen »Rassen« abzugrenzen versuchte: Hautfarbe, Haarfarbe, Schädelgröße, -form und -volumen, Handformtypen, die Fähigkeit zu erröten usw. Die zweite Gruppe katalogisierte die Menschheit als einen Zweig des Tierreichs. Die Forscher

dieser Gruppe waren sich anfangs nicht einig, welcher zoologischen Gattung sie den Menschen zuordnen sollten. Neben diesen Klassifizierungssystemen diskutierten sie auch, wie sich das menschliche Leben entwickelt habe – die Standpunkte variierten je nachdem, ob sie den Menschen der »Affenkategorie« zugeordnet hatten oder nicht, und ob der jeweilige Forscher ein Verfechter der Monogenese oder der Polygenese war. In den siebziger Jahren des 19. Jahrhunderts hatte sich dann die Abstammungslehre (Deszendenztheorie) als beste Erklärung der menschlichen Herkunft durchgesetzt (auch wenn sie zu diesem Zeitpunkt noch nicht ganz ausgereift war). Diese Theorie behauptete, daß sich der Mensch aus früheren Tierformen entwickelt habe und daß sein unmittelbarster Vorfahr eine nun ausgestorbene Primatenart sei. Innerhalb eines Jahrzehnts hatten Naturwissenschaftler wie Thomas Huxley, Ernst Haeckel und Carl Vogt die Darwinsche Lehre über die Evolution der Tiere in eine soziale Theorie über die Evolution des Menschen umgestaltet – ein Konzept, das von Sozialwissenschaftlern schnell weiterentwickelt wurde. Diese gemeinhin als Sozialdarwinismus bekannte Lehre wurde zu einer der Hauptstützen der modernen Rassentheorien.

In Europa entstand die wissenschaftliche Anthropologie, als Wissenschaftler dazu übergingen, Völker zu klassifizieren, anstatt sie wie bisher zu beschreiben. Johann Friedrich Blumenbach (1752–1840, Professor in Göttingen) gilt als der erste wissenschaftliche Anthropologe (*De generis humani varietati nativa*, 1776).[13] Während Linné der erste gewesen war, der Menschen nach ihren äußeren Merkmalen beurteilt und sie aufgrund ihres Gebisses den Säugetieren zugeordnet hatte, unterschied Blumenbach zwischen zweihändigen Säugetieren (Menschen) und vierhändigen Säugetieren (einschließlich der Affen). Nach Blumenbach wandten sich Anthropologen immer mehr dem Inneren des Menschen zu. Sie untersuchten das Körperinnere und verwendeten es als Klassifizierungs- und Beurteilungskriterium. Nach der Hautfarbe gewannen die Schädelknochen an

Bedeutung, zuerst jedoch – wie Blumenbach festhielt – nur als die »dauerhafte Struktur unter der Haut«. Voll des Lobes für den amerikanischen Gouverneur Pownall, der als erster »nationale« Schädel erforscht hatte, entwickelte Blumenbach dessen einschlägiges Klassifizierungssystem weiter. Er führte Messungen und Formeln ein, mit deren Hilfe Schädelunterschiede in genauen Abstufungen berechnet werden konnten. Mit Hilfe solcher Berechnungen ordnete er Schädel und damit Menschen bestimmten »Klassen« beziehungsweise »Rassen« zu, die mit seiner auf der Grundlage von Hautfarbe, Haartyp und »nationalem« Gesicht vorgenommenen Unterteilung übereinstimmten. Er unterschied zwischen der weißen, der gelben, der kupferfarbenen, der braunen und der schwarzen Rasse. Diese Farbunterteilungen entsprachen der Gliederung in die kaukasische (angeblich die Ursprungsrasse, die aus dem Gebiet um den Kaukasus stamme), die mongolische, die amerikanische, die malaiische und die äthiopische Rasse. Gemäß Blumenbach hatten jüdische Menschen nicht nur einen gemeinsamen Körpertyp, sondern auch eine typisch jüdische Schädelform (Cranium). Er klassifizierte die Juden allerdings stets als ein Volk und nicht als eine Rasse. Im Gegensatz zu Linnés statischen »Rasseneinheiten« waren Blumenbachs Rassen und deren Merkmale veränderbar und entwicklungsfähig. Doch trotz seiner eigenen neuen und angeblich präzisen Klassifikationskriterien (Hautfarbe, Gesichtswinkel und Schädelknochen) gelang es auch Blumenbach nicht, die einzelnen »Rassen« klar voneinander zu unterscheiden.

Nachdem sich die Bewertung individueller Schädelformen und Gesichtszüge als schwierig erwiesen hatte, berief sich Blumenbach schlußendlich auf gewisse Gesetze der Symmetrie und Schönheit, die insbesondere von Künstlern seit dem frühen 16. Jahrhundert aufgestellt worden waren. Er schuf damit die Norm für den schönsten, perfekt geformten Schädel: den kaukasischen Schädel. (Wie es der Zufall wollte, fand er in seiner Sammlung den Schädel einer georgi-

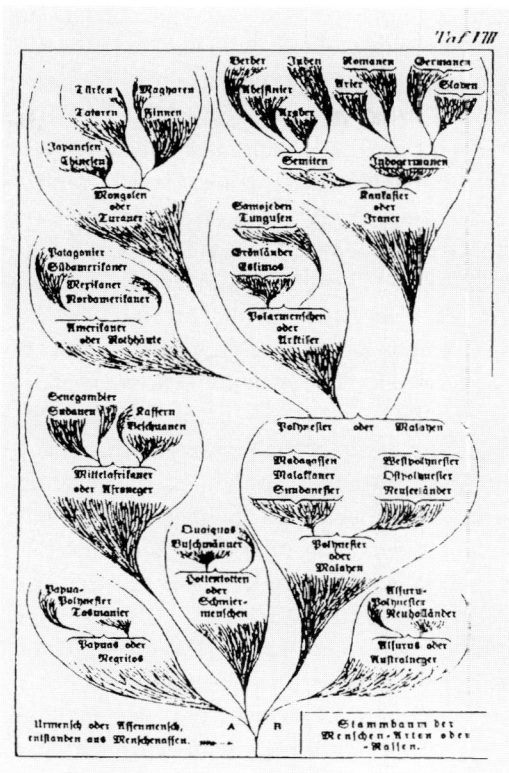

Stammbaum im Appendix zu Ernst Haeckel: Natürliche Schöpfungsgeschichte. Berlin 1868

schen Frau, der genau diesem Ideal entsprach.) Andere Schädelformen, wie etwa breite und längliche Schädel, betrachtete Blumenbach als bloße Entartungen dieses perfekten Mittelmaßes. Blumenbachs Schönheitsvorstellungen waren damals ziemlich verbreitet. Künstler, Archäologen und Altertumsforscher betrachteten die klassische griechische und römische Kunst und Architektur als universelle und ideale Grundformen. In der Entstehungsgeschichte dieser Körpernormen war Albrecht Dürer (1471–1528) einer der frühesten und einflußreichsten Mitspieler. Er veröffentlichte wahrscheinlich *das* Standardwerk über Idealproportionen und -perspektiven im frühen 16. Jahrhundert. Sein Werk spiegelt zwar noch barocke Schönheitsideale wider, dennoch hat er die Grundlage für die Körpernormierung geschaffen.[14] Mehr als zwei Jahrhunderte später, im Jahr 1755, erklärte der Altertumsforscher und Schriftsteller Johann Joachim Winckelmann (1717–1768) antike griechische Skulpturen zum Schönheitsideal, das alle Menschen anstreben sollten. Bald begannen Künstler, dieses *alte* Ideal des menschlichen Körpers *neu* einzuführen. Dieser Körper spiegelte die Idealproportionen wider, die Zeitgenossen in den gerade wieder entdeckten klassischen Skulpturen der alten Griechen vorzufinden glaubten. Einmal durchgesetzt, löste dieses neue Ideal die bisher gültige Bildersprache und die Körperideale des Barock ab. In den siebziger Jahren des 18. Jahrhunderts begann Johann Kaspar Lavater (1741–1801), der Begründer der Physiognomik, verschiedene Gesichtsformen an ein Wertesystem zu knüpfen, das bereits dem griechisch-klassischen Schönheitsideal verpflichtet war.[15] In dieser Geschichte der Körper- und Rassennormierung nahm der Niederländer Petrus Camper (1722–1789), der sowohl Maler als auch Arzt war, eine Mittelstellung zwischen Kunst und Medizin ein. Er erfand den »Gesichtswinkel«, den Blumenbach zuerst kritisierte, dann teilweise abänderte und anschließend doch wieder als Unterscheidungsmerkmal für *seine* »Rassen« benützte.

Camper, ein Zeitgenosse von Blumenbach, hatte zwar seine Arbeit über die natürlichen Unterschiede menschlicher Gesichtszüge zu seinen Lebzeiten nicht veröffentlicht, jedoch Vorlesungen zu diesem Thema gehalten.[16] Nachdem er als Professor der Chirurgie und Anatomie zahlreiche Körper seziert hatte, entwickelte er eine Methode, um Gesichter nach Alter und Nationalität anatomisch zu unterscheiden. Seine Erkenntnisse präsentierte er erstmals im Jahr 1770 vor der Zeichenakademie in Amsterdam. Einige Jahre später trug er sie der Akademie der Wissenschaften in Paris vor, deren Mitglied er im Jahr 1785 wurde. In Paris bezog sich Camper auf die Schönheit antiker Büsten und die sanften Proportionen des gesamten Körpers der griechischen Antike, um die Gesichtsunterschiede herauszuarbeiten. Der Titel seines posthum veröffentlichten Werkes verweist auf die in Paris hergestellten Zusammenhänge: *Über den natürlichen Unterschied der Gesichtszüge in Menschen ver-schiedener Gegenden und verschiedenen Alters; Über das Schöne antiker Bildsäulen und geschnittener Steine.* Sein Buch enthält auch Ratschläge für Künstler, die »nationale« Köpfe und Körper »realistisch« zeichnen wollten.

Die Gesichtslinie, auch Gesichtswinkel genannt, gemäß der man Schädel klassifizierte und bewertete, wurde zum Zankapfel zwischen Camper und Blumenbach. Petrus Camper schlug vor, jenen Winkel zu verwenden, der gebildet wird, indem man eine horizontale Linie vom äußeren Ohr zu jenem Punkt zieht, an dem sich Nase und Oberlippe treffen, und diese Linie mit einer anderen, vertikalen Linie schneidet, die von der Stirn zur äußeren Zahngrube des Oberkiefers gezogen wird. Der Winkel, in dem diese beiden Linien aufeinandertreffen, diente zur Messung des Profils und wies – laut Camper – auf Schädelunterschiede nach Nationalität und Alter hin. Campers Maß zufolge hatten Statuen der alten Griechen den Idealwinkel von 100 Grad, Europäer ca. 80 Grad und Schwarze 69 bis 70 Grad. Alle Maße unter 70 Grad entsprachen angeblich dem Gesichtswinkel der Affen, und alle Maße über 80 Grad kamen angeblich nur im Bereich der Kunst vor. Campers »Gesichtswinkel« für wirkliche Menschen lag somit zwischen 70 und 80 Grad (und schloß die meisten Afrikaner als Menschen aus). Blumenbach warf Camper Widersprüchlichkeit vor, da er zum Beispiel die beiden Bestimmungslinien des Winkels durch Variieren der Fixpunkte willkürlich festgesetzt hatte. Darüber hinaus schien Blumenbach Campers Winkel nur für jene »Rassen« von Nutzen, deren Schädel hinsichtlich der Ausrichtung des Kieferknochens voneinander abwichen, aber nicht für jene »Rassen«, deren Schädel eine unterschiedliche Gesichtsbreite aufwiesen. Je mehr Schädel Blumenbach untersuchte, desto unmöglicher erschien es ihm, die unzähligen unterschiedlichen Proportionen und Kopfteile auf die Neigung (und den Winkel) einer einzigen Linie, der Profillinie, zu reduzieren, die die Breite des Schädels völlig außer acht ließ.

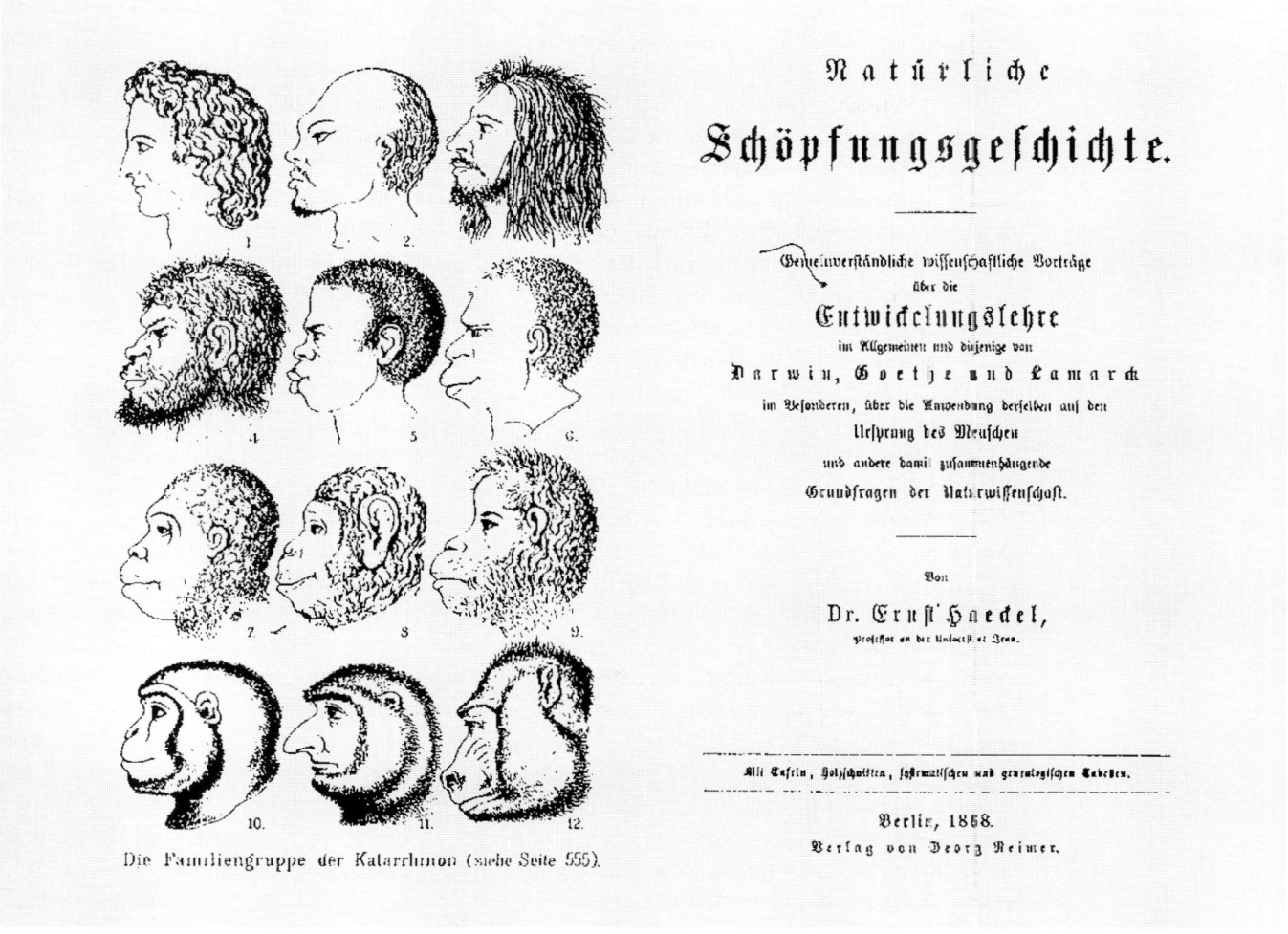

Die Familiengruppe der Katarrhinen (siehe Seite 555).

Natürliche

Schöpfungsgeschichte.

Gemeinverständliche wissenschaftliche Vorträge
über die

Entwickelungslehre

im Allgemeinen und diejenige von

Darwin, Goethe und Lamarck

im Besonderen, über die Anwendung derselben auf den

Ursprung des Menschen

und andere damit zusammenhängende

Grundfragen der Naturwissenschaft.

Von

Dr. Ernst Haeckel,

Professor an der Universität Jena.

Mit Tafeln, Holzschnitten, systematischen und genealogischen Tabellen.

Berlin, 1868.
Verlag von Georg Reimer.

Ernst Haeckel:
Natürliche
Schöpfungsgeschichte.
Berlin 1868

Trotz der Einwände Blumenbachs war Campers Winkel aufgrund seiner einfachen Anwendbarkeit eine verlockende Methode. Mit ihr konnten sich Wissenschaftler der Illusion hingeben, daß Schädelformen auf einen Blick bestimmbar seien. Das mag auch erklären, warum sich physische Anthropologen dieser Methode bis weit ins 20. Jahrhundert hinein bedienten. Um eine ähnlich einfache Bestimmungsmethode zur Hand zu haben, ersann Blumenbach eine andere, etwas komplexere Art und Weise, Schädel zu messen und zu vergleichen. Dieser Methode lag seine Vorstellung zugrunde, was »Nationalität« kennzeichne: die Ausrichtung des Kieferknochens, die Breite der Backenknochen, die Breite des Craniums und die Flachheit oder Höhe der Stirn.[17] Gemäß dieser Kriterien erklärte Blumenbach den georgischen Schädel mit seiner sanft gerundeten Form, der leicht abgeflachten Stirn, den engeren Backenknochen und den Kieferknochen, deren Zahngruben nicht hervorstanden, zum symmetrischsten und schönsten.

In seinem 1776 erschienenen Werk *De Generis Humani* leitete Blumenbach (sechs Jahre nachdem Camper seine Erkenntnisse der Akademie in Amsterdam vorgetragen hatte) die Unterschiede zwischen den Menschen aus Umweltfaktoren ab, womit er seine frühe Skepsis gegenüber unveränderbaren Rassenmerkmalen ausdrückte. Als Blumenbach im Jahr 1795 die dritte Auflage seines Werkes *De Generis Humani* herausbrachte,

31

Susanne Belovari

bewertete er bereits – wie George Mosse in seinem Buch *Toward the Final Solution* (1978) behauptet – Rassen hauptsächlich nach ästhetischen Richtlinien. Mosse erwähnt Blumenbach in einem Atemzug mit Camper, ohne auf Blumenbachs Einwände gegen Campers Gesichtslinienberechnungen einzugehen. Tatsächlich zitiert Blumenbach den Arzt und Maler erst in der dritten Auflage (1795), die drei Jahre nach Campers Buch und zuerst in lateinischer Sprache veröffentlicht worden ist, und kritisiert Campers Gesichtslinie. Außerdem widerlegt Blumenbach Campers Hypothese, nach der der Gesichtswinkel vom Affen über den Neger bis zum Weißen hin angeblich größer werde. 1798 jedoch, als Blumenbachs dritte Auflage in deutscher Sprache veröffentlicht wird, fügt der Herausgeber Johann Gottfried Gruber dem Buch mehrere Anhänge hinzu, jedoch ohne klarzustellen, ob diese von ihm selbst oder von Blumenbach stammen. In einem dieser Anhänge scheint Blumenbach plötzlich mit Camper übereinzustimmen. Scheinbar erachtet er hier sowohl Campers Gesichtswinkel als auch dessen These über eine engere Verwandtschaft zwischen Affen und Afrikanern für richtig und widerspricht somit seiner eigenen Kritik im Hauptteil des Buches. Im Ton klingen diese Anhänge auch rassistischer als der restliche Text, was die Vermutung nahelegt, daß Gruber sie selbst geschrieben oder zumindest stark manipuliert haben könnte. Vielleicht wollte Gruber das Ausmaß seines Beitrags verbergen, um sich die Autorität, die der berühmte Blumenbach zu dieser Zeit im wissenschaftlichen Disput genoß, zur Verbreitung seiner eigenen Meinungen und Gedanken zunutze zu machen. Wie auch immer: Für meine Übersicht ist es nicht wichtig, *wer* für eine Veröffentlichung verantwortlich ist, sondern *daß* diese Inhalte veröffentlicht wurden und daß Campers Ansichten und Methode, scheinbar von Blumenbach sanktioniert, andere einschlägige Autoren stark beeinflußten.

Während Blumenbach noch zögerte, von permanenten Rassen zu sprechen, führte der Philosoph Immanuel Kant (1724–1804) die Kategorie der permanenten Rassen in Deutschland ein. Trotz seiner Spezialisierung auf das Gebiet der Philosophie hatte Kant viele Jahrzehnte lang Vorlesungen über Anthropologie und Geographie gehalten. Er unterschied zwischen den Begriffen »Spezies« und »Rasse«, die beide angeblich einen permanenten Zustand oder eine permanente Bedingung bezeichneten. In seinem Essay aus dem Jahr 1785 bediente sich Kant der spezifisch naturwissenschaftlichen Ausdrücke »Spezies«, »Klasse« und »Rasse«, mit denen damals, austauschbar, Tiere klassifiziert wurden, und wandte die gleichen Begriffe wesentlich stringenter auf die Menschheit an. In der Folge definierte er eine Spezies, die Menschheit, und vier Klassen beziehungsweise Rassen, für die die Hautfarbe das *einzige* charakteristische Merkmal sei, das immer weitervererbt werde. Was auch immer Kant beabsichtigte, er lieferte den späteren Rassentypologen und Rassentheoretikern, wie etwa Carl Carus, Christoph Meiners und Ernst Haeckel, einen wissenschaftlich und philosophisch annehmbaren Rassenbegriff, der durch eine immer größere Anzahl von permanenten und unveränderbaren Rassenmerkmalen definiert wurde.[18]

Nach der Hautfarbe beschäftigte das Cranium jene europäischen und amerikanischen Wissenschaftler, die Menschen nach »Rassen« zu klassifizieren suchten. In der vergleichenden Anatomie der Wirbeltiere war der Schädel beziehungsweise das Cranium der wesentliche Körperteil, um die Abstammung zu bestimmen. Auf ihrem Kreuzzug, uns eine schrittweise aufsteigende Entwicklung der Menschenrassen (schon bald Evolution genannt) zu »beweisen«, eigneten sich Wissenschaftler diesen Knochenteil an. Gerade weil dieser Knochen den verheerenden Auswirkungen der Zeit, der geschichtlichen Überlieferung und den Reisestrapazen am besten standhielt, betrachtete man ihn als Schlüsselmerkmal für die Unterscheidung der »Rassen« – zu einer Zeit, als Forscher weder viel reisten noch Gelegenheit hatten, viele Mitglieder ethnischer Gruppen kennenzulernen. Die Forscher maßen dem Cranium große Bedeutung bei, weil es das Gehirn umschloß, das nun – nach der theologischen Seele – das »Wesen« des Menschen verriet.

Im frühen 19. Jahrhundert begannen der Wiener Arzt Franz Joseph Gall (1758–1828) und sein Co-Autor Johann Gaspan Spurzheim (1776–1832), moralische Eigenschaften im Schädel – dem Untersuchungsgebiet der Phrenologie – zu lokalisieren, und bestätigten damit die Auffassung, daß man von der äußeren Erscheinung auf innere Qualitäten schließen könne.[19] Gall, der seine Forschungsarbeit ursprünglich nur physiologisch und nicht anatomisch begründete, behauptete, daß bestimmte Schädelformen auf besondere Neigungen und Verhaltensmuster hinwiesen. Dabei nahm er an, daß bestimmte Teile des Gehirns für bestimmte Geistesfunktionen verantwortlich seien. Für Gall jedoch existierten weder »nationale« noch »rassische« Schädel. Und so belächelte er zum Beispiel die weitverbreitete Annahme, daß Afrikaner kleinere Schädel hätten. Dennoch wurde seine Theorie, die geistige Funktion mit dem Gehirn, dem Schädel, der Gesichtsform und dem Gesichtsausdruck in Verbindung zu bringen, von all jenen mit Begeisterung angenommen, die an Verbrechens- und Rassentypologien arbeiteten. Der französische Naturwissenschaftler Jean Baptiste Monet de Lamarck (1744–1829) glaubte, daß individuelle Anpassung und erworbene Fähigkeiten – wie etwa die Fähigkeit, Klavier zu spielen – vererblich seien (womit er die Vererbungslehre begründete). Seine Schüler erklärten Körpermerkmale – wie Hautfarbe, Nasenform oder Schädelinhalt – als angeboren und rassenspezifisch.[20] Auf dieser einmal behaupteten Unveränderbarkeit, der angenommenen Vererblichkeit und der Phrenologie aufbauend, konnten Forscher »Rassen« nun in alle denkbar möglichen hierarchischen Typologien (Archive) unterteilen.

Ein gutes Beispiel für die Verknüpfung von Phrenologie mit Rassenklassifizierungen anhand von Schädelanalysen stammt aus den USA. (Bezeichnenderweise lasen und verarbeiteten Rassentheoretiker die jeweiligen Einsichten nicht nur quer durch ganz Europa,

Vermessungsstuhl, Österreich, 19. Jahrhundert

sondern auch jenseits des Atlantischen Ozeans mit erstaunlicher Geschwindigkeit.) In den USA unternahm der Arzt und Quäker Samuel George Morton einen weiteren Schritt *in* den menschlichen Körper hinein. Er war vom Inneren des Schädels fasziniert, insbesondere davon, wieviel Raum dieser Schädelknochen umschloß. Da Schädel weder bequem zur Hand noch einfach zu beschaffen waren, begann er sie zu sammeln. Über viele Jahrzehnte war seine Sammlung die einzige umfassende ihrer Art sowohl in Europa als auch in den USA, während die meisten anderen Sammlungen lediglich aus einer Handvoll Exemplaren bestanden. Weil er Schädel von Indianern mit weißen Pfefferkörnern anfüllte, um ihr Volumen zu bestimmen (*Crania Americana*, 1839), wurde Morton bald als Begründer einer neuen Wissenschaft anerkannt, der Kraniometrie und Kraniologie.[21] Damit nahm zum ersten Mal ein Forscher an, daß das Volumen des Craniums die geschichtliche Stellung einer Rasse anzeigte. Morton bestätigte damit die phrenologische Annahme, daß »die Größe des zerebralen Organs ein Maßstab für seine Funktionsfähigkeit« sei.[22] Von Anfang an war Mortons Kraniometrie (er maß das Volumen, indem er Schädel anfüllte) mit der Phrenologie (den unterschiedlichen Teilen des Gehirns wurden bestimmte Tugenden und Fähigkeiten zugeordnet) verknüpft. Der berühmte Phrenologe und Rechtsanwalt aus Edinburgh, George Esq. Combe (1788–1858), hatte zu Mortons *Crania Americana* 1839 einen phrenologischen Anhang geschrieben. Beide Autoren, Combe und Morton, propagierten die Vorrangstellung der Kaukasier und die Degeneriertheit der Indianer. Sie wuschen die europäischen Kolonialisten von ihren zweifelsohne wirtschaftlichen und politischen Motiven rein, indem sie Abweichungen in Schädelform, Craniumgröße und Hirngewebe zum offensichtlichen Grund für den Kolonialismus erklärten.

Combe, zum Beispiel, schrieb: »Permanente Unterwerfung unter ein fremdes Joch ist das Ergebnis einer geringwertigen Gesamtentwicklung des Gehirns, im animalischen, moralischen und intellektuellen Sinn, beim unterworfenen Volk gegenüber dem Gehirn des erobernden Stammes; wobei beim unterworfenen Volk die moralischen und intellektuellen Organe im Vergleich zu den Organen der Kampfbereitschaft, der Zerstörungswut und der Selbstachtung größer sind als bei Stämmen, die die Ausrottung der Unterwerfung vorziehen. Die von den Spaniern unterworfenen Peruaner und Mexikaner sowie die von den Briten in Indien unterworfenen Hindus sind Beispiele dafür. Bei ihnen ist das Gesamtvolumen des Gehirns kleiner als das Gesamtvolumen des Gehirns der Spanier und Briten; doch bei ihnen sind ebenso die moralischen und intellektuellen Regionen des Gehirns im Vergleich zu den animalischen Regionen größer als bei den karibischen Indianern und den Irokesen. Das größere Volumen der moralischen und intellektuellen Regionen im Vergleich zur animalischen Region macht fügsam, während ein geringes Gesamtvolumen von geistiger Schwäche begleitet wird.«[23]

Morton schloß aus seinen Schädelvergleichen, daß die Crania der amerikanischen Indianer im Durchschnitt kleiner seien und demnach diese »Rasse« den Weißen intellektuell und sozial unterlegen sein müsse. Dasselbe versuchte er für die Schwarzen »nachzuweisen«. Er und seine Kollegen George R. Gliddon und Josiah Clark Nott, ein Sklavenhalter, waren vehemente und lautstarke Verfechter der Sklaverei.[24] Sie gelten als die erste Generation bedeutender US-Anthropologen (die meisten der frühen Anthropologen waren Ärzte und Offiziere). Ihr Denkansatz wurde zu Recht *Die amerikanische Schule der Ethnologie* genannt. Drei Jahre nach Mortons Tod im Jahr 1851 veröffentlichten Gliddon und Nott gemeinsam mit Mortons Schriften eine Sammlung ihrer eigenen Arbeiten in Paris, Leipzig, London und Philadelphia. Diese Schriftensammlung erschien unter dem Titel *The Types of Mankind or Ethnological Researches based upon the Ancient Monuments, Paintings, Sculptures, and Crania of Races and upon their Natural, Geographical, Philological and Biblical History* (1854). Wie bereits aus dem Titel hervorgeht, setzte das Buch die Tradition fort, aktuelle Rassenstudien mit normativ verstandener antiker Kunst zu verknüpfen.

Nott und Gliddon waren in ihren Aussagen in *The Types of Mankind* noch eindeutiger rassistisch als Morton. In seinem Überblick über den Verstand, schreibt Nott jegliche Leistung der Menschheit den weißen Kaukasiern zu: Moses, Jesus und Buddha haben demzufolge denselben kaukasischen »Rassenkörper«:

»Es ist die primitive Organisation der Rassen, es sind ihre geistigen *Instinkte*, die ihren Charakter und ihr Schicksal bestimmen, und nicht blinder Zufall. Die gesamte

Geschichte sowie die Anatomie und die Physiologie beweisen dies (...). Unsere Haustiere, die durch künstliche Ursachen beeinflußt wurden, unterscheiden sich nun in ihrem Körperbau und in ihrer Moral von ihren primitiven wilden Vorfahren. Die Menschenrassen werden von ähnlichen Gesetzen regiert. Intelligenz, Aktivität, Ehrgeiz, Weiterentwicklung und hohe anatomische Entwicklung charakterisieren einige Rassen; Dummheit, Gleichgültigkeit, Unbeweglichkeit, Wildheit und niedrige anatomische Entwicklung kennzeichnen andere. Eine hochstehende Zivilisation wurde in jedem Fall nur von der ›kaukasischen‹ Gruppe erreicht. Mongolische Rassen sind, außer in der chinesischen Familie, in keinem Fall über den Grad einer Semi-Zivilisation hinausgekommen; wohingegen die schwarzen Rassen von Afrika und Ozeanien nicht anders als die *barbarischen* Stämme Amerikas seit Tausenden von Jahren in absoluter Finsternis geblieben sind. Negerrassen sind, sobald *domestiziert*, für ein beschränktes Maß an Verbesserung empfänglich. Läßt man jedoch die Zügel wieder locker, wie in Haiti, fallen sie früher oder später wieder in die Barbarei zurück.

Des weiteren können bestimmte wilde Arten weder zivilisiert noch domestiziert werden. Die *barbarischen* Rassen von Amerika (mit Ausnahme der Tolteken) sind, obgleich von fast so niedrigem Verstand wie die Negerrassen, im wesentlichen unzähmbar. Nicht nur sind alle Versuche, sie zu zivilisieren, fehlgeschlagen, sondern auch jede Bestrebung, sie zu versklaven. Unsere Indianerstämme lassen sich lieber ausrotten, als das Joch zu tragen, unter dem unsere Negersklaven fett werden und sich vermehren.

Der Kaukasier unterscheidet sich von allen anderen Rassen: Er ist menschlich, er ist zivilisiert, und er macht Fortschritte. Er erobert mit seinem Kopf wie auch mit seiner Hand. Es ist letztendlich der Verstand, der erobert – nicht die Stärke des Armes eines Mannes. Der Kaukasier war schon oft Herr über andere Rassen – niemals ihr Sklave. Er hat anderen Rassen seine Religion gebracht, jedoch niemals deren Religion angenommen.

In der Geschichte sind alle Religionen kaukasischen Ursprungs. All die großen eingeschränkten Formen von Monarchien sind kaukasisch. Republiken sind kaukasisch. All die großen Wissenschaften sind kaukasischen Ursprungs; alle Erfindungen sind kaukasisch; Literatur und Romantik sind von dieser selben Herkunft; alle großen Dichter sind kaukasischen Ursprungs; Moses, Luther, Jesus Christus, Zarathustra, Buddha, Pythagoras waren kaukasisch (...)«[25]

Obwohl wir heute anderer Meinung sind, galten diese drei Kollegen in ihrer Zeit nicht als unbedeutende Scharlatane, sondern genossen sowohl unter Anthropologen als auch unter Naturwissenschaftlern in Amerika und in Europa hohes Ansehen. Der Schweizer Louis Agassiz, zum Beispiel, hatte keine Einwände, daß ein überarbeiteter Artikel von ihm in ihrer Schriftsammlung abgedruckt wurde. Agassiz, der damals bekannteste Naturwissenschaftler in Amerika und ein Befürworter der Polygenese, schrieb einen seiner Aufsätze aus dem Jahr 1845 in den *Sketch of the Natural Provinces of the Animal World and their Relation to the Different Types of Men* um und ordnete seine acht »Rassen« acht spezifischen geographischen *Reichen* (empires) und acht Tierarten zu.

Innerhalb von sechs Jahren erlebte *Types of Mankind* acht Auflagen. Die Theorien und die kraniologischen Methoden der Autoren beeinflußten europäische Wissenschaftler nachhaltig, unter anderem den Begründer der französischen Schule der Anthropologie, Armand de Quatrefages, und den deutschen Arzt Carl Gustav Carus (1789–1869). 1866 verfaßte Carus einen Überblick über die zeitgenössische Forschung auf dem Gebiet der Polygenese und deren Erkenntnisse zur Entstehung und Einteilung der Menschheit – zu einer Zeit, als der Begriff der »Evolution« und damit der wissenschaftlichen Monogenese gerade formuliert wurde. In diesem Artikel widmete Carus 83 der insgesamt 93 Seiten den oben genannten amerikanischen Gelehrten und ihrem Werk *Types of Mankind*. Er erkannte ihre Führungsrolle auf dem Gebiet der Rassenforschung an und vermutete, daß amerikanische Handelsbeziehungen und angelsächsische Kolonien das Interesse an solchen Forschungsfragen in den USA und in Großbritannien gesteigert haben. Als Arzt und Naturphilosoph hatte Carus das medizinische Fachgebiet der Gynäkologie begründet und Beiträge über die Kranioskopie (die Messung und Bewertung der verschiedenen Regionen des Kopfes) veröffentlicht. Er wurde zu einem der eindeutigsten Rassentypologen der *Romantik*. Während der ersten Hälfte des 19. Jahrhunderts huldigten Männer wie Carus dem romantischen Geniekult, indem sie den einzelnen als unabhängig von jedem geschichtlichen Umfeld idealisierten. Das Genie allein war für seine (und man erkannte ausschließlich männliche Genies an) Leistungen verantwortlich. Die Rassentypologen der Romantik verschmolzen diesen Geniebegriff mit dem bereits verbreiteten Konzept des biologischen Volks- und Rassenkörpers. Das Resultat: Bestimmte Völker beziehungsweise »Rassen« wurden metaphorisch zum individuellen Genie erklärt und mystifiziert.

Carus, der ein Freund von Goethe war, behauptete – bezeichnenderweise in seiner Denkschrift zu Goethes 100. Geburtstag – daß Menschen Fähigkeiten erbten, daß einige Menschen mehr Talente erbten als andere und daß genauso einige Rassen mehr Fähigkeiten als andere erbten.[26] Für Carus existierten nur zwei echte »Rassen«: die Tagmenschen und die Nachtmenschen. Die blondhaarigen, blauäugigen Tagmenschen reflektierten die Sonne und die Farben und Lichter des Himmels am besten. Nur sie konnten Kultur schaffen. Ganz offensichtlich handelte es sich dabei um Carus' eigene, nämlich die weiße »Rasse«. Darüber hinaus gäbe es zwei Zwischenrassen: die Indianer, Menschen der Abenddämmerung (und des Unterganges), und die Asiaten, Menschen der Morgendämmerung (und im Aufstieg begriffen). Er betrachtete die afrikanische »Rasse« als ein Volk der Nacht und Finsternis, das sich im Vergleich zur weißen »Rasse« in einem Zustand der Unbewußtheit befinde. Für Carus bewiesen Campers verschiedene Gesichts-

winkel, daß die Afrikaner Tieren am ähnlichsten seien. Ihr Hinterkopf sei schwerer beziehungsweise größer. In dieser Region des Kopfes hatten Camper, Gall, Lavater, Combe und viele andere das Zentrum des Fühlens, der rohen und emotionalen Leidenschaft, angesiedelt. Carus ging davon aus, daß der Kopf von Tagmenschen vorne größer beziehungsweise schwerer sei. In jenen vorderen Regionen vermuteten dieselben Forscher den Sitz der Intelligenz, des Gedächtnisses sowie philosophischer, mathematischer und anderer erstrebenswerter Fähigkeiten. Carus ging noch einen Schritt weiter. Er erweiterte die traditionelle Deutung von Köpfen um die Interpretation von Handformen und beanspruchte für sich, der erste zu sein, der dies auf der Grundlage morphologischer Beweise und physiologischer Bedeutung praktizierte. Anstelle der von D'Arpentigny schon früher beschriebenen sieben »rassischen« Handformen vertrat Carus den Standpunkt, daß es nur vier morphologische Formen gebe. Die elementare Hand der Nachtmenschen erinnere ein wenig an die Affenhand. Die motorische Hand sei typisch für die Menschen der Abenddämmerung. Die vernünftige und sensible Hand sei charakteristisch für Tagmenschen, insbesondere für Frauen. Und die psychische Handform sei die Norm für überwiegend deutsche und englische Herrscher. In den Augen von Carus und vielen anderen europäischen und amerikanischen Anthropologen deuteten diese Unterschiede in den Handformen und die unterschiedlichen »Menschenrassen« auf deren unterschiedliche Herkunft hin.

Was der Lehre vom Schädel noch fehlte, war eine standardisierte Meßmethode. In den vierziger Jahren des 19. Jahrhunderts wandelte der Schwede Anders Retzius (1796–1860) die bis dahin willkürlichen Meßtechniken in eine scheinbar standardisierte, anthropologische Methode um; eine Methode, die sich in kürzester Zeit größter Beliebtheit erfreute. Retzius, ein vergleichender Anthropologe, bestritt sowohl die Craniumstudien von Blumenbach als auch die von Pritchard eingeführte Rassenklassifizierung auf der Grundla-

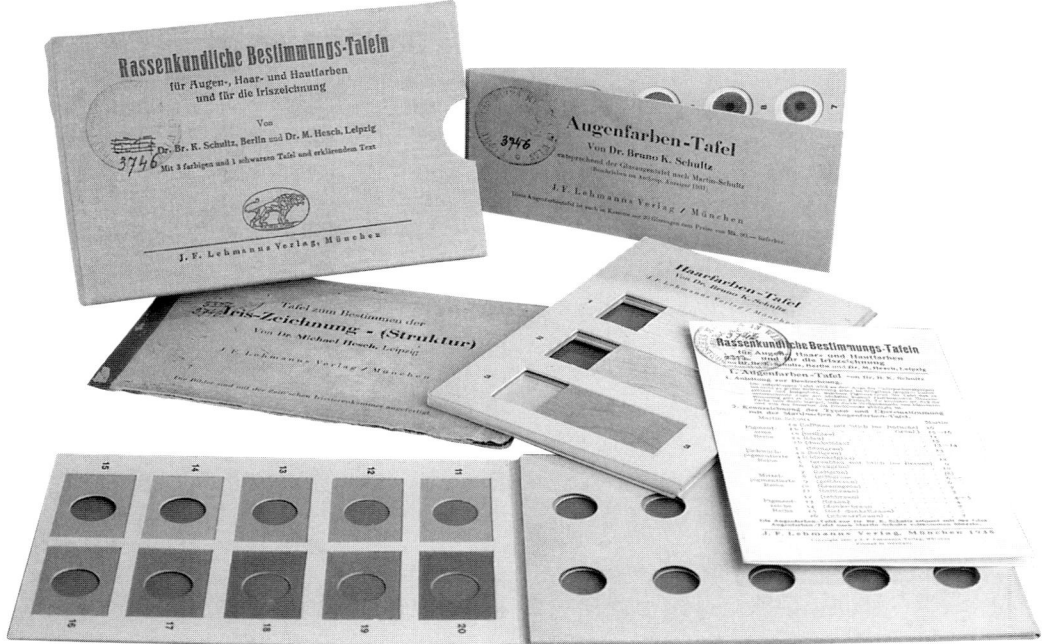

ge von Sprache *und* Körpermerkmalen. Er behauptete, daß Völker mit ähnlichen Sprachen durchaus unterschiedliche Schädelformen haben konnten. Die Unterschiede zwischen den Schädelformen sind seines Erachtens so groß, daß es gerechtfertigt sei, unterschiedliche Ursprünge für die verschiedenen Rassen anzunehmen. Retzius unterteilte Schädel nach Länge, Breite und dem Ausmaß, in dem die Kieferknochen vorstanden, ohne je eine umfassende Beschreibung seiner Meßmethode zu veröffentlichen[27] und ohne mehr als nur eine Handvoll Schädel einiger weniger Gruppen zu untersuchen. In seiner ersten Publikation *Über die Schädelform der Nordbewohner* (1842 veröffentlicht, jedoch bereits 1840 der Königlichen Akademie in Stockholm vorgetragen) stellte Retzius zum Beispiel seine vier berühmten Kategorien vor, die auf einem Kalmückenschädel, sechs Schädeln von finnischen Männern, zwei Schädeln aus Grönland, sechzehn Schädeln von Lappen (deren Geschlecht offenbar nicht wichtig war) und vier slawischen Schädeln (nachdem er bereits die Schädel von lebenden Slawen untersucht hatte) basierten. So gering die Anzahl der Schädel auch gewesen

sein mag, die Retzius als Grundlage für die Entwicklung seiner Zwei-mal-zwei-Matrix verwendet hatte – Anthropologen und Rassentheoretiker hielten von da an Ausschau nach Retzius' Kategorien. Er hatte die Schädel in zwei Gruppen unterteilt: lange ovale Schädel (sogenannte *Dolichozephalen*) und kurze runde oder eckige Schädel (sogenannte *Brachyzephalen*). Ebenso unterschied er die Gesichter in zwei Gruppen: geradlinige Gesichter mit einem fast geradlinigen Profil (sogenannte *Orthognathen*, die auf der Gesichtslinie von Camper basierten) und schmale lange Formen mit hervorstehenden Kieferknochen (sogenannte *Protognathen*). Retzius wie auch Anthropologen nach ihm klassifizierten die Afrikaner als Protognathen beider Schädeltypen. Dies war kein Zufall. Um nicht von den älteren Theorien über die enge Verwandtschaft zwischen Afrikanern und Affen abzuweichen, gingen Forscher so weit, Schädel in ihren Zeichnungen entweder glattweg zu verfälschen oder nach hinten zu neigen, um den Winkel des Kieferknochens zu übertreiben (Protognathen). »Weiße« Schädel wurden penibel in aufrechter Position gezeichnet. Andere Wissenschaftler ver-

*Rassenkundliche
Bestimmungstafeln für
Augen-, Haut- und
Haarfarbe.
Österreich,
19. Jahrhundert*

zichteten in ihren Darstellungen gänzlich auf die Kieferknochen und die Zähne, wodurch ein Vergleich unmöglich gemacht wurde. Im Jahr 1856 stellte Retzius (in einer überarbeiteten Version eines Artikels aus dem Jahr 1844) europäische Schädel entweder als germanische beziehungsweise keltische dolichozephale Orthognathen oder als ungarische beziehungsweise slawische brachyzephale Orthognathen dar.[28] Er betrieb zu diesem Zeitpunkt bereits jene Art von Forschung, welche die zuvor perfekte weiße »Rasse« in mehrere »Rassen« unterteilte, von denen – nicht sehr überraschend – einige weniger perfekt als andere waren.

»Europäische Rassen« und der ideale »arische Rassenkörper«

Europäer begannen die Geschichte Europas als Geschichte von Rassen und Rassenkonflikten erst nach – und wegen – der Französischen Revolution zu schreiben. Damals griffen zunächst die Aristokratie und anschließend die Bourgeoisie auf Rassenargumente zurück, um ihre Privilegien wiederherzustellen und gegen die Gleichheit aller Menschen zu argumentieren (Restaurationsideologien). Zum Beispiel: Die französischen Aristokraten, die durch den Absolutismus Ludwigs XIV. wie auch später durch die Revolution in ihrer Position geschwächt worden waren, rechtfertigten ihre Ansprüche und früheren Vorrechte damit, daß sie von den deutschen Franken abstammten, die als »Rasse« angeblich der »eingesessenen«, »gallischen Rasse« überlegen sei. Darauf wiederum – und zwar besonders während der Restauration – verwies die Bourgeoisie auf ihre gallischen Wurzeln, um ihre gerade erst gewonnene Vormachtstellung zu legitimieren. Frühere Rassenklassifikationen wurden nun auf mehrere eigenständige europäische Rassen ausgedehnt, wodurch die vormals perfekte und einheitliche »weiße Rasse« unterteilt wurde. Da diese neuen europäischen Rassengliederungen politische und wirtschaftliche Interessen widerspiegel-

ten, unterstützten sie die politische Diskriminierung bestimmter Gruppen.

Mit dem Verlust Adams als biblischen Urvater aller Menschen verloren die Europäer schließlich auch die hebräische Sprache als biblischen Ursprung aller Sprachen, die ja laut biblischer Überlieferung nach dem Fall des Turms zu Babel entstanden waren. Man suchte nach anderen Erklärungen, wie sich die Sprachen entwickelt hatten, und es entstand das neue Fach der Sprachwissenschaft. William Jones prägte 1788 den Begriff der *indoeuropäischen* Sprachen. Er behauptete, Sanskrit, Latein und Griechisch seien miteinander verwandt, und er stellte diese Sprachen den *semitischen* Sprachen gegenüber. Während dies als sprachwissenschaftliche Theorie allgemein anerkannt wurde, entwickelte Friedrich Schlegel daraus eine Theorie, wie *Völker* miteinander verwandt seien. Schlegel erklärte, ein mysteriöser arischer Stamm habe Indien verlassen, um Europa zu besiedeln.[29] Deutsche wurden damals noch nicht mit diesem »arischen« Stamm identifiziert. Doch »arisch« (beziehungsweise »nordisch«) ging schon sehr bald in die anthropologische Begriffswelt ein und diente zur sprachlichen und rassischen Unterscheidung zwischen überlegenen Indoeuropäern und minderwertigen Semiten. Dieser Mythos gedieh vor allem in der französischen Romantik in der ersten Hälfte des 19. Jahrhunderts, deren Vertreter die jüdische Religions- und Kulturgemeinde mit einem biologischen »Rassenkörper« auszustatten begannen.[30] Es waren Schriftsteller, die den Wissenschaftlern einen Schritt voraus waren und zuerst den Begriff der »jüdischen Rasse« prägten, wie zum Beispiel Grattenauer in seiner Schmähschrift *Wider die Juden* (1803).[31]

Der französische Graf Arthur de Gobineau (1816–1882) gilt nach wie vor als der erste moderne Vertreter der Rassentheorie von Bedeutung, obwohl er lediglich bereits weitverbreitete Gedanken in einem wissenschaftlichen Gewand präsentierte. Indem er den anthropologischen Begriff der »Rasse« um die linguistische Kategorie des »Arischen« erweiterte, förderte Gobineau den eben erst flügge gewordenen arischen Mythos. In Übereinstimmung mit den biblischen Nachkommen von Noa unterteilte er die weiße »Rasse« in Hamiten, Semiten und Japhetiten (arische Vorfahren) und erklärte die weiße Rasse und ihre Untergruppe, die »arische Rasse«, als der gelben und schwarzen »Rasse« überlegen. Im Gegensatz zu späteren Sozialdarwinisten sprach Gobineau den Schwarzen und den Juden (die er bereits als »Unterrasse« bezeichnete) jedoch spezielle Fähigkeiten innerhalb ihres Platzes in der Hierarchie zu.[32] Die Rassengeschichte hatte in Gobineau ihren Meisterschreiber gefunden, der die »Rassenfrage« zum wichtigsten geschichtlichen Faktor machte und die gesamte Geschichte und Kultur sowie jede politische Einrichtung auf die Beziehungen zwischen überlegenen und minderwertigen Rassen zurückführte. Die Arier seien die treibende geschichtliche Macht. Was Gobineau jedoch von anderen unterschied, war sein Anflug von geschichtlichem Pessimismus. Die von Natur aus ungleichen Rassen konnten seines Erachtens nicht »verbessert« werden (und auch nicht durch die Umwelt, die Gesellschaft oder durch politische Maßnahmen beeinflußt werden). Zeitgenössische Gleichheitsbestrebungen und -bewegungen (die eine Folge der Französischen Revolution waren) mußten in seinen Augen zwangsläufig zu politischem und kulturellem »Rassenverfall« führen.

Während Gobineau eine pessimistische nicht-interventionistische Rassentheorie vertrat, stehen Sozialdarwinisten seit den späten sechziger Jahren des 19. Jahrhunderts für sogenannte moderne, »optimistische« und interventionistische Rassentheorien. Im Gegensatz zu Gobineau definierten jene die Rassen als dynamisch. Der sozialdarwinistischen Theorie zufolge können sich die »Rassen« durch einen »rasseninternen« Überlebenskampf und durch die Evolution langsam verändern; die Veränderung konnte aber im Wettstreit mit anderen Rassen, das heißt durch einen »rassenexternen« Überlebenskampf beziehungsweise durch Selektion, auch relativ schnell erfolgen. Die Selektion

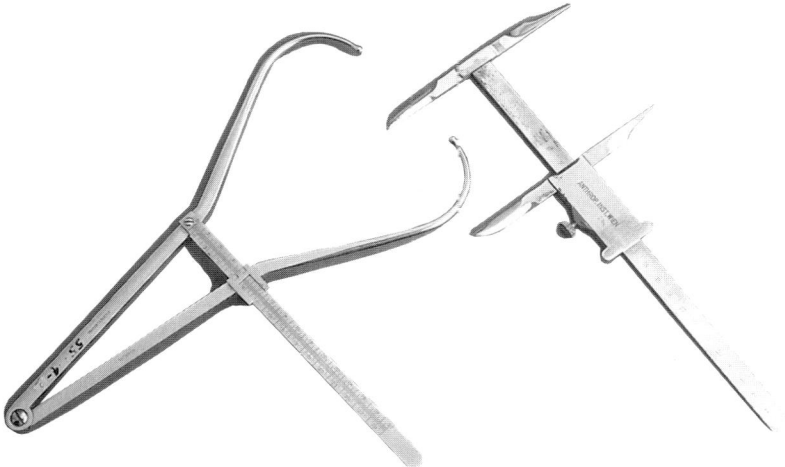

Instrumente zur Vermessung des Schädelumfangs, Österreich, 19. Jahrhundert

wurde als lenkbarer Prozeß angesehen und lieferte somit einen politisch nützlichen Rassenbegriff, weil sie Raum für eine mögliche »Wiederherstellung« von Rassen und für ein staatliches Eingreifen schuf. »Rassenrestauration« meinte die »Verbesserung« der Rasse (Eugenik) und umschrieb euphemistisch zugleich die Vernichtung derer, die als minderwertige Rassen oder Rassenmitglieder definiert worden waren.[33]

Die wichtigsten Bestandteile der modernen Rassentheorien waren damit vorhanden: der Begriff einer dynamischen Rasse; eine als gegeben vorausgesetzte Einheit von Rassenkörper und »inneren« Merkmalen, z.B. Intelligenz oder Charakter; eine immer genauere Ausarbeitung der arischen beziehungsweise nordischen Rasse, deren Ideal sich an klassischen griechischen Profilen, Nasen und idealisierten Gesichts- und Körperproportionen orientierte, zusätzlich ausgestattet mit blauen Augen und blondem Haar (Vgl. die Theorien des französischen, positivistischen Anthropologen George Vacher de Lapouge, 1854–1936); und eine dementsprechend zunehmende Verunglimpfung der jüdischen Glaubensgemeinschaft als minderwertige Rasse.[34] Diesen Rassentheorien wurden zwei weitere Elemente hinzugefügt: zum ersten »wissenschaftliche« Werkzeuge (wie zum Beispiel statistisch und optisch entworfene Durchschnittsrassenkörper in den Arbei-

Susanne Belovari

ten von Francis Galton, 1822–1911, der von Adolph Quetelets statistischem Durchschnittsmenschen ausging), zum zweiten psychologische und eugenische Rassendefinitionen, insbesondere in den USA (wie zum Beispiel Stanley Halls schrittweise Rassenhierarchie und James Baldwins Intelligenztests)[35], zum dritten ein Wechsel von vage beschriebenen Rassenkörpern zu detaillierten Beschreibungen einzelner Körperteile und Gesten. Letzteres geschah, da genetische Experimente mit Pflanzen gezeigt hatten, »daß nicht das gesamte äußere Erscheinungsbild, sondern nur individuelle Merkmale in alten oder neuen Kombinationen vererbt wurden.« Übertragen auf das Studium der Rassen, bedeutete dies für europäische Anthropologen, die ausländische Kriegsgefangene vermessen hatten (während in den USA eine umfassende anthropometrische Studie über die eigenen Soldaten durchgeführt worden war), daß sie in ihrer Rassenanalyse wesentlich mehr morphologische Merkmale und Kombinationen berücksichtigen mußten. Im Jahr 1924 kommentierte Josef Weninger, Professor für Anthropologie in Wien, diese Entwicklung und beschrieb, wie insbesondere Augenlider und Nasenformen (bei der Untersuchung der euroasiatischen Kriegsgefangenen) zu den neuen markanten anthropometrischen Merkmalen geworden waren.[36] Von da an stürzten sich Forscher mit Enthusiasmus darauf, neue Rassendetails anzuhäufen. In ihren Arbeiten vergaßen sie jedoch zu erwähnen, daß neue genetische Erkenntnisse ihrer eigenen Kollegen jegliche summarische Rassenkörperphysiognomie umstießen.

Zur gleichen Zeit wiesen Franz Boas (1858–1942) und andere nach, daß Knochen und Schädel nicht konstanter als andere Merkmale – wie zum Beispiel das Gewicht – sind. Vielmehr stellte sich heraus, daß zum Beispiel die Größe und Stärke von Schädeln und Knochen von den Lebens- und Arbeitsumständen sowie von den Ernährungsgewohnheiten und der Gesundheitsvorsorge der Menschen abhängen – Wechselwirkungen, die zum Beispiel an den Knochenveränderungen von Einwanderern in den USA oder an Knochenveränderungen ländlicher wie auch städtischer Zuwanderer beobachtet werden konnten. Merkmale, die Wissenschaftler einst als biologische Gegebenheiten angesehen hatten, stellten sich somit als veränderliche Größen heraus, die von spezifischen wirtschaftlichen, politischen und kulturellen Lebenssituationen abhängen. Und der neue Begriff der Blutgruppe, der rassenunabhängig ist, stellte jene Rassenargumente in Frage, die sich auf »gutes« oder »schlechtes« Blut stützten. Im Jahr 1911 warnte Boas auch davor, von vagen Körperbeschreibungen der »Rassen« auf kulturelle, wirtschaftliche und politische Fähigkeiten und geschichtliche Entwicklungen zu schließen.[37] Für ihn war die Evolution kein biologischer oder chemischer, sondern ein kultureller Prozeß, der nur dann stattfinden konnte, wenn Menschen sich nicht tagtäglich plagen mußten, um sich ihren Lebensunterhalt zu beschaffen.[38]

Schlußbemerkung

Dieser Aufsatz ist Max Robert Osswald gewidmet. Nachdem die Schweiz seinen jüdischen Urgroßvater nicht aus dem nationalsozialistischen Deutschland einwandern ließ, beging dieser Selbstmord. Während der Kriegsjahre arbeitete Max Roberts Großmutter unter falscher Identität für ein Lazarett und verdankte ihr Überleben dem dortigen Personal und der Menschlichkeit und Großmütigkeit jedes einzelnen.

Ohne Laurel Graham, die eine frühe Version dieses Artikels durchgelesen hatte, wäre dieser Beitrag wahrscheinlich nie zustande gekommen. Ebenso gebührt mein Dank John Loncle, der mich – soweit ich dies zuließ – von einigen verschachtelten Sätzen und falschen Konnotationen befreite.

Anmerkungen

1 Im Verlauf dieser Debatte wurde die Behauptung aufgestellt, daß die Indios ursprünglich aus Europa oder Asien, der Heimat von Adam und Eva, gekommen sein mußten.

2 Isaac de La Peyrere: Systema Theologium, ex-prae-adamitarum-hypothesi pars prine (1655). In: Encyclopedia Judaica Jerusalem. Band 10. New York 1971, S. 1426. Isaac de La Peyrere ist auch als Pererius katalogisiert. Marranen waren spanische oder portugiesische Juden, die unter Zwang zum Katholizismus übergetreten waren, ihre jüdischen religiösen Bräuche jedoch oft im geheimen weiterpraktizierten.

3 Detailliertere Informationen über diese geschichtliche Entwicklung finden sich bei Léon Poliakov, Christian Delacampagne und Patrick Girard: Über den Rassismus. Stuttgart 1979, S. 71–72.

4 Poliakov (Anm. 3) identifiziert den Autor als François Bernier: Nouvelle Division de la Terre par les différentes Espèces ou races de l'homme qui l'habitent. In: Journal des Savants. 1684. Ebenso Blumenbach (Anm. 13), der Berniers Artikel aus dem Journal des Scavan [sic], S. 133, zitiert, ohne den Namen des Autors zu kennen. Laut Blumenbach ist dieser anonyme Autor der erste, der den Ausdruck »Rasse« im modernen Sinne verwendet und gemäß den vier bekannten Kontinenten vier Rassen voneinander unterscheidet: die europäische, die südasiatische, die nordafrikanische und die amerikanische Rasse.

5 Siehe François Marie Arouet Voltaire: Versuch einer Schilderung der Sitten und des Geistes der Nationen. 7 Bände. Berlin 1786 (1756); insbesondere Band 1 (Kapitel 1) und Band 5 (Kapitel 5). Zu Voltaires Antisemitismus und seinem Artikel über die Juden im Dictionnaire Philosophique von 1769 siehe Léon Poliakov: De Voltaire à Wagner. Histoire de l'Antisémitisme. Band 3. Paris 1968, S. 103–117.

6 Carl von Linné: Vollständiges Natursystem (Systema Naturae). Band 1: Säugetiere. Nürnberg 1773–1776, S. 89–96.

7 In der ersten Auflage unterschied Meiners noch zwischen einer kaukasischen und einer mongolischen Rasse und verwendete die beiden Wörter »Stamm« und »Rasse« bewußt als austauschbare Begriffe. Im Vorwort zur zweiten verbesserten Auflage zog er jedoch bereits den Gegensatz häßlich/schön vor, da er nicht andeuten wollte, daß Rassenunterschiede auf die geographische Herkunft zurückzuführen seien. Christoph Meiners: Die Geschichte der Menschheit. Zweite verbesserte Auflage. Lemgo 1793. Meiners unterschied seine Rassen nach Körpergröße, Kraft, Fettleibigkeit/Schlankheit, Schönheit/Häßlichkeit, Farbe, Haar, Bart, Kopfform (hier lobte er Petrus Camper), Augen, Nase, Mund, Ohren, Lefzen sowie nach geistigen und moralischen Fähigkeiten. In Meiners System waren die Kelten die schönste »Rasse«.

8 George Louis Leclerc de Buffon: Naturgeschichte der Menschen: Verschiedene Gattungen in dem menschlichen Geschlecht. In: Allgemeine Historie der Natur. 2. Teil. Band 1. Hamburg, Leipzig 1749, S. 313.

9 Ebd., S. 289.

10 Forscher des 18. Jahrhunderts versuchten zu erklären, warum Schwarze schwarz sind. »Schwarz« ist der Ausdruck, mit dem sie die meisten Afrikaner beschrieben. Vgl. Johann Friedrich Blumenbach: Über die natürlichen Verschiedenheiten im Menschengeschlecht. 3. Auflage. Leipzig 1798, S. 90–130.

11 Siehe dazu Schriften von Charles Darwin, Ernst Haeckel, Joseph Arthur de Gobineau, Francis Galton, Samuel Morton, George Combe, George Gliddon, Josiah Nott. Gleichzeitig propagierten andere Wissenschaftler und Schriftsteller die Naturgesetze und die Gleichheit aller vor dem Gesetz – Ideen und Konzepte, die verwendet wurden, um gegen die Sklaverei und den Kolonialismus mobil zu machen. Die Bewegung gegen den Kolonialismus begann in England in der Mitte des 18. Jahrhunderts und baute in ihrer Argumentation nicht auf Begriffe wie Naturgesetz, Gleichheit und Menschlichkeit, sondern auf die Behauptung, daß der Kolonialismus der Wirtschaft des Mutterlandes schaden würde und als Gewaltregime nicht fortbestehen könne.

12 Zum Begriff Archiv siehe Allen Sekula: The Body and the Archive. In: October 39 (1986), S. 11–55. Darwin war nicht der erste, der behauptete, daß die Menschen vom Affen abstammen. Im 18. Jahrhundert wurde diese Theorie bereits von Künstlern, Schriftstellern und Wissenschaftlern vertreten. Künstler, wie zum Beispiel der Amateurmaler Petrus Camper, zeichneten Profile in einem Kontinuum, das vom Affen bis zum Menschen reichte, wobei sie Afrikaner viel näher zum Affen als zu anderen Menschenrassen hin einreihten. Da sowohl »Schwarze« als auch die kürzlich entdeckten Affen aus Afrika kamen, erschien den Zeitgenossen eine derartige Verbindung auch viel überzeugender. Unter den Schriftstellern hatte Johann Wolfgang von Goethe in seinen osteologischen Studien aus dem Jahr 1796 die Vermutung angestellt, daß sich der Mensch aus einer historischen Form des Affen entwickelt habe. Edwin Long (1734–1813) hingegen, der in der britischen Zucker- und Sklavenkolonie Jamaika lebte, hatte Lord Monboddos Salut an den Orang-Utan als Bruder der Menschheit in eine rassistische Argumentationskette umgearbeitet. Für ihn waren Afrikaner gleich Affen – im Gegensatz zu Europäern, die völlig andere Urahnen hätten. Unter den Wissenschaftlern war Jean-Baptiste de Lamarck der erste, der nachwies, daß der Mensch vom Affen abstammte. In seiner *Philosophie Zoologique* (1809) faßte er beide – den Menschen und den Affen – in einer Kategorie unter der Bezeichnung »Vertebrata« zusammen. Seine Studie hatte jedoch auf die nachfolgende Forschungstätigkeit der Naturwissenschaftler keinerlei Auswirkungen, bis Darwin fünfzig Jahre später sein Werk *Über die Entstehung der Arten* veröffentlichte. Informationen über Edwin Long und Monboddo aus Immanuel Geiss: Rassismus. In: Gero Fischer und Maria Wölflinger: Biologismus, Rassismus, Natio-

41

Susanne Belovari

nalismus. Rechte Ideologien im Vormarsch. Wien 1995. Ein Schriftsteller, der sich gegen die verfälschten Primaten-Neger-Vergleiche aussprach, war Max Mueller, Professor in Oxford: »In letzter Zeit steht die Linguistik vor dem Problem, Antworten auf einige der komplexesten politischen und gesellschaftlichen Fragen geben zu sollen. ›Nationalitäten und Sprachen im Gegensatz zu Dynastien und Verträgen‹ – dieser Konflikt hat die Landkarte von Europa bereits verändert und wird sie wahrscheinlich sogar noch stärker verändern. In Amerika wurden vergleichende Philologen dazu ermuntert, zu beweisen, daß die Sprachen und die Menschenrassen keinen gemeinsamen Ursprung haben können; damit wollte man die fatale Theorie der Sklaverei wissenschaftlich untermauern. Ich kann mich nicht erinnern, daß die Wissenschaften schon jemals eine stärkere Entwürdigung erfahren hätten als auf der Titelseite dieses Geistesproduktes des amerikanischen Schriftstellers, auf der sich unter den Profilen verschiedener Menschenrassen das Profil eines Affen findet, das bewußt so gezeichnet wurde, daß es menschlicher wirkt als das Profil des Negers.« Max F. Mueller: Vorlesungen. Leipzig 1863, S. 10–11.

13 Johann Friedrich Blumenbach: De generis humani varietati nativa. Goettingae 1776. Die 2. Auflage erschien 1781, die 3. Auflage 1795. Ders.: Über die natürlichen Verschiedenheiten im Menschengeschlecht. Hrsg. Johann Gottfried Gruber. 3. Auflage. Leipzig 1798, S. 145–148, S. 210. Gouverneur Pownall: A New Collection of Voyages. 8. Jahrgang. London 1767, S. 273. George L. Mosse: Toward the Final Solution: A History of European Racism. New York 1978. Poliakov, Voltaire (Anm. 5), S. 158.

14 Albrecht Dürer: Vier Bücher der menschlichen Proportionen. Nürnberg 1527/28. Dieses Buch enthält detaillierte Zeichnungen, die Proportionen menschlicher Idealkörper darstellen: dünne Körper, fette Körper, junge und alte Körper, typische Gesten, Körper mit tierischen Merkmalen beziehungsweise Körper, die verschiedene Stimmungen ausdrücken.

15 Johann Joachim Winckelmann: Gedanken über die Nachahmung der griechischen Wercke in der Malerei und Bildhauerkunst. Dresden 1755. Johann Kaspar Lavater: Physiognomische Fragmente zur Beförderung der Menschenkenntniß und Menschenliebe. 4 Bände. Leipzig, Winterthur 1775–1778. Ders: Von der Physiognomik. Leipzig 1772.

16 Adrian Gilles Camper: Lebensgeschichte des verewigten Petrus Camper. Stendal 1792. Adrian Gilles Camper erklärt hier, daß sein Vater das Buch 1768 skizziert, 1772 ergänzt und 1786 vervollständigt hat und 1789 veröffentlichen wollte, als er plötzlich starb. Adrian Gilles Camper schrieb den vierten Teil um, bevor er das Buch veröffentlichte. Petrus Camper: Über den natürlichen Unterschied der Gesichtszüge in Menschen verschiedener Gegenden und verschiedenen Alters; über das Schöne antiker Bildsäulen und geschnittener Steine; nebst Darstellung einer neuen Art, allerlei Menschenköpfe mit Sicherheit zu zeichnen. Übers. von S. Th. Soemmering. Berlin 1792.

17 In der Anatomie und in verwandten Wissenschaften besteht der Schädel aus der Hirnschale und den Gesichtsknochen, wohingegen das Cranium nur jenen Knochen darstellt, der das Gehirn umschließt.

18 Immanuel Kant: Von den verschiedenen Racen der Menschen. In: Fr. Ch. Starke (Hrsg.): Kant's Vorzügliche Kleine Schriften. Leipzig 1933. (Erstmals veröffentlicht 1775). Ders: Bestimmung des Begriffes einer Menschenrace. In: Berlin Monatsschrift. Teil 6 (Nov. 1886), S. 390–417. Im Laufe der Jahre hat Kant seine Bewertung anderer Rassen gemäßigt. Vgl. ders: Beobachtungen über das Gefühl des Schönen und Erhabenen. Riga 1771. Kants Beobachtungen sind ein krasses Beispiel für seine rassistische Beurteilung von Afrikanern. In dieser Schrift brachte er auch verschiedene Nationalitäten (und die zwei Geschlechter) mit einem unterschiedlichen Sinn für Schönheit und Erhabenheit in Verbindung.

19 Franz Joseph Gall und G. Spurzheim: Anatomie et physiologie du système nerveux en general et du cerveau en particulier. 4 Bände. Paris 1809/10–1819.

20 Jean Baptiste P. A. de Lamarck de Monet: Système analytique des connaissances positives de l'homme (1830). In: Poliakov, Rassismus (Anm. 3), S. 108–109.

21 Später verwendete Morton Bleikugeln anstelle von weißen Pfefferkörnern, da man die Körner für zu unregelmäßig hielt, um einheitliche und zuverlässige Messungen zu ermöglichen. Samuel Morton: Crania Americana. Philadelphia 1839.

22 Steve Shapin: The Politics of Observation. Cerebral Anatomy and Social Interests in the Edinburgh Phrenology Disputes. In: Roy Wallis (Hrsg.): On the Margins of Science. The Social Construction of Rejected Knowledge. Sociological Review Monograph 27. London 1979, S. 139–178.

23 George Esq. Combe: Phrenological Remarks on the Relation between the Natural Talents and Dispositions of Nations in the Development of their Brain. In: Morton, Crania Americana (Anm. 21), S. 282. Shapin beschreibt George Combe als Spurzheims »bedeutendsten britischen Bekehrten«, der das System von Gall und Spurzheim ab dem Jahr 1817 in Edinburgh erklärte und verteidigte.

24 Josiah Clark Nott: An Essay on the Natural History of Mankind, viewed in connection with Negro Slavery. Vorgetragen vor der Southern Rights Association am 14. Dez. 1850. Mobile 1851, S. 17.

25 George R. Gliddon und Josiah Clark Nott (Hrsg.): The Types of Mankind or Ethnological Researches based upon the Ancient Monuments, Paintings, Sculptures and Crania of Races and upon their Natural, Geographical, Philological and Biblical History. 1854, S. 460–465.

26 Carl Gustav Carus: Denkschrift zum hundertsten

Geburtstag Goethes. Über ungleiche Befähigung der verschiedenen Menschheitsstämme für höhere geistige Entwicklung. Leipzig 1849; ders: Symbolik der menschlichen Gestalt. Leipzig 1853; ders: Die Proportionslehre der menschlichen Gestalt: zum ersten Male morphologisch und physiologisch begründet. Leipzig 1854; ders: Die Frage nach Entstehung und Gliederung der Menschheit vom Standpunkte gegenwärtiger Forschung. Leipzig 1866. Stanislaus Casimir D'Arpentigny: La chirognomie, ou l'art de reconnaître les tendances de l'intelligence d'après les formes de la main. Paris 1843.

27 Retzius' Sohn berichtete, daß sein Vater niemals umfassende Messungen veröffentlicht hatte: Anders Retzius: Ethnologische Schriften. Gesammelte Schriften, die von seinem Sohn Gustaf Retzius posthum publiziert wurden. Stockholm 1864. Retzius begann 1840 über verschiedene Schädelformen Vorträge zu halten und zu schreiben, und seine Schriften wurden, nachdem sie zuerst in Schwedisch veröffentlicht worden waren, für gewöhnlich innerhalb eines Jahres ins Deutsche und Französische übersetzt.

28 Anders Retzius: Über die Schädelform der Nordbewohner 1842; ders: Blick auf den gegenwärtigen Standpunkt der Ethnologie mit Bezug auf die Gestalt des knöchernen Schädelgerüsts 1856. In: Retzius, Ethnologische Schriften (Anm. 27), S. 135–162.

29 Friedrich Schlegel: Über die Sprache und Weisheit der Indier. Ein Beitrag zur Begründung der Alterthumskunde. Nebst metrischen Übersetzungen indischer Gedichte. Heidelberg 1808. Bis in die sechziger Jahre des 19. Jahrhunderts war die beschreibende Anthropologie ein Bereich der Linguistik, was erklärt, warum so viele der früheren physischen Anthropologen auch an Rassentheorien der Sprache arbeiteten. Ein Beispiel dafür ist F. Pott: Die Ungleichheit menschlicher Racen, hauptsächlich von ihrem sprachwissenschaftlichen Standpunkte: unter besonderer Berücksichtigung von des Grafen V. Gobineau's gleichwertigem Werke. Lemgo 1856.

30 Nachdem sie den Monotheismus, die Rationalität und die Aufklärung verworfen hatten, sahen die Schriftsteller der Romantik in dem Begriff der Rasse einen geeigneten Ersatz, um die Geschichte und die Welt zu erklären. Dies belegen die Arbeiten von Pierre Joseph Proudhon (1809–1865), Gerard de Nerval (1808–1855) oder des Orientalisten Ernest Renan (1823–1892). Renan behauptete nicht nur, daß arische Sprachen den semitischen Sprachen sprachlich überlegen seien, sondern daß auch die mythischen arischen Rassen intellektuell und kulturell überlegen seien. Seine Schriften und Max Muellers vergleichbare Überlegungen in Deutschland wurden bald zu allgemeinen Glaubenssätzen der kulturellen Elite, obwohl die beiden ihre Behauptungen in den siebziger Jahren des 19. Jahrhunderts widerriefen, entsetzt darüber, wie ihre Werke und jene anderer früher Rassentheoreti-

ker die immer populärer werdende antisemitische Bewegung nährten. Ernst Renan: De la part des peuples sémitiques dans l'histoire de la civilisation. 2. Auflage. Paris 1862; ders: Histoire générale et système comparé des langues sémitiques. 1855; ders: Das Judenthum vom Gesichtspunkte der Rasse und der Religion. Basel 1883. Im zuletzt zitierten Werk verwirft Renan den Gedanken, daß Juden eine anthropologische Rasse seien, und beschreibt die Anthropologie als eine fragwürdige Wissenschaft, die keine Experimente zulasse. Max Friedrich Mueller: Biographies of Words and the Home of Aryans. Oxford 1888; ders: Vorlesungen. Leipzig 1863.

31 Poliakov, Voltaire (Anm. 5), S. 107, 158 und 295; C. W. Fr. Grattenauer: Wider die Juden. Berlin 1803.

32 Arthur de Gobineau: Essai sur l'inégalité des races humaines. Paris 1853; populär nach Erscheinen der zweiten Auflage im Jahr 1883, S. 135-1177; siehe insbesondere Kapitel VII: *Les indigènes américains*, S. 1090–1130. Gobineaus *Essai* wurde in Deutschland erstmals 1899 veröffentlicht (Stuttgart 1899) und war bis 1939/40 bereits in fünf Auflagen erschienen. In den zwanziger und dreißiger Jahren des 20. Jahrhunderts hatten Gobineaus Schriften auf unterschwellige Weise sehr großen Einfluß, da sie von deutschen Verlegern als Fremdsprachenlektüre in Englisch und Französisch herausgegeben wurden. So zum Beispiel erschien sein *Essai* unter den Titeln *Morceaux Choisis*. Langenscheidts Französische Neue Lesehefte 106. 1934; Problème de Race. Hrsg. Joseph Kirchhoff. Schoeninghs französische Lesebogen 40. Paderborn 1935; *Les races et la vie des peuples*. Hrsg. Joseph Kirchhoff. Diesterungs Neusprachliche Lesehefte 222. Frankfurt 1934/36.

33 Huxley, Vogt und Haeckel wandten Darwins Evolutionstheorie noch vor ihm (der den Widerstand der Kirche fürchtete) auf die Menschheit an; Haeckel hatte bereits im Jahr 1868 eine Vorform des Sozialdarwinismus entwickelt. Thomas Huxley: Evidence as to Man's Place in Nature. Braunschweig: 1863; Carl Vogt: Vorlesungen über den Menschen, seine Stellung in der Schöpfung und Geschichte der Erde. Gießen 1863; Ernst Haeckel: Natürliche Schöpfungsgeschichte. 2. Auflage. Berlin 1870.

34 George Vacher de Laponge: L'anthropologie et la science politique. 1886–1887; ders.: De l'inégalité parmi les hommes. In: Revue d'anthropologie (1888), S. 1–38; ders.: L'aryan. Son rôle social. Paris 1899. Ich beziehe mich hier nur auf einen Antisemitismus, der den Begriff der biologischen Rasse verwendet. Andere Formen von Antisemitismus, die nicht auf einem materiellen, biologischen Verständnis des Menschen basieren, existier(t)en ganz offensichtlich seit langem und leider immer noch. In der Literatur verabsäumen es Forscher immer wieder, zwischen verschiedenen Formen von Antisemitismus zu unterscheiden, selbst wenn sie darüber schreiben, wie der biologische Rassen-

Susanne Belovari

begriff geschichtlich konstruiert worden ist. Siehe zum Beispiel eine solche Ungenauigkeit in einem kürzlich erschienenen Artikel von Immanuel Geiss: Rassismus. In: Gero Fischer und Maria Wölflinger: Biologismus, Rassismus, Nationalismus. Rechte Ideologien im Vormarsch. Wien 1995.

35   Francis Galton: Hereditary Genius. 1869; Stanley Hall: Aspects of German Culture. 1881; James Marc Baldwin: Development and Evolution Including Psychophysical Evolution. Evolution by Orthoplasy, and The Theory of Genetic Modes. New York 1902; ders.: Das Denken und die Dinge oder Genetische Logik. Leipzig 1900.

36   Josef Weninger: Leitlinien zur Beobachtung der somatischen Merkmale des Kopfes und Gesichtes am Menschen. In: Mittheilungen der anthropologischen Gesellschaft. Wien 54. 6 (1924), S. 232–270. Betreffend die USA siehe Ch. B. Davenport und G. Love: Army Anthropology. 5 Bände. Washington 1921. Diese Studie umfaßt anthropometrische Messungen an zwei Millionen Soldaten.

37   Siehe Franz Boas: Kultur und Rasse. Leipzig 1914. Es handelt sich dabei um eine überarbeitete Version von: The Mind of Primitive Man (1906), die speziell für Deutschland erweitert wurde.

38   Dieser Artikel ist eine kurze und stark überarbeitete Zusammenfassung des ersten Aufsatzes in Abschnitt II, »Archive and Race History«, Susanne Belovari: Invisible in The White Field. The Chicago Field Museum's Construction of Native Americans. 1893–1996. Native American Critiques of and Alternatives to Such Representations. Dissertation, University of Illinois. Urbana-Champaign 1997. Die Dissertation enthält eine umfassendere Diskussion der Rassentheorien, der Rassentheoretiker seit Charles Darwin, umfassende Literaturverweise und historische Darstellungen. Eine überarbeitete Monographie ist in Arbeit.

Der soziale und
der biologische Körper der Juden

Sybilla Nikolow

Die rituelle Hygiene jüdischer Gemeinschaften – ursprünglich eher ein Thema der Traditionspflege – wurde nach 1900 breit diskutiert. Befördert wurde diese Entwicklung von den Erkenntnissen der Bakteriologie über die Ursache von ansteckenden Krankheiten und dem Aufkommen von zwei neuen Forschungsfeldern: der Frage nach einer »jüdischen Rasse« und der Bedeutung sozialer und wirtschaftlicher Faktoren für den Gesundheitszustand von Bevölkerungsgruppen.[1]

Aufgefallen war, daß Juden im historisch-statistischen Vergleich mit Nichtjuden von den als »Volkskrankheiten« definierten Phänomenen wie Alkoholismus, Tuberkulose, Säuglingssterblichkeit, Geschlechtskrankheiten und Geburtenrückgang seltener betroffen waren. Vermutet wurde, daß die Juden als Gemeinschaft deshalb über die Jahrhunderte hinweg überlebt haben, weil sie Reinheitsgesetze befolgten, die sich als hygienisch sinnvoll erwiesen haben. Dabei seien – so die gängige These – ihre Körper so konstituiert worden, daß sie gegenüber ansteckenden Krankheiten und Zivilisationsleiden immun geworden sind. Hinter dem neuen Interesse für die Sitten und Gebräuche der Juden stand die Absicht, Erfahrungen einer rationalistisch geprägten Fortpflanzungspraxis für die sozialpolitische Gesetzgebung nationaler Gemeinschaften verfügbar zu machen.

Nach dem Muster von nationalen und politischen Gemeinschaften sind die Juden in diesen Diskussionen als ein Gemeinschaftskörper vorgestellt worden.[2] Ihm wurden soziobiologische Eigenschaften zugeschrieben, die der Naturalisierung dieses Konstrukts dienten. In den populären Hygiene-Ausstellungen der zehner und zwanziger Jahre unseres Jahrhunderts kamen ihre Hygienepraktiken erstmals öffentlich zur Präsentation. Es läßt sich zeigen, wie die Veranstalter – jüdische Volkskundler, Rabbiner, Ärzte, Wissenschaftler und Pädagogen – bemüht waren, Wissen über die rituelle Hygiene in den professionellen Diskurs einzubringen. Hinter dem Interesse, neue Erkenntnisse der bakteriologischen, konstitutions-, sozialhygienischen und anthropologischen Forschung am Beispiel der Juden zu diskutieren, vermutet der Historiker John Efron eine Absicht. Die Veranstalter hätten gehofft, daß sie auf diese Weise von ihren nichtjüdischen Kollegen wissenschaftlich ernst genommen würden.[3] Weil sich dieselben auch in der zionistischen Bewegung engagiert hatten, sieht Efron in ihren Bemühungen eine postemanzipatorische Antwort auf eine nicht gelungene Assimilation und ein Zeichen für eine Krise der jüdischen Identität. Nachfolgend soll vorrangig der öffentliche Raum interessieren, in dem das Wissen über die rituelle Hygiene hervorgebracht und in Zusammenhang mit diesen neuen Forschungsfeldern interpretiert wurde. Im Zentrum der Analyse stehen die Techniken, mit denen die Umdeutung – von einer zunächst religiös begründeten rituellen Hygiene zu einer wissenschaftlich fundierten – realisiert werden konnte. Grundlegend dafür ist die Annahme, daß die Vorstellungen vom sozialen und biologischen Gemeinschaftskörper der Juden diesen Prozeß leiteten. Dazu wurden statistische Fakten zu augenfälligen Tatsachen der Medizin und

45

Biologie umgewandelt und auf diese Weise zu wissenschaftlichen Wahrheiten aufgewertet. Für die Rede über die Hygiene der Gemeinschaft der Juden war deshalb die Sprache der Statistik konstitutiv. Statistisch signifikante Besonderheiten der Hygienepraxis wurden als Zeichen für sogenannte jüdische Körpereigenschaften genommen. Der statistische Nachweis von sozialen und biologischen Ähnlichkeiten unter den Juden hatte eine konstituierende Bedeutung für die Rede über ihre Identität als Gemeinschaft. Die abnehmenden Zahlen der jüdischen Bevölkerung in deutschen Großstädten wurden auf die Zunahme von Mischehen und Taufen und die Abnahme von Geburten zurückgeführt, was als Zeichen für einen zunehmenden Willen zur Assimilation und eine beginnende Auflösung des Zusammenhaltes der jüdischen Gemeinschaft gedeutet und kritisiert wurde.

Interesse an der Hygiene der Juden

Die öffentliche Präsentation der Hygiene der Juden in Ausstellungen war mit der Hoffnung verbunden, an der rituellen Hygiene die sozialdarwinistische Lehre vom Überleben der biologisch Tüchtigsten und der den sozialen Bedingungen am besten Angepaßten überzeugend darstellen zu können. Deutlich formulierte diesen Gedanken Felix Theilhaber (1884–1956), als er anläßlich der Internationalen Hygiene-Ausstellung in Dresden 1911 Sinn und Zweck der Darstellung der Hygiene der Juden begründete: »So wird gerade an den Juden der Streit um die erweiterte Lehre Darwins zum Austragen zu bringen versucht. Damit gewinnt der Stoff an Interesse. Wenn es wahr ist, daß der Kampf ums Dasein zur Ausschaltung Untüchtiger und zur Auslese führt, dann können die Juden wirklich ein vollkommenes Beispiel sein.«[4]

Bereits in seiner Jugend in München hatte Theilhaber Kontakt zu zionistischen Kreisen. Im Alter von 17 Jahren war er an der Gründung eines jüdischen Vereins für Gymnastik beteiligt. Das Studium der Medizin schloß er 1910 mit einer Arbeit zur sozialen Stellung

und rassischen Zugehörigkeit von Patienten ab, bei denen Gebärmutterkrebs diagnostiziert wurde, womit er sich im Forschungsfeld seines Vaters bewegt hatte. Bereits im ersten Jahr der Herausgabe der *Zeitschrift für die Demographie und Statistik der Juden* schrieb er – noch als Student – einen kleinen Artikel mit dem Titel *Deutsche Juden im Auslande und ausländische Juden im Deutschen Reich*. Im gleichen Jahr 1905 schlug er im Münchner Büro für die Statistik der Juden eine statistische Erhebung über die jüdischen Studenten in Bayern vor. Nachdem er auf türkischer Seite als Arzt am Tripoliskrieg teilgenommen hatte, ging er nach Berlin, um dort ab 1911 zu praktizieren.[5]

Theilhaber zitierte den Begründer des Berliner Büros für die Statistik der Juden, Alfred Nossig (1864–1943). Nach ihm könne aus der Tatsache des Überlebens geschlossen werden, daß gerade die Juden übriggeblieben seien, »die im höchsten Maße eine das Dasein nicht gefährdende, sondern sichernde Kunst der Anpassung besaßen«.[6] Die Gründung eines Büros für die Statistik der Juden ging auf eine Forderung von Max Nordau (1849–1923) zurück, die er bereits 1901 auf dem V. Zionistenkongreß formuliert hatte. Von der Sammlung und Auswertung statistischen Materials über die jüdische Bevölkerung erhoffte sich Nordau wissensbasierte Argumente, die dem Kampf um die Verbesserung der sozialen und wirtschaftlichen Lage der Juden im Osten, aber auch der Einschätzung der Assimilationsbestrebungen der Juden in den westlichen deutschen Großstädten dienlich sein könnten.[7] Bereits 1903 gründete Nossig den Verband und im Jahr danach das Büro in Berlin. Für die statistische Arbeit wurde der junge Nationalökonom Arthur Ruppin (1876–1943), der in Halle und Berlin studiert und mit der Studie *Die Juden der Gegenwart* auf sich aufmerksam gemacht hatte, angestellt.[8] Ab 1905 gab das Büro die *Zeitschrift für die Demographie und Statistik der Juden* als Publikationsorgan heraus. Dort konnten nicht nur Statistiken über die Berufs- und Lebensverhältnisse der Juden in den verschiedensten Regionen nachgelesen, sondern auch Diskussionen zu reli-

**Der soziale und
der biologische Körper
der Juden**

*Blick auf die Schabbat-
Stube in der
Internationalen Hygiene-
Ausstellung in Dresden,
1911*

giösen Problemen, soziologischen und anthropologischen Phänomenen verfolgt werden. Letzteres zeigt an, daß die Herausgeber hofften, diese Fragen mittels wissenschaftlicher Methodik beantworten zu können.[9]

Theilhaber glaubt, die höhere Immunität der jüdischen Bevölkerung gegenüber ansteckenden Krankheiten sei ein Zeichen für eine besondere »Lebenszähigkeit«. In seiner statistischen Analyse der Lebensverhältnisse der Berliner Juden hatte er jedoch argumentiert, daß deren Überleben in der Zukunft in Gefahr sei, weil hier wachsender Wohlstand zu Taufe, Mischehen und Geburtenrückgang geführt habe und schließlich ihre Auflösung als Gemeinschaft zu befürchten sei. Diese Arbeit brachte ihm den Preis der Berliner Gesellschaft für Rassenhygiene ein, die die Frage »Bringt das materielle und soziale Aufsteigen der Familien Gefahren in rassenhygienischer Beziehung?« zur Beantwortung ausgeschrieben hatte.[10] Diese Preisaufgabe war nicht die einzige, mit der die Vertreter der Rassenhygiene versuchten, menschenökonomische und rassenhygienische Annahmen mittels statistischer Analysen wissenschaftlich hoffähig zu machen und auf diese Weise für den öffentlichen Diskurs zu legitimieren.[11] Sie wollten wissen, ob Krieg, Revolution, verbesserte medizinische Versorgung und soziale Lage eine Gefahr für die biologische Konstitution der Rasse bedeuteten. Theilhaber empfahl in seiner Studie eine behördliche Sozialpolitik, die restriktiv vorgeht: Nichtverheiratete sollten höher besteuert, Frauenwahlrecht von Mutterschaft abhängig gemacht, Geburten prämiert und die Jugend zu Sexualverhalten im Sinne der Rassenhygiene erzogen werden. Derartige Vorschläge waren 1911 noch Utopien. Sie gründeten sich auf die utopische Vorstellung, daß die Juden eine souveräne Bevölkerungs- und Sozialpolitik praktizieren könnten, die Teil der zionistischen Vision war. Mit seiner apokalyptischen Prophezeiung, daß die deutschen Juden als Gemeinschaft untergehen würden, weckte Theilhaber die deutsche Öffentlichkeit auf. Nicht unwesentlich wird dafür gewesen sein, daß diese Analyse nicht von einem Antisemiten stammte. Die Kritik kam von orthodoxer, liberaler und antisemitischer Seite gleichermaßen heftig.[12]

Sybilla Nikolow

Umdeutung der rituellen Hygiene

Mit der öffentlichen Präsentation der Hygiene der Juden war die Absicht verbunden, eine wissenschaftlich fundierte und auf rassenhygienische Einsichten gegründete Bevölkerungs- und Sozialpolitik vorzuführen. Bereits in seiner Gedenkschrift von 1908 erklärte der Odol-Fabrikant Karl August Lingner (1861–1914), Initiator und Mäzen der Internationalen Hygiene-Ausstellung 1911 in Dresden, weshalb die Juden aufgenommen wurden. An ihnen, so seine Argumentation, ließe sich zeigen, daß bereits die »alten Kulturstifter« die »außerordentliche Bedeutung« der »physischen Beschaffenheit der einzelnen Individuen für das Staatsleben« erkannt hätten. Weiter begründete er: »Welchen Einfluß eine solche sozialhygienische Gesetzgebung auf den Bestand eines Volkes ausüben kann, sehen wir an dem kleinen Volke der Juden. Zwar mußte es in seiner exponierten Lage bei seiner geringen Kopfzahl dem kriegerischen Ansturm schließlich erliegen, aber nicht wie die Griechen und Römer ist dieser grandios organisierte Volksstamm einfach durch die Eroberer aufgesaugt worden und als Volksindividualität verschwunden, sondern er steht, dank seiner physischen Beschaffenheit und seiner strengen rassenhygienischen Gesetze heute noch in vollstem Glanze, in ungeschwächter Volkskraft da und – man mag darüber denken, wie man will – nimmt an der Beherrschung der Welt kräftigen Anteil.«[13]

Wie bei Theilhaber ist Lingners Bewunderung für die Juden mit der Überzeugung verbunden, daß Gesundheit, Krankheit und Überleben sozialtechnisch machbar seien und dies an ihrer Geschichte gezeigt werden könne. Aus Lingners Sicht handelte es sich bei den Juden um einen speziellen Beitrag zur Geschichte der Zivilisation, dessen Lehren in einer Ausstellung zu zeigen waren. Mit der Präsentation der Hygiene der Juden sollte ein Lehrbeispiel für eine Gesundheits- und Bevölkerungspolitik gegeben werden, die im Unterschied zu den anderen Gemeinschaften nationale Bedeutung reklamierte.

Die Entscheidung, die Hygiene der Juden in Dresden in der ethnographischen Unterabteilung der Historischen Abteilung zu zeigen, folgte der Tradition von Weltausstellungen jener Zeit. Auch dort hatte sich das Problem gestellt, wie die Präsentation eines Volkes, das in der Diaspora lebte, mit dem überstaatlichen Konzept internationaler Ausstellungen zu vereinbaren sei.[14] Unter den deutschen Juden wurde seit der Jahrhundertwende die Frage diskutiert, ob ihre Geschichte im Germanischen Nationalmuseum, in Völkerkundemuseen und Stadtmuseen angemessen vertreten sei oder zu diesem Zweck eigenständige jüdische Museen zu gründen seien.[15] Daß in Dresden Räume in der Historischen Abteilung zur Verfügung gestellt wurden, verdeutlicht, daß die Geschichte der jüdischen Bevölkerung als Teil der Geschichte der Menschheit betrachtet wurde.[16] Von den Organisatoren der Historischen Abteilung in Dresden, Karl Sudhoff und Otto Neustätter, wurde Max Grunwald (1871–1953) um Unterstützung bei der Zusammenstellung der Exponate gebeten. Er hatte in Hamburg die Gesellschaft für jüdische Volkskunde gegründet, stand seit 1903 der Wiener Israelitischen Kultusgemeinde als Rabbiner vor und war in dieser Tätigkeit auch für die Sammlung des Wiener Jüdischen Museums zuständig.[17] Daxelmüller vermutet aus Grunwalds Nachlaß, daß er die Hygiene der Juden in ihrer historischen Entwicklung bis in die Diaspora der Neuzeit zeigen wollte. Sudhoff hatte dagegen beabsichtigt, die jüdische Hygiene biblisch zu definieren. Das Resultat war ein Kompromiß: Es wurden zwei Räume gestaltet, von dem einer für die biblische Hygiene in der Abteilung Vorantike und ein weiterer für die nachbiblische im Mittelalter reserviert war.[18]

Ausdrücklich betonten die Veranstalter, daß nur zu zeigen sei, was von der jüdischen Hygiene im Unterschied zu anderen Kulturen »eigentümlich« und aus Sicht der Rassenhygiene bedeutsam erscheint. Ethnographische Objekte, Modelle und Bilder dienten der Demonstration ritueller Verfahrensweisen in Ernährung, Speisezubereitung, Leichenbe-

**Der soziale und
der biologische Körper
der Juden**

*Schabbat-Stube aus dem
alten Jüdischen Museum
Wien, eingerichtet von
Isidor Kaufmann, 1899.
Teile dieser Schabbat-
Stube wurden für die
Internationale Hygiene-
Ausstellung in Dresden
1911 verwendet.*

handlung, Reinigungen und Sexualhygiene.[19] Die Anordnung in den Räumen stellte Bezüge zu den biblischen Vorgaben her und verortete auf diese Weise die Hygienepraktiken religionsgeschichtlich.[20]

Das Buch *Hygiene der Juden*, das Grunwald 1911 veröffentlichte, war als »literarische Ergänzung« zur Ausstellung gedacht.[21] Es dokumentiert den Versuch, die hygienischen Praktiken der Juden als Mittel darzustellen, das der Entstehung und Verbreitung von Krankheiten vorbeugen würde. Als soziale Techniken wurden sie aktuell interpretiert.

Neustätter, als Verfasser des Vorwortes, schreibt, die »feinen Verschiebungen und Verschiedenheiten«, die »aus der Einwirkung der Zeitläufe auf das jüdische Milieu entstanden sind«, seien herauszufiltern, weil sie der »modernen Rassenhygiene allerwichtigste Fingerzeige bieten« könnten.[22] Die sich über die Jahrhunderte verändert habenden Hygienepraktiken werden jetzt aktuell interpretiert: als soziale Anpassungsstrategien an lokale Bedingungen, die rassenhygienischen Kalkülen folgen. Die Legitimation bezogen die Wissenschaftler aus aktuellen bakteriologi-

schen, konstitutions- und sozialhygienischen Erkenntnissen.

Wie diese Deutung vorgenommen wurde, zeigte sich besonders deutlich am Beispiel der Sexualhygiene, weil diese auf die Erhaltung der Reproduktionsfähigkeit gerichtet war. B. Baneths Beitrag widmete sich unter dem Titel *Das jüdische Ritualgesetz in hygienischer Beleuchtung* auch in einem Abschnitt den Vorschriften zur Ehe.[23] Die frommen Juden seien vor den »größten und wichtigsten vererbbaren Schädigungen« geschützt, die durch übermäßigen Alkoholgenuß, Syphilis und Tbc verursacht werden könnten. Auch die Regeln für die Partnerwahl seien so eingerichtet, daß sie erblichen Belastungen vorbeugen. Frauen, die aussätzig oder epileptisch sind, sei es verboten, zu heiraten. Bei dem jüdischen Vater, der »wenigstens für seine Kinder höher hinaus wollte«, sei das Bestreben vorhanden, sich einen »gelehrigen Schwiegersohn zu verschaffen«, um »kluge Enkel« zu bekommen. Dem Manne, der sich ein Weib nehmen wolle, sei dagegen der Rat erteilt worden, »eine Stufe hinabzusteigen«, weil die Frau, die »seine

Modell eines rituellen Bades (Mikwe), das für die Internationale Hygiene-Ausstellung in Dresden gefertigt wurde, 1911

zu beobachten. Die Befolgung der Vorschriften, meint Baneth, habe nicht nur die Bedeutung als »Untergrund für die Ausbildung des sittlichen und moralischen Handelns in der Familie überhaupt«. Das zeitweilige Verbot des geschlechtlichen Verkehrs und die regelmäßige Überprüfung des Ausflusses ständen auch im Einklang mit medizinischen und hygienischen Erkenntnissen, denn es sei bekannt, daß viel Erkrankungen der Gebärmutter mit Blutabgang verbunden sind. Auf diese Weise – so Baneth – könne der Erkrankung der Geschlechtsorgane und der Unfruchtbarkeit wirksam vorgebeugt werden. Selbstbeobachtung wird hier zur billigsten prophylaktischen Maßnahme stilisiert, denn dem Arzt könnte dies helfen, Infektionen, Entzündungen und Geschwulstbildung früher zu erkennen und rechtzeitig zu behandeln. Baneth räumt ein, daß nicht bestätigt sei, ob die statistisch festgestellte geringere Krebssterblichkeit unter den Juden auf die Einhaltung der sexualhygienischen Vorschriften zurückgeführt werden kann, er legt aber in seinen Ausführungen diese Vermutung nahe. Gleichzeitig betont er, daß die Gesetze nicht nur dem Erhalt der eigenen Gesundheit und sittlich-moralischen Vollkommenheit dienten, sondern auch der Gemeinschaft helfen würden, weil sie die Geburt von »besonders schwächlichen Individuen« verhinderten.

Die ursprünglich religiös begründeten Reinheitsgesetze erhalten in Baneths Text als wissenschaftliche Einsichten in die Biologie des Menschen einen neuen Sinn. Reinlichkeit, Keuschheit und Selbstbeherrschung sind hier nicht mehr nur traditionelle moralische Werte. Sie stehen inzwischen auch für ein Wissensgebilde, welches sich in der historischen Auseinandersetzung mit verschiedenen biologischen und sozialen Bedingungen formiert hat. Die Reinheitsgesetze können um die Jahrhundertwende als vernünftig gelten, weil die zeitgenössische bakteriologische Forschung sagt, daß ihre Einhaltung vor Ansteckung schütze, und die Konstitutionshygieniker behaupten, daß zu häufiger Geschlechtsverkehr die Reproduktionsfähigkeit schwäche. Bei denen, die da-

geistige Größe schätzt, dem Manne um so mehr zugetan« sei. Auf diese Weise würde »ein Ausgleich zwischen Geist und Geld geschaffen und auf Grund einer verfeinerten Zuchtwahl einem geistigen Verfall entgegengearbeitet« werden.

»Nach Ansicht unserer tiefer forschenden Statistiker« seien nicht nur in der Mäßigkeit im Alkoholgenuß, sondern auch in dem auf Reinheitsgesetzen beruhenden »glücklichen« Familienleben die Gründe für die »jüdische sogenannte Rassenimmunität« zu suchen. Nach den jüdischen Reinheitsgesetzen dürfen Paare während der Nidda, wenn die Frau als unrein gilt, keinen Körperkontakt haben. Ihr Zustand erfordert zwischen den Partnern ein verändertes soziales Arrangement. Baneth riet der Frau, sich besonders zu kleiden, um ihren Zustand sichtbar zu machen. Dem Mann war es verboten, sie zu berühren. Es war den Ehepartnern nicht erlaubt, vom gleichen Teller zu essen und in zwei nebeneinanderstehenden Betten zu schlafen. Nach dem Abklingen der Menstruation mußte die Frau noch sieben weitere Tage mit Hilfe eines Baumwollstückes ihren Ausfluß auf Blutfreiheit prüfen. Erst dann war ihr gestattet, das Tauchbad zu nehmen, um wieder rituell rein zu werden.

Von beiden Partnern wurde Keuschheit und Selbstbeherrschung verlangt. Die Frau hatte außerdem ständig ihren eigenen Körper

nach handelten, wurde die Hoffnung genährt, daß sie gesunde Nachkommen zeugen beziehungsweise gebären würden.

Theilhaber stellt sich in seinen beiden Beiträgen in Grunwalds Buch die Frage, welche Ursachen für die geringe Sterblichkeit der Juden aus historischer Sicht angeführt werden können.[24] Obwohl die Statistik nur lückenhaft sei und die Geschichte auch Gegenbeispiele aufzuweisen habe, zweifelt er nicht an der statistischen Tatsache, daß den Juden eine durchschnittlich höhere Lebenserwartung zuzuschreiben sei. Drei miteinander verbundene statistische Ereignisse untersucht er näher: die höhere Immunität gegenüber Seuchen, die längere Lebensdauer und die geringere Säuglingssterblichkeit. Es sei unmöglich, »glatt zu beweisen«, welche Gründe im einzelnen für die »spezielle stärkere Vitalität der jüdischen Rasse« verantwortlich gewesen seien. Die Gemeinschaft der Juden könne in dieser Hinsicht nicht einheitlich betrachtet werden. »Rassendisposition« und »Milieu« hätten eine unterschiedlich große Bedeutung für die geringere Sterblichkeit der Juden gehabt. Wo die Juden zum Beispiel noch in »Reinkultur« lebten, hätten »jüdische Eigenheiten« eine größere Rolle gespielt. Wo sie dagegen assimiliert seien, könne man annehmen, daß das Milieu stärker gewirkt habe. Die geringere Sterblichkeit sei – so Theilhaber – durch drei »Momente«, die wechselseitig aufeinander einwirkten, verursacht worden: die Rassendisposition, das jüdische Milieu und die sozialwissenschaftlichen Verhältnisse.

Theilhaber schreibt dem jüdischen Gemeinschaftskörper soziale und biologische Eigenschaften zu, die eng miteinander verbunden bleiben.

Vorgestellte Gemeinschaft von Gleichen

Die Zionisten sahen die jüdische Bevölkerung als einen Gemeinschaftskörper an, der gläubige und liberale Juden gleichermaßen umfaßte und den sie sich als ein nationales Konstrukt vorstellten. Ihr Aufruf zur Gesunderhaltung des Körpers ging deshalb über die Befolgung von rituellen Reinheitsgeboten hinaus. Unter den Assimilierten sollte wieder eine gefühlsmäßige Bindung zum Judentum hergestellt werden, wozu die Sinnstiftung über religiöse und rituelle kollektive Praktiken nicht ausreichte. Die Darstellungen der Hygiene der Juden, die für die Große Ausstellung für Gesundheitspflege, soziale Fürsorge und Leibesübungen (GE-SO-LEI) 1926 in Düsseldorf charakteristisch waren, erlauben Hinweise darauf, mit welchen Mitteln die Anhänger der zionistischen Bewegung bei der jüdischen Bevölkerung Gemeinschaftsgefühle zu erzeugen und einzuüben beabsichtigten.

Im Unterschied zur Hygiene-Ausstellung 1911 war diese Gesundheitsschau als eine nationale Leistungsmesse konzipiert worden, in der private und staatliche sozial- und gesundheitspolitische Verbände und Initiativen aus ihrer fürsorgerischen Tätigkeit berichteten.[25] Die Düsseldorfer Synagogengemeinde hatte einen Pavillon bauen lassen, über dessen Eingang »Hygiene der Juden« stand und der in der Gesamtausstellung zwischen einer »Rote-Kreuz-Baracke« und dem Gebäude der Heilsarmee plaziert wurde.[26] Im Unterschied zur Präsentation der Hygiene der Juden von 1911 wurde hier das »lebendige Judentum der Gegenwart« gezeigt.[27] »Der jüdische Mensch« war das Thema eines besonderen Raumes, mit dem »eindringlich und anschaulich ein Bild von der Verteilung des jüdischen Stammes über die ganze Erde« gegeben werden sollte.[28] Statuen, Abbildungen und Zeichnungen von Juden aus verschiedenen Kulturen – zum Beispiel Darstellungen von sephardischen und aschkenasischen »Typen« – sollten die anthropologische Erkenntnis vermitteln, daß die Juden keine »reine Rasse« bildeten, sondern sich an die »übrige« Bevölkerung angepaßt hatten, wofür der Vergleich ihrer Physiognomien herhalten sollte.[29] Eine »Schabbatstube«, die von den jüdischen Frauenvereinen des Rheinlandes und Westfalens eingerichtet wurde, hatte zu veranschaulichen, daß das alltägliche Leben in der Familie von den Vorschriften der Religion bestimmt war. Darüber hinaus nahm die Darstellung der geschichtlichen Entwicklung von Wohlfahrtspflege, Wanderungen, Emigration, Kolonisation in Palästina und der wachsenden Bedeutung von Sport und Sozialpolitik breiten Raum in der Ausstellung ein. Über historisch-ethnographische Objekte und Kultgegenstände hinaus, kamen neuere Techniken der Visualisierung zum Einsatz. Mit Filmen, Photographien und Dioramen wurden Anstalten der Wohlfahrtspflege vorgestellt. Übersichten und statistische Schaubilder dokumentierten ihre Funktionsweise und Leistungen. Landkarten zeigten schließlich die weltweite Verbreitung der jüdischen Gemeinschaft.[30]

Zusammen mit Adolf Sindler gab Max Eschelbacher (1880–1964), Rabbiner der Düsseldorfer Synagogalgemeinde, im *Jüdischen Familienblatt für Wissenschaft, Kunst und Literatur – Menorah* ein Sonderheft zum Pavillon der Juden heraus.[31] Die Beiträge dokumentieren und kommentieren ausgewählte Exponate und sollen in die Thematik der Ausstellung einführen. Der »jüdische Mensch« wird hier als Vertreter einer nationalen Gemeinschaft vorgestellt und angesprochen. Ausgangspunkt der Argumentation ist die kritische Zeitdiagnose der Lage der Juden in Deutschland. Eschelbacher schreibt in der Einleitung: »Statistische Tabellen geben Aufklärung über unsere Gesundheits- und Krankheitsverhältnisse, sie offenbaren mit einer erschreckenden Klarheit die schweren Verbrechen, an denen das deutsche Judentum leidet, Mischehen und Geburtenrückgang.«[32]

Dieser historische Vergleich geht davon aus, daß Einwanderungs- und Auswanderungswellen sich statistisch aufhöben und keinen Einfluß darauf hätten, wie viele Juden in den verschiedenen Zeiträumen in Deutschland lebten. Aus der Abnahme ihrer Mitgliederzahlen konnte das Argument entwickelt werden, daß diese statistische Tatsache als selbstmörderische Krankheit des Gemeinschaftskörpers zu deuten sei. Es wurde angenommen, daß eine Zunahme der Mischehen und der Rückgang der Geburten die Ursache

dafür seien. Die Emanzipation des deutschen Judentums übernimmt in dieser Argumentation die Rolle einer Volkskrankheit des deutschen Judentums, der man nicht Herr werden könne, weil sie sich massenhaft verbreite. Juden, die nicht nach den rituellen Vorschriften lebten oder sich taufen ließen, verübten aus dieser Sichtweise kriminelle Handlungen, weil sie sich ihrem Dienst an der Gemeinschaft verweigerten, zu dem sie per Geburt verpflichtet seien.

Diese Vorstellungen basieren auf der Überzeugung, daß soziale Zusammenhänge innerhalb der menschlichen Gesellschaft mit dem Modell des biologischen Organismus beschrieben werden könnten. Diese Idee, bereits in der Ikonographie des Staatskörpers auf dem Titelblatt von Thomas Hobbes' *Leviathan* angedeutet, wurde von Ernst Haeckel in seiner Konzeption des Zellenstaates formuliert und war nach 1900 weit verbreitet.[33] Eschelbachers Wortwahl dokumentiert, daß sie in die Diskurse eingegangen war, mit denen die Unsterblichkeit der Gemeinschaft der Juden beschworen wurde: »Die Welt aber, die vom Judentum so wenig weiß und die es so gerne als ein atavistisches Überbleibsel aus grauer Vorzeit betrachtet, möge erkennen, daß es ein lebendiger Organismus ist, der auf eine Zukunft hoffen darf, die seiner großen Vergangenheit nicht unwürdig ist.«[34]

Derartige Gesellschaftsmodelle gingen davon aus, daß Gemeinschaften, zusammengesetzt aus menschlichen Individuen, als Organismen repräsentiert werden können. In dieser Vorstellung ist das Ganze mehr als die Summe seiner Teile. Einzelne Menschen oder Gruppen konnten die Funktion von Organen oder Schaltzentren erhalten und deshalb die Lebens- und Leistungsfähigkeit der Gesamtheit in besonderer Weise beeinflussen. Eschelbacher setzte diese Metapher ein, um auf die Unsterblichkeit der Gemeinschaft der Juden hinzuweisen, die er sich als selbstregenerierenden und -regulierenden Organismus dachte.

Unabhängig von realen Hierarchien wurden nationale Gemeinschaften als kameradschaftliche Bünde von Gleichen vorgestellt.

Zentral dafür ist die Idee, daß das individuell erlebte Schicksal, das am eigenen Körper gespürt werden kann, unmittelbare Auswirkungen auf den Zustand der Gemeinschaft habe. Im Diskurs über die Bedeutung der rituellen Hygiene für den Erhalt der jüdischen Gemeinschaft wurde von der Vorstellung Gebrauch gemacht, daß das Judentum nach dem Modell einer Nation aufgefaßt werden könne. Die Wohlfahrtspflege und der Sport galten als zwei zentrale soziale Felder, von denen erwartet wurde, daß sich Gemeinschaftssinn dort unmittelbar einüben lasse. Es ist daher nicht verwunderlich, daß beide Gebiete im nationalen Repräsentationsraum der Düsseldorfer Ausstellung behandelt wurden und daß die Gestalter des Pavillons der Juden sich deren Bedeutung bewußt waren.

In seinem Artikel im Sonderheft der *Menorah* geht Ernst Simon davon aus, daß die Wohlfahrtspflege so eng mit der Hygiene verbunden sei, daß man von Geschwistern sprechen könne.[35] Da nach der jüdischen Religion alle Menschen vor Gott gleich sind, sei auch die Armut einzelner eine Sache von allen. Die Armen hätten ein Recht auf Hilfe, und die Wohlhabenden seien zur Gabe verpflichtet. Die Gaben seien nicht als individuelles Darlehen aufzufassen, das bei späterem Reichtum wieder zurückzuzahlen sei. Die Armen könnten nur ihre Ansprüche anmelden, von den Überschüssen der Gemeinschaft gestützt zu werden. So sei zum Beispiel die Arbeits- und Berufshilfe als Hilfe zur Selbsthilfe konzipiert worden. Die jüdische Wohlfahrtspflege – genannt »Zedaka«, was mit »ausgleichender Gerechtigkeit« übersetzt werden kann – habe sich aus diesem Grund in enger Verbindung mit anderen Rechtssystemen entwickelt, zum Beispiel mit der Landesgesetzgebung.[36] Jeder Bauer sei verpflichtet, mindestens ein Sechstel seines Ackerlandes den Armen zum Abernten zu überlassen. Jede Gemeinde habe »Wohlfahrtsvorsteher«, die die Armenkasse verwalten. Die Sammlungen würden regelmäßig zu den Festtagen vorgenommen, wodurch sie im Gemeindeleben verankert seien. Simons Argumentation basiert auf der statistischen Zusammenstellung aller Einrichtungen der jüdischen Fürsorge, die von der Zentralwohlfahrtsstelle der deutschen Juden in Auftrag gegeben und vom Berliner Büro der Statistik der Juden 1925 erarbeitet wurde.[37] Diese statistische Analyse demonstriert die jüdische Wohlfahrtspflege als ein wohlausgebautes und sämtliche Bedürfnisse erfassendes System, mit dessen Hilfe antisemitische Legenden wie die von dem jüdischen Bettler als »Schnorrer« abgewehrt werden sollten.

Gleichermaßen erhalten Gymnastik und Sport eine neue Bedeutung beim Versuch,

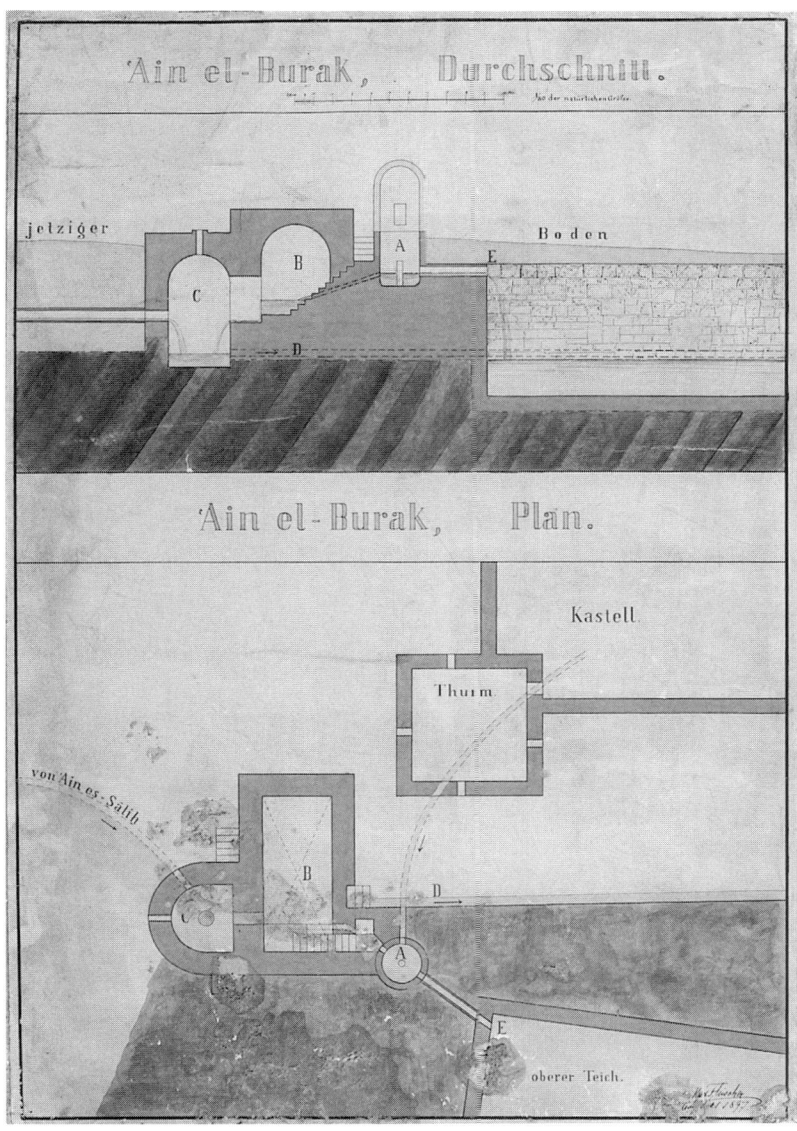

Max Fleischer: Wasserleitungspläne von Ain el-Barak, 1911

die Juden als eine Gemeinschaft von Gleichen darzustellen. Auch die Frage, ob der einzelne Jude Sport treibt oder nicht, um seinen Körper gesund zu halten, gilt in den zwanziger Jahren in Deutschland nicht mehr als Privatsache. Training und Wettkampf schaffen Rollen und Situationen, in denen Gemeinschaft erlebt werden kann. Darüber hinaus kultiviert der Sport das Ziel, einen leistungsfähigen Körper zu erlangen, der sich an den Idealen des Gemeinschaftskörpers ausrichtet und deshalb als metonymisches Zeichen für den Volkskörper gelesen werden kann. Dahinter verbirgt sich die Tradition der Physiognomik, die soziokulturelle Prozesse auf den Körper bezogen wahrnimmt.[38]

Süßmann Munter (1897–1973), Arzt, aktives Mitglied des Verbandes der jüdischen Turnvereine und Herausgeber der *Makkabi-Zeitung*, hat den Beitrag über die *Leibesübungen der Juden* im Sonderheft der *Menorah* verfaßt. Er betont ausdrücklich die Bedeutung des Sports für die Vermittlung des Gemeinschaftsgefühls: »Es ist eine beobachtete Tatsache, daß die wahre Gymnastik, die den Menschen neues Leben und frischen Geist hineinträgt, die Liebe zur Gemeinschaft, die Liebe zum Vaterlande weckt. Umgekehrt fiel der Sinn für den Wert der Gymnastik stets mit dem Sinn für die nationale Freiheit eines Volkes. So war es in Sparta und Athen, so war es in Preußen vor hundert Jahren, so ist es in Deutschland jetzt, so ist es auch bei den Juden gewesen.«[39]

Munter verweist auf die enge Verbindung zwischen sportlichem Wettkampf und politischer Auseinandersetzung, die sich aus einem bei beiden vergleichbaren Gemeinschaftsgefühl ergebe.

Der Aufruf, wieder ein »Muskeljudentum« zu schaffen, den Max Nordau (1839–1912) bereits auf dem zweiten Zionistenkongreß 1898 formuliert hatte, war aus zionistischer Sicht ambivalent.[40] Liberale und Emanzipierte, die das Judentum als Abweichung von der Norm empfunden hatten und deren Ziel es war, als gleichberechtigte deutsche Bürger anerkannt zu werden, versprachen sich möglicherweise vom Training am eigenen Körper die Angleichung ihrer Physiognomie an das Idealkonzept des deutschen Gemeinschaftskörpers auf eine besonders effektive Art. Um die Schaffung eines gesunden und leistungsfähigen Körpers ging es Nordau auch, allerdings zu einem anderen Zweck. Als er zur Gründung von jüdischen Vereinen aufrief, hatte er eine nationaljüdische Vision. Die Juden sollten sich nicht länger in den nationalen Gemeinschaften, in denen sie lebten, engagieren. Abgrenzung und eigenständige Formierung sollten – so die Hoffnung – antisemitischen Angriffen den Boden entziehen.

Die Werbung für Sport und Gymnastik war Teil eines umfassenden Umerziehungsprogramms. Sie richtete sich ausdrücklich an die Jugend, an Liberale und an bereits vom Judentum emanzipierte Mitglieder der Gemeinschaft. Das Ziel war die Erziehung der Gesamtpersönlichkeit des einzelnen, das heißt seiner physischen, sozialen und sittlichen Eigenschaften. Am Ende dieses Prozesses stellten sich die Zionisten eine Art Wiedergeburt vor. Der einzelne war so zu präparieren, daß er anschließend einen aktiven Platz in der nationalen Gemeinschaft einnehmen konnte.

Im Diskurs über die Bedeutung der rituellen Hygiene wurde die Vorstellung kultiviert, daß der Gemeinschaftskörper der Juden wohldefinierte soziale und biologische Eigenschaften habe, die wechselseitig in ihrer Geschichte zusammenwirkten und ihn deshalb unsterblich gemacht hätten. Statistische Daten über die Häufigkeit von Krankheiten, Todesursachen und Geburten wurden als Zeugnisse einer spezifischen Identität der jüdischen Gemeinschaft genommen. Die Gemeinschaft wurde als souveräner Zusammenschluß von Gleichen vorgestellt, die den Modellen von Nation und Rasse folgten. Die Suche nach den Ursachen für diese Phänomene bewirkte ein verstärktes Interesse für die rituellen Reinheitsgesetze. Ärzte, Rabbiner, Statistiker und Pädagogen – alle Anhänger der zionistischen Bewegung in Deutschland – waren an deren Umdeutung in wissenschaftlich fundierte Regeln, die einer rassenhygienischen Vernunft folgten, maßgeblich beteiligt. Die Präsentation der Hygiene der Juden in Ausstellungen verlieh dieser Interpretation erstmals eine Öffentlichkeit. Unter den Veranstaltern setzte sich die Idee durch, daß die jüdische Gemeinschaft als »nationale Rasse« vorzustellen sei. Gesundheit, Krankheit, Leben und Tod einzelner wurden zu öffentlichen Angelegenheiten erklärt, die nationalen Interessen unterzuordnen seien. Ausgestellt wurde das Versprechen, daß die Befolgung ritueller Hygienepraktiken wirksam vor Ansteckung, Krankheit und Tod schütze, zum Wohlbefinden beitrage und Reproduktions- und Leistungsfähigkeit garantiere. Darüber hinaus wurden die Wohlfahrtspflege und der Sport als die Felder eingeführt, in denen der individuell erfahrene Körper auf besondere Weise bearbeitet und trainiert werden könne. Beide Bereiche fungierten als Räume, in denen Gemeinschaftsgefühle erzeugt, erlebt, vermittelt und eingeprägt werden konnten. Ihre öffentliche Präsentation konnte der zionistischen Idee von einer notwendigen nationalen Wiedergeburt der Juden Wirkmächtigkeit verleihen, weil sie auch für das säkularisierte Judentum Identifikationsmöglichkeiten bot.

Anmerkungen

1 Die Rassenforschung reicht weiter zurück, hat sich aber erst um 1900 für die Juden interessiert. Annegret Kiefer: Das Problem einer jüdischen Rasse. Eine Diskussion zwischen Wissenschaft und Ideologie (1870–1930). Frankfurt am Main 1991. Wie sich der einzelne vor der Ansteckung durch Krankheitserreger schützen könne, beschäftigte Ärzte und Gesundheitspolitiker, die sich als soziale Hygieniker verstanden. Paul Weindling: Health, Race and German Politics between National Unification and Nazism. 1870–1945. Cambridge 1989.

2 Siehe zu nationalen und politischen Gemeinschaften: Benedict Anderson: Die Erfindung der Nation. Zur Karriere eines erfolgreichen Konzeptes. Frankfurt am Main 1988 (1983).

3 Vgl. John M. Efron: Defenders of the Race. Jewish Doctors and Race Science in Fin-de-Siècle Europe. New Haven, London 1994.

4 Felix Theilhaber: Die Sterblichkeit der Juden. Ein Beitrag zur Würdigung der sozialhygienischen und biologischen Einflüsse. In: Max Grunwald (Hrsg.): Die Hygiene der Juden. Im Anschluß an die Internationale Hygiene-Ausstellung Dresden 1911. Dresden 1911, S. 113.

5 Zur Biographie siehe Hans Lehfeldt: Felix A. Theilhaber – Pioneer Sexologist. In: Archives of Sexual Behavior 15 (1986) mit Publikationsverzeichnis, S. 1–12; Efron, Defenders (Anm. 3), S. 141–153. Zum Münchner Büro: Zeitschrift für die Statistik und Demographie der Juden (1905), Heft 12, 16; Jüdisches Lexikon. Ein enzyklopädisches Handbuch des jüdischen Wissens in vier Bänden. Berlin 1927.

6 Theilhaber, Sterblichkeit (Anm. 4).

7 »Eine strenge statistische Durchforschung des jüdischen Volkes ist eine allererste Notwendigkeit«, sagte Max Nordau am Beginn des zweiten Sitzungstages. Vgl. auch die nachfolgende Begründung: Stenographisches Protokoll der Verhandlungen des V. Zionistenkongresses in Basel. Wien 1901, S. 100 f.

8 Arthur Ruppin: Briefe, Tagebücher, Erinnerungen. Hrsg. v. Schlomo Krolik. Königstein/Ts. 1985.

9 Auswertung siehe: Efron, Defenders (Anm. 3), S. 170 f. Und: Arthur Ruppin: Zur Geschichte des Büros für Statistik der Juden in Berlin. In: Bureau für Statistik der Juden (Hrsg.): Statistik der Juden. Eine Sammelschrift. Berlin 1917, S. 9–12.

10 Felix Theilhaber: Bringt das materielle und soziale Aufsteigen in seinen Beziehungen zur Fortpflanzungstätigkeit Gefahren in rassenhygienischer Beziehung? In: Archiv für Rassen- und Gesellschaftsbiologie 10 (1913), S. 67–92. Der Preis wurde 1914 wieder zurückgezogen, weil Theilhaber den Artikel vorzeitig im Archiv veröffentlicht hatte. Vergl. Archiv 11(1914/15), S. 136.

11 Ausgeführt in: Sybilla Nikolow: Statistiker und Statistik. Zur Genese der statistischen Disziplin in Deutschland zwischen dem 18. und 20. Jahrhundert. Unveröffentlichte Dissertation. Dresden 1994, S. 197–218.

12 Felix Theilhaber: Der Untergang der deutschen Juden. Eine volkswirtschaftliche Studie. 1. Aufl. München 1911. In der zweiten Auflage (Berlin 1921) sah er sich veranlaßt, die wichtigsten Reaktionen zu veröffentlichen. Siehe dazu: Efron, Defenders (Anm. 3), S. 142–144.

13 Zit. nach: Otto Neustätter: Vorwort. In: Max Grunwald (Hrsg.): Die Hygiene der Juden. Im Anschluß an die Internationale Hygiene-Ausstellung Dresden 1911.- Dresden 1911, S. IV.

14 Vgl. Barbara Kirshenblatt-Gimblett: Vom Kultus zur Kultur. Jüdisches auf Weltausstellungen. In: Jüdische Kultur in Museen und Ausstellungen bis 1938. Wiener Jahrbuch für jüdische Geschichte, Kultur & Museumswesen. Band 1 (1994/95), S. 11–37.

15 Näheres siehe Margarethe Brock-Nannestand: Jüdische Museologie. Entwicklungen der jüdischen Museumsarbeit im deutsch-jüdischen Kulturraum. In: Jüdische Kultur (Anm. 14), S. 55–70.

16 Man ging zuerst in den Steinpalast, in dem sich rechter Hand die Wissenschaftliche und linker Hand die Historische Abteilung befand, später kam man zur Populären Abteilung, den Sonderabteilungen und nationalen Pavillons. Vergleiche Gesamt-

Der soziale und der biologische Körper der Juden

Sybilla Nikolow

plan in: Offizieller Katalog der Internationalen Hygiene-Ausstellung Dresden Mai bis Oktober 1911. Berlin 1911.

17 Christoph Daxelmüller: Dr. Max (Meir) Grunwald, Rabbiner, Volkskundler, Vergessener, Splitter aus der Geschichte des jüdischen Wiens und seines Museums. In: Jüdische Kultur (Anm. 13), S. 89–106.

18 Vgl. die Anordnung der Räume in der Historischen Abteilung in: Historische Abteilung mit Ethnographischer Unterabteilung. Hrsg. v. Internationale Hygiene-Ausstellung Dresden 1911. Dresden 1911. Die Hygiene der Juden war in den Räumen Nr. 3 und Nr. 29 dargestellt.

19 Vgl. Objektliste und Beschreibung ebd., S. 29–31, S. 222–228.

20 So war im Vorantike-Raum ein Bronzestandbild des Moses von Michelangelo aufgestellt worden, dem zu beiden Seiten Wandschränke aufgeschlagene Torarollen zeigten. Historische Abteilung, 29.

21 Vgl. Anm. 13.

22 Ebd.

23 B. Baneth: Schutz gegen hereditäre Belastung. In: ders.: Das jüdische Ritualgesetz in hygienischer Beleuchtung. In: Grunwald, Hygiene (Anm. 13), S. 95–103.

24 Felix Theilhaber: Die Sterblichkeit der Juden. Ein Beitrag zur Würdigung der sozial-hygienischen und biologischen Einflüsse. In: Grunwald, Hygiene (Anm. 13), S. 114–156. In dem anderen Artikel behandelt Theilhaber die Todesursachen. Vgl. Felix Theilhaber: Die Morbidität der Juden. In: Grunwald, Hygiene (Anm. 13).

25 Arthur Schlossmann (Hrsg.): GE-SO-LEI. Grosse Ausstellung Düsseldorf 1926 für Gesundheitspflege, soziale Fürsorge und Leibesübungen. 2 Bände. Düsseldorf 1927.

26 Vgl. Plan sowie Dr. Rabbiner Eschelbacher: Die Sondergruppe »Hygiene der Juden«. In: Schlossmann, GE-SO-LEI (Anm. 25), 2. Bd., S. 997–1002.

27 Max Eschelbacher, Adolf Sindler: Zur Hygiene der Juden. In: Menorah. Jüdisches Familienblatt für Wissenschaft, Kunst und Literatur 6/7. Wien, Frankfurt am Main 1926, S. 319–416, S. 324.

28 Schlossmann, GE-SO-LEI (Anm. 25), S. 989.

29 Vgl. Sigmund Feist: Die Ethnographie der Juden. In: Grunwald, Hygiene (Anm. 13), S. 334–347, S. 338.

30 Vgl. Aufzählung in: Eschelbacher, Sondergruppe, (Anm. 25).

31 Max Eschelbacher hatte an der Berliner Hochschule des Judentums studiert, war promovierter Jurist und galt als angesehener Gelehrter. Er wurde 1913 Leo Baecks Nachfolger in Düsseldorf. Vgl. Benno Reicher: Jüdische Geschichte in NRW. Essen 1933, S. 89.

32 Eschelbacher, Sindler, Hygiene (Anm. 27), S. 321.

33 Zu Hobbes vgl. Horst Bredekamp: Zur Vorgeschichte von Thomas Hobbes' Bild des Staates. In: Hans-Jörg Rheinberger u. a. (Hrsg.): Räume des Wissens. Repräsentation, Codierung, Spur. Berlin 1997, S. 23–37. Zu Haeckel vgl. die Darstellung von Paul Weindling: Theories of the Cell State in Imperial Germany. In: C. Webster (Hrsg.): Biology, Medicine and Society 1840–1940. Cambridge 1981, S. 99–155. Zur Methapher des Organismus für die menschliche Gesellschaft siehe Peter Weingart u. a. (Hrsg.): Biology as Society, Society as Biology. Methaphors. Dortrecht 1995.

34 Eschelbacher, Sindler, Hygiene (Anm. 27), S. 321.

35 Ernst Simon: Grundlagen jüdischer Wohlfahrtspflege. In: Grunwald, Hygiene (Anm. 13), S. 366–377. Vermutlich handelt es sich hier um Ernst Akiba Simon (1899–?), der als Lehrer in Frankfurt am Main tätig und seit 1918 aktiver Zionist war. 1928 wanderte er nach Palästina aus und war dort später Professor für Pädagogik an der Universität von Jerusalem.

36 Vgl. auch: Zedaka. Jüdische Sozialarbeit im Wandel der Zeit. 75 Jahre Zentralwohlfahrtsstelle der Juden in Deutschland 1917–1992. Ausstellungskatalog des Jüdischen Museums der Stadt Frankfurt a. M. Frankfurt a. M. 1993.

37 Zentralwohlfahrtsstelle der deutschen Juden (Hrsg.): Die geschlossenen und halboffenen Einrichtungen der jüdischen Wohlfahrtspflege in Deutschland. Berlin 1925.

38 Vgl. Gabriele Werner: Leistungskörper und Familienwerte. In: Family, Nation, Tribe, Community. Zeitgenössische Konzepte im Haus der Kulturen der Welt. Hrsg. v. Neue Gesellschaft für Bildende Kunst. Berlin 1996, S. 64–68; Rudolf Stichweh: Der Körper des Fremden. In: Michael Hagner (Hrsg.): Der falsche Körper. Beiträge zu einer Geschichte der Monströsitäten. Göttingen 1995, S. 174–186.

39 Süßmann Munter: Leibesübungen bei den Juden. In: Grunwald, Hygiene (Anm. 13), S. 378–393, S. 390.

40 »Wir müssen danach trachten, wieder ein Muskeljudentum zu schaffen«. Max Nordau: Abschlußbericht des Baseler Kongresses 1898. In: ders.: Zionistische Schriften. Köln 1909, S. 379.

»Die Rasse ist nicht schön« –
»Nein, wir Juden sind keine hübsche Rasse!«

Der schöne und der häßliche Jude

Sander L. Gilman

»Ein Jude kommt in eine kleine Stadt und sucht einen gewissen Reb Hersch. Auf der Gasse (wo sonst) begegnet er einem älteren Mann. ›Scholem alechem‹ – begrüßt er ihn. ›Alechem schalom, womit kann ich dienen?‹ – ›Ich möchte Sie fragen – kennen Sie vielleicht Reb Hersch?‹ – ›Reb Hersch? Was für einen Reb Hersch?‹ – ›No, Reb Hersch, dem ein Aug, fehlt!‹ – ›Ein Aug, fehlt ihm? … Ich weiß nicht, wen Sie meinen.‹ – ›Aber Reb Hersch … ein Auge fehlt ihm, das andere trieft … Reb Hersch!‹ – ›Reb Hersch? Ein Auge fehlt ihm, das andere trieft? … Nein, ich weiß nicht.‹ – ›Wie ist das möglich? Jeder kennt ihn, Reb Hersch mit der krummen Nase und der gespaltenen Lippe, nun …‹ – ›Krummen Nase? Gespaltenen Lippe? Ein Auge fehlt ihm, das andere trieft? Aha … Nein, ich weiß doch nicht, wen Sie meinen.‹ – ›Unmöglich, Sie müssen ihn kennen; den Mann kennt man. Einen Buckel hat er!‹ – ›Reb Hersch, er hat einen Buckel, sagen Sie? Und eine krumme Nase, eine gespaltene Lippe? Ein Auge fehlt ihm, das andere trieft? … Ich weiß nicht, ich kann Ihnen wirklich nicht sagen …‹ – ›Wie kann man Reb Hersch nicht kennen?! Er hat einen Parach, no! Und auf einem Fuß hinkt er, no! Reb Hersch, er ist Klempner, Klempner ist er!‹ – ›Aha, Reb Hersch, der Klempner! Ein Lahmer mit einem Parach und einem Buckel, einer krummen Nase und gespaltenen Lippe, ein Auge fehlt ihm und das andere trieft! … Natürlich kenne ich ihn! Er wohnt da drüben: ein feiner Jud, ein schöner Jud!‹«[1]

Diese Geschichte ist unser Belegtext. Die »Schönheit« der Juden wird zum Maßstab für eine Reihe von Stereotypen. Juden sind »häßlich« – und diese Häßlichkeit ist ein Maßstab für ihren Charakter, der in ihren Körper eingeschrieben ist. Im Jiddischen bezieht sich »Schönheit« stärker auf die »Seeleneigenschaft« und weniger auf die Körper-

Chaim Soutine:
Grotesque
(Selbstporträt), 1922

beschaffenheit. Demzufolge ist der »schejne Jid« in unserem Belegtext zweifellos nicht »schön« in jenem herkömmlichen Sinn, wie der Leser das Wort verstehen würde. Die Juden sind keine »schöne Rasse«; diese Überzeugung resultiert zumindest aus den physiognomischen Theorien der westlichen Kulturen, in denen Juden lebten. Doch mehr noch – die Häßlichkeit des Körpers und der Seele sind Krankheitsmerkmale. Diese Verbindung zwischen dem unreinen, dem häßlichen und dem kranken Körper wird nicht nur in der Diaspora hergestellt, sondern auch in der Welt des Tempels.

In Levitikus 21,18 wird es Männern mit *charum* untersagt, Priester im Tempel zu werden. Dieser Ausdruck, der nur in dieser Passage des Levitikus vorkommt, scheint sich auf »etwas Verkrüppeltes« zu beziehen, doch zeigen verwandte Wörter aus anderen Sprachen, daß sich dieses »Verkrüppelte« höchstwahrscheinlich im Gesicht befindet. Das hebräische Wort *charum* wird in der Mischna und im Talmud in Bechorot 7,3 (durch den Kommentar des Raschi) als »plattnasig« definiert. Die Gemara merkt an, daß »stupsnasig« gemeint ist. Sowohl in der Mischna als auch im Talmud wird das Wort mit »plattnasig« übersetzt: »Der Priester, der plattnasig ist, ist nicht geeignet (für den Tempeldienst). Was versteht man unter ›plattnasig‹? Es heißt, daß einer seine beiden Augen aufeinander richten kann.« In Bechorot 7,4 findet sich ein weiterer Hinweis auf unproportionierte Nasen: »Wenn seine Nase zu groß (im Vergleich) zu seinen Gliedmaßen oder zu klein (im Vergleich) zu seinen Gliedmaßen ist, (ist er ungeeignet).« Im Kommentar in der Mischna wird dazu festgehalten, daß die »Nase so abgeflacht ist, daß die Nasenlöcher freiliegen« und daß die »Nase zwischen den Augen so flach ist, daß sie nicht verhindert, daß die Farbe von einem Auge zum anderen läuft.« Mit anderen Worten handelt es sich hier um physische Anomalien, die auch als unästhetisch dargestellt werden. In späteren Kommentaren wird dazu bemerkt, daß sich diese Verfügung gegen Aussätzige richtete, die als rituell unrein gal-

ten.[2] Der Unreine ist auch der Häßliche, der an Körper und Seele Erkrankte; man denke nur an die Geschwüre des Hiob.

Die Antwort auf den häßlichen Juden ist das Konzept vom schönen Juden – im Jiddischen ist ein schöner Jude einer, der sich hingebungsvoll der Tora und den religiösen Verpflichtungen widmet, die dem Rechtgläubigen auferlegt sind. Die Schönheit ist nichts Oberflächliches, und doch prägt die Vorstellung vom häßlichen Juden die jüdische Selbstdarstellung vom Mittelalter bis heute. Der »häßliche Jude« bleibt in der westlichen Kultur verhaftet. So beschrieb erst kürzlich eine durch Polen reisende Autorin folgende Szene: »›Hinaus aus Polen, du dreckiger, häßlicher Jude!‹ schrie mich einmal ein Mann an, während er auf die Motorhaube meines roten russischen Lada mit den grünen Nummernschildern (die das Fahrzeug als nicht polnisch identifizierten) einschlug (…)«[3] Der Jude ist, noch bevor er (in diesem Fall: sie) überhaupt gesehen wird, häßlich – selbst wenn die gemeinte Person gar nicht jüdisch ist! Die Häßlichkeit ist ein Merkmal des kranken Mitglieds der Gesellschaft, das versucht, das Staatswesen zu infizieren. In den Vereinigten Staaten entschied das Berufungsgericht des Staates New York noch im Jahr 1989, daß es sich bei der Bezeichnung »›fetter, häßlicher Jude‹ lediglich um ein Epitheton« handle und daß es »in diesem Staat keine Beleidigungsklage aufgrund einer Meinung geben könne, die in Form von Epitheta ausgedrückt wird.«[4] Anders ausgedrückt: Es handelt sich hier also um eine allgemeine Aussage über eine Gruppe und nicht um eine konkrete Aussage über eine Einzelperson.

Häßlichkeit und Krankheit sind ein unerwünschtes Paar. In einem Nachwort zu der von Jules Héricourt um die Jahrhundertwende durchgeführten Studie über die »soziale Krankheit« lieferte der britische Übersetzer Bernard Miall dem Leser das ultimative Argument für die Kontrolle und den Ausschluß der Kranken aus dem Staatswesen. Es sei nicht nur notwendig, die Gesunden von den Kranken zu trennen, sondern auch die Schönen von den Häßlichen: »Wir brauchen eine Religion der Schönheit, der Vollkommenheit. Es wäre einfach, den Kindern beizubringen, die Vollkommenheit zu verehren, anstatt sie zu hassen, weil diese ihre eigene Unvollkommenheit offenbart. Denn wir können nicht lehren, was Schönheit ist, ohne die Abscheulichkeit der Selbstsucht zu verdeutlichen. Schönheit ist das äußere und sichtbare Zeichen von Gesundheit, Vollkommenheit und Tugend. Freude ist die Wahrnehmung der Schönheit oder einiger ihrer Elemente. Was zur Fülle und Vollkommenheit des Lebens, zur Schönheit und zum Glück beiträgt, ist gut; was dem Tode förderlich ist, der Krankheit, der Unvollkommenheit, dem Leid, ist schlecht. Diese Dinge lassen sich beweisen, und ein Kind könnte sie verstehen. Die Sünde ist häßlich und schmerzhaft. Die Vollkommenheit ist schön und macht uns Freude. Zweitausend Jahre lang haben wir vergeblich an das hebräische Gewissen appelliert. Appellieren wir also an die Liebe zum Leben und zur Schönheit, die uns allen angeboren ist. Ein schönheitsliebendes Volk kann nicht danach streben, eine kranke oder degenerierte Linie zu vermehren, oder Männer und Frauen hassen, weil sie stark und schön und fähig sind. (…) Das Gleichgewicht der Rassen ist in Unordnung geraten, und nur indem die Tauglichen auf die freiwillige Unfruchtbarkeit verzichten und die Untauglichen sie praktizieren – also durch die Eugenik –, können wir uns retten.«[5]

Mialls Auffassung geht von einem Zusammenhang zwischen dem Gesunden und dem Schönen aus, eine Position, die am Ende des 19. Jahrhunderts am deutlichsten formuliert wurde. Es handelt sich um die neuerliche Formulierung eines Gemeinplatzes, dessen Traditionslinien von der Antike bis in die Moderne reichen. Physische Attraktivität, wie auch immer sie gerade kulturell definiert wird, gilt als Zeichen von Tugend. Die moralische Tugend, *calocagathia*, wird offenbar, weil sie sichtbar in den Körper als »Schönheit« eingeschrieben ist. Cicero schreibt, daß »es für die Seele von großer Bedeutung ist, welchem Körper sie innewohnt; denn es gibt

viele Zustände des Körpers, die den Verstand schärfen, und viele, die ihn schwächen.«[6] Der Schweizer Physiognomiker Johann Kaspar Lavater rekapituliert dies am Ende des 18. Jahrhunderts und hält fest, daß »die Schönheit und Entstelltheit des Antlitzes in angemessenem und determiniertem Verhältnis zur moralischen Schönheit und Entstelltheit des Menschen steht. Der moralisch Beste ist der Schönste. Der moralisch Schlechteste ist der am schlimmsten Entstellte.«[7] Nicht nur der Gesunde wird zum Schönen, sondern auch der Schöne wird zum Gesunden; nicht nur der Kranke wird zum Häßlichen, sondern auch der Häßliche zum Kranken.[8]

Solche Ansichten finden sich gleichermaßen unter den Verteidigern wie unter den Gegnern der Juden im 19. Jahrhundert. So

P. J. Krafft:
David mit dem Haupt
Goliaths, erste Hälfte
19. Jahrhundert

Sander L. Gilman

übernimmt Anatole Leroy-Beaulieu, ein französischer Historiker und Mitglied der französischen Akademie, in seiner Studie *Israel among the Nations: A Study of Jews and Antisemitism* aus dem Jahr 1893 ganz einfach die These vom unästhetischen, kranken Juden für die *Verteidigung* der Juden.[9] Der jüdische Körper sei das Ergebnis der »Gefangenschaft im Ghetto« und die so entstandene »jüdische Rasse« das »künstliche Produkt rabbinischer Vorschriften und mittelalterlicher Gesetze.« Der Jude sei die Summe all der »Grausamkeiten«, die ihm von anderen und sich selbst angetan worden sind.[10] Für Leroy-Beaulieu verursacht das Ghetto nicht nur Krankheit (und deren Antithese, die Resistenz gegen die Krankheit), sondern auch Häßlichkeit: »Derartig übervölkerte Wohnbezirke konnten keine attraktive Rasse hervorbringen (…) Die Rasse ist nicht schön.« Doch der Jude – immer männlich für Leroy-Beaulieu und seine Zeitgenossen, da der Jude durch die Beschneidung definiert ist – ist nicht nur häßlich, er ist auch verweiblicht. »Es gibt einen einzigartigen Kontrast zwischen der anhaltenden Vitalität des Juden und seiner körperlichen Gebrechlichkeit. Seine Schwäche verleiht ihm oft eine etwas unmännliche Erscheinung.«[11] Er ähnelt der schwindsüchtigen Frau, insbesondere der jüdischen schwindsüchtigen Frau, auch wenn er nicht mit ihr identisch ist. Das Antlitz des Juden ist wie »das jener mageren Schauspielerinnen, jener *Rahels* und *Saras*, die Blut spucken und nicht den letzten Funken Leben mehr zu besitzen scheinen, die aber, sobald sie auf die Bühne treten, eine unbezähmbare Kraft und Energie entwickeln. Bei ihnen strömt das Leben aus verborgenen Quellen.«[12] Leroy-Beaulieu bekennt sich zur Aufklärungsidee von der Autonomie des Individuums und seiner inhärenten Fähigkeit, sich durch Eigeninitiative und eigenes Streben zu verändern. Dennoch: Je mehr sich die Juden veränderten, desto weniger authentisch würden ihre Körper sein: »Wenn sich der Jude von uns unterscheidet, umso besser; umso wahrscheinlicher ist es, daß er ein wenig Abwechslung in die graue Monotonie der modernen Zivilisation bringt. Viel eher habe ich an den Söhnen des Sem etwas auszusetzen – wie auch an jenen Orientalen, die unsere Gepflogenheiten annehmen –, wenn sie uns zu ähnlich sehen und uns zu sehr nachahmen.«[13] Die Nicht-Authentizität des westlichen Juden, der »uns« zu sehr nachahmt, ist die Nicht-Authentizität der Veränderung des Konvertiten – des religiös Bekehrten ebenso wie des kulturell Bekehrten. Juden haben »die bemerkenswerte Fähigkeit, eine neue Schale anzunehmen, ohne darunter aufzuhören, Jude zu sein.«[14] Denn Leroy-Beaulieu weiß, wo der »wahre« Jude zu finden ist: im Osten. Dort enthülle sich das wahre Wesen des Juden, und dort könne es nicht durch Konvertierung vertuscht werden: »Er (der Ostjude) scheint etwas von einem Reptil an sich zu haben, etwas sich Windendes und Kriecherisches, etwas Schleimiges und Klammes, von dem sich auch der gebildete Israelit nicht immer befreien kann (…) Dies ist eine Qualität, die ihn erneut (…) in einen Orientalen verwandelt; es ist ein Rassenmerkmal, ein inhärentes Laster, das mit dem Wasser und Salz der Taufe nicht immer abgewaschen werden kann.«[15] Und es ist die Stimme, die den Juden auch nach seiner scheinbaren Verwandlung in einen »Franzosen« verrät: »Die Metamorphose ging oft zu schnell vonstatten, um vollständig zu sein (…) Ein Blick, ein Wort, eine Geste, und plötzlich tritt wieder der alte Jude ans Licht.«[16] Das Gesicht und die Stimme sind es, die den verborgenen, kranken, häßlichen Juden offenbaren.

Edward Alsworth Ross, Professor für Soziologie an der Universität von Wisconsin, beschreibt 1914 die neuen Immigranten, die nach Amerika kamen, und hält fest, daß »zwischen zehn und zwanzig Prozent von ihnen stark behaarte Personen mit einem großflächigen Gesicht und niederer Stirn und von offensichtlich niederer Gesinnung sind«, »ochsenartige Männer«, die »offensichtlich besser ans Ende der großen Eiszeit passen, in Felle gehüllt und in geflochtenen Hütten lebend.« Immigranten sind »häßlich« und »müssen zwangsläufig das gute Aussehen unter uns verschlechtern.«[17] Und unter diesen Neueinwanderern waren vor allem Juden aus Osteuropa. Ross stellt in Aussicht, daß sie, wenn sie sich mit »echten« (schönen) Amerikanern vermischten, schöner und tugendhafter werden würden: »weniger eingebildet, skrupellos und vergnügungssüchtig«. Sein Zeitgenosse Madison Grant stimmte ihm in seinem vielgelesenen und oft zitierten Buch *The Passing of the Great Race* nicht zu: »Die Kreuzung zwischen einem weißen Mann und einem Indianer ist ein Indianer; die Kreuzung zwischen einem weißen Mann und einem Neger ist ein Neger; und die Kreuzung zwischen einer der drei europäischen Rassen und einem Juden ist ein Jude.«[18] Diese Juden sind »die Schwachen, die Gebrochenen und die im Geiste Kranken (…).« Der Dramatiker John Jay Chapman beobachtete die Juden in seiner Umgebung am Strand von Atlantic City, New Jersey, und beklagte sich 1919 in einem Brief, daß sie »groteske Figuren« seien, »eine unzivilisierte Menagerie Israels«.[19] Er reproduziert damit das Bild von den häßlichen Tieren, die Leroy-Beaulieu in den Juden sah. Die Juden sind »bemerkenswert wegen ihrer häßlichen Gesichtszüge« und leben »inmitten von Unrat jeder Art, von Eisenstücken, zerbrochenem Krimskrams, Abfallhaufen.«[20] Sie haben sogar »schmutzige Füße«. Krankheit und Siechtum folgen ihnen. Ihre jungen Frauen sehen aus wie »Sarah Bernhardt als Kind«. Bernhardt war nicht nur eine große Schönheit, sondern litt auch, wie sich herausstellte, an Tuberkulose.

Dieses Klischee scheint unvergänglich. Juden sind krank und demzufolge häßlich. Robert Brustein berichtet über ein Gespräch mit dem jüdisch-amerikanischen Komiker Jackie Mason: »Jackie Mason scheint schreckliche Angst vor dem Schweigen zu haben. Selbst wenn er einen Hänger hat, sprudelt es aus ihm heraus. Selbst die perfekte Verkörperung der jüdischen Angst, die sein Thema ist, fühlt er sich nur sicher, solange er bei jüdischen Themen bleibt. Sobald er die Bühne betreten und angekündigt hat, daß ›dies eines der aufregendsten Erlebnisse aller

George Woodward und Isaac Cruikshank: Solomon in all his Glory!!, Lithographie, 1807

Zeiten ist, mich leibhaftig erleben zu dürfen‹, beginnt er auf die Nichtjuden im Publikum loszugehen (›Verstehen Sie das, Mister?‹ – ›Wem erzähle ich das eigentlich?‹). Das Gebiet, in dem er sich am sichersten fühlt, ist der Gegensatz zwischen Juden und Nichtjuden. Die Juden stellen stets die größten Ärzte der Welt – den Chef des Krankenhauses. Raunzend erhebt er sich aus seinem Sessel und stöhnt: ›Haben Sie jemals einen gesunden Juden gesehen?‹ Juden sind nicht versessen darauf, bei Rodeos mitzumachen, während es Nichtjuden geradezu lieben, von wilden Pferden zu fliegen (›Hör mal, du Schmock, nimm doch die zweite Hand zu Hilfe‹). Juden werden keine Jockeys, weil sie niemals 85 Pfund wiegen könnten (›Ein Jude gibt doch nicht Kaffee und Kuchen auf, nur um auf einem Pferd zu sitzen‹).«[21]

Es gibt nichts Witzigeres, als den schlauen, unsportlichen, übergewichtigen Juden als glücklichen Arzt darzustellen. Aber der Haken ist, daß auch der Arzt krank ist. Nicht glücklich, sondern krank, im Gegensatz zum gesunden Körper des Nichtjuden. Sein Kör-

Sander L. Gilman

per wird als krank gelesen; wir können ihn als krank erkennen. Und das hat seine Wurzeln in der althergebrachten Vorstellung, daß der Körper des Juden – ein kranker, verdorbener und Verderben bringender Körper –, als krank erkannt werden kann.

In der westlichen Vorstellung ist der schwarze Körper der kranke Körper. Dominiert von schwarzer Galle, von Schwermut, zeigt der Körper seine ihm innewohnende Unausgeglichenheit schon in seiner Farbe. Nicht nur die alten Griechen, sondern alle Mediziner, von Hippokrates über Galen bis zu den Ärzten des Hochmittelalters, glaubten daran. Und die schwarze Farbe gilt nicht nur als Zeichen der Krankheit, sondern wird auch als häßlich wahrgenommen. Es gibt noch ältere Beispiele für die jüdische Verinnerlichung eines »dunklen« und »häßlichen« Körperbildes. Im *Nizzahon Vetus*, der hochmittelalterlichen Antwort der Juden auf den christlichen Diskurs über das Judentum, schreibt der Autor: »(...) die Ketzer fragen: Warum sind die meisten Nichtjuden von heller Hautfarbe und schön, während die meisten Juden dunkel und häßlich sind?« Der jüdische Autor, der dieser Behauptung nie widerspricht, antwortet darauf, daß die Juden aufgrund ihrer hygienischeren und diskreteren Sexualpraktiken »dunkel und häßlich« seien: »(...) Nichtjuden sind unmäßig und haben sexuelle Beziehungen während des Tages, zu einer Zeit, zu der sie die Gesichter auf hübschen Bildern sehen; daher gebären sie Kinder, die diesen Bildern gleichen, wie es geschrieben steht: ›Und die Schafe empfingen, als sie kamen, um vor den Stämmen zu trinken.‹«[22] Die jüdische Erfahrung des eigenen Körpers war so tief von antisemitischer Rhetorik beeinflußt, daß Juden ihren Körper sogar dann als fehlerhaft und krank erlebten, wenn er den Schönheitsvorstellungen der Gemeinschaft entsprach, in der sie lebten.[23]

Bis zum 18. Jahrhundert war diese medizinisch erklärte Konstitution – die sichtbare Unausgeglichenheit – zum Charakterzug geworden, zur moralischen Verfassung, die nun ebenfalls vom Körper abzulesen war.

Juden sind aufgrund ihrer Körperfarbe häßlich. Zur Mitte des 19. Jahrhunderts waren die Begriffe schwarz, jüdisch, krank und »häßlich« untrennbar miteinander verknüpft. Das »Schwarzsein« wurde nicht länger als Gemütsverfassung oder Eigenschaft, sondern als Zeichen der Rassenzugehörigkeit interpretiert. Nach der damals gültigen Ethnologie wurden alle Rassen mit ästhetischen Begriffen beschrieben – entweder als »häßlich« oder als »schön«.[24] Afrikanische Schwarze, vor allem die als »Hottentotten« bezeichneten Einwohner Südafrikas, wurden, wie ich an anderer Stelle aufgezeigt habe, zum Inbegriff der »häßlichen« Rasse.[25] Und der jüdische Körper wurde als kranker, schwarzer Körper betrachtet.

Der Mythos vom schwarzen Körper des Juden verschwindet auch im 20. Jahrhundert nicht. Einer der führenden britischen Schriftsteller, Julian Barnes, beschreibt in seinem frühen Roman *Metroland* den jüdischen Freund seines Protagonisten: »Toni war mir bei weitem überlegen, was das Fehlen von Wurzeln betraf. Seine Eltern waren polnische Juden, und obwohl wir es nicht mit letzter Gewißheit sagen konnten, so waren wir doch praktisch sicher, daß sie in allerletzter Minute aus dem Warschauer Ghetto entkommen waren. So kam Toni zu seinem auffallenden ausländischen Namen Barbarowski, zu zwei Sprachen, drei Kulturen und (wie er mir versicherte) zu einem Gespür für atavistischen Schmerz: kurz, zu echter Klasse. Er sah auch aus wie ein im Exil Lebender: dunkelhäutig, mit einer Knollennase, dicken Lippen, entwaffnend klein von Gestalt, energiegeladen und stark behaart; er mußte sich sogar jeden Tag rasieren.«[26]

Der »wurzellose« Jude ist der ideale Antitypus des britischen Teenagers. Allerdings ist er eher »dunkelhäutig« als von heller Hautfarbe. Sein Gesicht – Nase, Lippen und Hautfarbe – offenbart die Verschiedenheit des Juden.

Erst unlängst trat der kranke Jude im Bestseller *The Information* (1994) von Martin Amis auf.[27] Die Hauptfigur in diesem Roman arbeitet halbtags für Balfour Cohen, einen Kommissionsverleger, der Bücher auf Risiko der Autoren herausbringt. Namen sind in Amis' London von großer Bedeutung. Hier stellt Amis den Namen des britischen Premierministers Balfour, der mit seiner Deklaration aus dem Jahr 1917 den Staat Israel erst historisch möglich gemacht hat, neben den typisch jüdischen Namen Cohen, der in europäischen ethnischen Witzen besonders häufig verwendet wird. Nomen est omen. In der antisemitischen Vorstellung spiegelt sich die Körperlichkeit des Juden in seiner Hypersexualität wider, und Balfour Cohen in Amis' Roman ist ein literarischer Zuhälter: »Das Verlagsgeschäft war nicht organisiertes Verbrechen im eigentlichen Sinne, aber es war eng verwandt mit der Prostitution. Die Tantalus Press war das Bordell. Balfour war die Puffmutter.«[28] Und Balfour, in der weiblichen Rolle als »Puffmutter«, sah auch ganz danach aus:

»Wäre Balfour zur Zeit des Holocaust schon auf der Welt gewesen, der seinen vier Großeltern die Sklaverei und dann den Tod brachte, wäre er ein halbes Dutzend Mal gestorben. Rosa Winkel, gelber Stern: Es wäre ein kompliziertes Abzeichen gewesen, das er in seinen letzten Tagen hätte tragen müssen. Rassisch ein Untermensch (jüdisch), sexuell pervertiert (homosexuell), geistig nicht intakt (schizophren), physisch entstellt (klumpfüßig) und politisch von der Norm abweichend (kommunistisch). Außerdem war er ein Verleger, bei dem die Autoren die Veröffentlichung ihrer Werke selbst bezahlten; er war auch keine Spur von zynisch. Darüber hinaus – und das ganz uneigennützig – war Cohen ein seriöser Sammler antisemitischer Propaganda. Man sehe ihn sich nur an. Gab es jemals ein sanfteres Gesicht, dachte Richard. Der kahle braune Kopf, die muschelförmigen Mulden seiner Schläfen, seine alles vergebenden heißen braunen Augen.«[29]

Mit all seiner satirischen Schärfe zeichnet Amis den jüdischen Körper genau so, wie er in der Phantasie der britischen und europäischen Kultur existiert. Er ist krank und sichtbar anders. Nach der Schoa romantisieren oder ironisieren Barnes und Amis genau jene

negativen Bilder, die das Anderssein des Juden betonen. Dies ist die einfache Umkehrung von Dickens', Fagin – mit seinem »schurkischen und abstoßendem Gesicht« – oder du Mauriers Svengali, dessen »jüdisches Gesicht wohlgeformt, doch unheimlich (ist)«. Gesichter sind verräterisch. Namen decken auf. Daher ist der Jude bei Barnes eigentlich der »Barbar«, eine Charakterisierung, die sich in seinem polnischen Familiennamen Barbarowski verbirgt. Kürzlich sind zwei wichtige Studien über das britische Judenbild im 20. Jahrhundert erschienen, die zeigen, daß Barnes und Amis sehr stark der westlichen Tradition verhaftet sind, die »den Juden« als physisch andersartig betrachtet.[30]

Wenn jemand jedoch so krank ist, wie die Welt das aus der Betrachtung des jüdischen Körpers ableitet, warum geht er dann nicht zum Arzt? Und das ist natürlich genau das, was die Juden taten. Nicht nur das: Da das Universitätssystem im 18. Jahrhundert einer geringen Anzahl von Juden den Zutritt zur medizinischen Fakultät ermöglichte, hatten die »kranken« Juden sogar westlich ausgebildete jüdische Ärzte, an die sie sich wenden konnten. Unter den jüdischen Ärzten entstand eine heftige Diskussion zum Thema biologische versus kulturelle Differenz. Die meisten Argumente im 19. und frühen 20. Jahrhundert folgten einem biologistischen Muster. Man behauptete entweder, daß die Juden aufgrund von Inzucht und Degeneration so seien, wie sie sind, oder, daß tausend Jahre im Ghetto den jüdischen Körper derart mißgestaltet hätten, daß die Vererbung solcher erworbener Eigenschaften die Ursache für die Gebrechlichkeit des Juden sei. Wie konnte man also den jüdischen Körper ändern?

Die kosmetische Chirurgie wurde zum beliebten Mittel, das äußere Erscheinungsbild des Körpers zu verändern, um damit gleichzeitig die jüdische Psyche und den jüdischen Charakter zu beeinflussen. In einem unglücklichen Körper wohnt ein unglücklicher Geist! Genau diese »Lösung« bot auch Jacques Joseph, ein hochgradig akkulturierter, junger, deutscher jüdischer Chirurg, der

63

im Berlin des Fin de siècle praktizierte. 1896 hatte Joseph einen korrektiven Eingriff an einem Kind mit abstehenden Ohren vorgenommen. Die Mutter des Kindes hatte angegeben, das Kind sei in der Schule wegen seiner abstehenden Ohren gedemütigt worden. Es war die aus dem sichtbaren Anderssein resultierende Depression des Kindes, die Joseph operativ korrigierte. Die Ohren des Kindes waren ein sichtbares Zeichen seines Jüdischseins. Der Rassenanthropologe Hans Günther faßt die um die Jahrhundertwende gängige Ansicht zusammen, daß bei den Juden, und zwar vor allem bei den männlichen, »fleischige Ohrläppchen« und »große, rote Ohren« häufiger als bei anderen Völkern aufträten. Sie hätten »deutlich hervortretende Ohren, die abstehen.« Vor allem bei jüdischen Kindern komme es zu abstehenden Ohren: »(...) in Österreich bezeichnet man sie als ›Moritzohren‹.«[31] In einem englischsprachigen antisemitischen Text von 1888 werden sie als »verlängerte Ohren«, die wie die »unförmigen großen Ohren einer Fledermaus« aussehen, beschrieben.[32]

Doch Joseph hat es nicht vorrangig deswegen zu etwas gebracht, weil er die Ohren des Kindes korrigiert hat. Nachdem ein 28jähriger Mann im Januar 1898 von diesem Verfahren gehört hatte, kam er zu ihm und beklagte sich darüber, daß »seine Nase der Grund beträchtlichen Ärgernisses sei. Wo er auch hingehe, jeder starre ihn an; oft sei er das Ziel abfälliger Bemerkungen oder spottender Gesten. Aus diesem Grunde sei er melancholisch geworden, habe sich beinahe völlig aus dem gesellschaftlichen Leben zurückgezogen und habe das ernsthafte Verlangen, von dieser Verunstaltung befreit zu werden.«[33] Joseph änderte die Nase seines Patienten. Am 11. Mai 1898 berichtete er über diese Operation vor der Berliner Medizinischen Gesellschaft. In diesem Bericht bot Joseph eine detaillierte »wissenschaftliche« Erklärung für die Durchführung eines medizinischen Eingriffs an einem ansonsten völlig gesunden Menschen: »Der psychologische Effekt der Operation ist von höchster Bedeutung. Die depressive Einstellung des Patienten hat sich vollkommen gelegt. Er ist darüber glücklich, sich unbemerkt bewegen zu können. Seine Lebenslust hat deutlich zugenommen, wie seine Frau überglücklich berichtet; der Patient, der vormals gesellschaftlichen Kontakt gemieden hat, möchte nun Feste geben und an Festen teilnehmen. Mit anderen Worten: Er ist mit dem Ergebnis zufrieden.«[34] Die Verbesserung der Nase war ein Mittel zur Verbesserung des psychischen Zustands. Der Jude sah nicht mehr jüdisch aus und war daher von seinem Jüdischsein »geheilt«.

Doch man mußte nicht unbedingt Jude sein, um wegen seines jüdischen Aussehens unglücklich zu sein. Auch unter den Nazis war die Furcht davor, »jüdisch auszusehen«, verbreitet. Der Psychoanalytiker Wilhelm Stekel berichtet von einem 25jährigen Mann, der auf »die außergewöhnliche Größe und Häßlichkeit seiner Nase« fixiert sei. Er »äußerte den Verdacht, er könnte jüdischer Abstammung sein, ein für ihn äußerst unangenehmer Gedanke, da er selbst ein Nazi war (...) Er verdächtigte nicht seine Mutter der ehelichen Untreue, sondern vermutete, daß ein Jude unter seinen Vorfahren gewesen sein mußte.«[35] Junge jüdische Männer und Frauen mußten unsichtbar werden, mußten ihre Körper verändern. Doch eine Operation bot nur einen kurzen Aufschub. Denn mit der faktischen Unsichtbarkeit der Juden in Deutschland war es vorbei, als der gelbe »Judenstern« eingeführt und ihr Körper in den Konzentrationslagern tätowiert wurde. Dies sollte zu einem bleibenden Merkmal ihrer Andersartigkeit werden, die sich durch Nasenoperationen nicht verbergen ließ. (Wobei die Tätowierung der Verletzung eines der grundlegenden Tabus der jüdischen Religion gleichkommt, die jede Beschädigung des Körpers verbietet – ein Verbot, das ebenso streng ist wie das Verbot der Einäscherung. Mit jedem Aspekt des Terrors und der Unmenschlichkeit in den Lagern haben die Nazis der Bedeutung des jüdischen Körpers Gewalt angetan.)

Jacques Joseph, den die Berliner Juden auch »Nosef« (Nasen-Josef) nannten, erlag im Februar 1934 einem Herzinfarkt, noch bevor ihm die Ausübung der medizinischen Tätigkeit gänzlich untersagt werden konnte. Seine chirurgischen Eingriffe machten jene Juden, deren Nasen er »gestutzt« hatte, gegenüber den Nazis nicht weniger verwundbar. Obwohl es, wie der ungarische Jude und Arzt Alfred Berndorfer später bemerkte, möglich ist, daß »der Großteil der vom Nationalsozialismus verfolgten Personen auf Basis der Nürnberger Gesetze als ›fremde Rasse‹ eingestuft wurde. Das Aussehen verursachte bei ihnen eine psychische Belastung, die durch die Angst vor der rassischen Verfolgung verstärkt wurde. Dieses Gefühl projizierte sich auf ihr Gesicht, und das psychische Problem wirkte sich wiederum negativ auf ihren Gesichtsausdruck aus. Sie kamen zu dem objektiven Schluß, daß die Änderung des Äußeren ihre psychischen Konflikte lösen und sie von ihren Hemmungen befreien würde. (…) (Nach der Operation) waren sie sicher, daß (…) sie sich einfügten, und daher wurden sie auch in ihrem Verhalten sicher.«[36] Sie sahen nicht mehr »jüdisch« (das heißt panisch vor Angst, gesehen zu werden) aus.

Zwischen 1890 und 1960 löste die »jüdische Nase« die »jüdische Schwärze« als entscheidendes Merkmal ab – und von der »jüdischen Nase« konnte man sich mit Hilfe der Medizin befreien. In den Vereinigten Staaten bekamen jüdische Mädchen zu ihrem sechzehnten Geburtstag Nasenoperationen geschenkt. An diese Tradition wird in *Nose Job* von Aline Kominsky-Crumb erinnert. In den späten siebziger Jahren hat sie die *Twisted Sisters* erfunden und gilt als eine der Mitbegründerinnen der feministischen Comic-Bewegung. Heute gibt Aline Kominsky-Crumb das *Weirdo Magazine* heraus. *Nose Job* ist die warnende Geschichte von einer jungen Frau, »die umgeben von kosmetischer Chirurgie aufwächst« und in ihren Vierzigern von einem kosmetischen Eingriff absieht, da sie sich an die frühere Versuchung als Teenager auf Long Island im Jahr 1962 erinnert. Dort »waren vorstehende Nasen, fettige Haut und krauses Haar die Norm (…): Nein, wir Juden

sind keine hübsche Rasse!« Das Eingeständnis, die Normen ihrer Gesellschaft verinnerlicht zu haben, birgt aber auch noch 1989 eine Gefahr, selbst für jene, die die Bedeutung, die dem jüdischen Körper zugeschrieben wird, klar erfassen können. Während sich alle Teenager im Umfeld der Protagonistin ihre Nasen korrigieren lassen, bleibt sie standhaft. Schließlich flieht sie nach Greenwich Village, wo sie sich »scheußlich abstoßend fühlt«. Ihre »einfühlsamen Eltern bohrten in der offenen Wunde«, indem sie ihre Tochter dazu drängten, sich die Nase operieren zu lassen. Als die daraufhin wegläuft, willigen ihre Eltern ein, die Sache aufzuschieben. Und sie »schafft es, die High School mit (ihrer) Nase zu absolvieren.« Die

Aline Kominsky-Crumb:
Nose Job,
Comic-Titelseite, 1989

65

Geschichte hat zumindest im Comic ein Happy-End: »Sechs Monate später hatte sich die Mode geändert, und sie sah wie die Folksängerinnen Joan Baez oder Buffy St. Marie aus. Mit anderen Worten, man konnte so ›ausgeflippt‹ aussehen, wie man wollte, solange man nicht ›jüdisch‹ aussah.« Die »jüdische« Nase wurde zum Erkennungsmerkmal des Außenseiters. Die Moral von Aline Kominsky-Crumbs Geschichte: Auch das Aussehen ist wechselnden Modetrends unterworfen, und Frauen sollen ihren Körper nicht unter dem Druck von Modeströmungen dem jeweils aktuellen Ideal anpassen. Die verborgene Botschaft war allerdings: Es ist ganz in Ordnung, jüdisch auszusehen, solange du als alles andere – nur nicht als Jude – wahrgenommen wirst.

Der jüdische Körper wird als häßlich bewertet. Allerdings ist es nicht nur die jüdische Nase, die den Juden häßlich und krank erscheinen läßt. Während Joseph die Nase des jüdischen Mannes in Berlin operiert, korrigiert ein anderer Chirurg in Baltimore den Körper der jüdischen Frau. Die kosmetische Chirurgie des späten 19. Jahrhunderts behandelte den korpulenten Leib der rassisch betrachteten Frau, indem ihre »Fettschürze« entfernt wurde.[37] Die »Schürze«, mit ihrem Bezug zur Küche, die neben der Reproduktion ein weiteres weibliches Betätigungsfeld ist, kennzeichnet den bewußt rassisch wahrgenommenen Körper. Somit wurde von Howard A. Kelly in Baltimore die abdominale Apronektomie oder Dermolipektomie für den abdominalen Pannikulus entwickelt (um die Fettleibigkeit zu verringern). Am 15. Mai 1899 entfernte er den 14,9 Pfund wiegenden »Hängebauch« einer 285 Pfund schweren Frau.[38] Das entfernte Stück war 90 cm lang, 31 cm breit und 7 cm dick und, so der Chirurg, »größer als der gesamte Bauch der normalen Frau«. Damit wurden die Bemühungen zur Veränderung des korpulenten weiblichen Körpers fortgesetzt, die mit einer Brustverkleinerung begonnen hatten. Die Frau hatte sich 1896 von J. W. Chambers aus Baltimore 25 Pfund ihrer »großen, schlaffen und (…) stark hängenden Brüste« entfernen lassen.

Kelly betrachtete das Entfernen von Fett aus dem Bauch als ein rekonstruktives Verfahren, das mit dem Entfernen von Hängebrüsten durchaus vergleichbar war. Angesichts der Debatte über die »rassische« Brust und den »rassischen« Körper überrascht es nicht, daß »die Frau eine Jüdin war, eine Mrs. M., zweiunddreißig Jahre alt (…), die über ›überschüssiges Fett im Bereich des unteren Teils des Unterleibs‹ klagte.« Außerdem litt sie an »neuralgischen Kopfschmerzen«.[39]

Der riesige Körper, der die Geschichte der kosmetischen Chirurgie des Bauches begleitet, ist ein jüdischer Körper. Eines der augenscheinlichsten visuellen Stereotypen der Jüdin war jenes der kräftig gebauten Frau. So wählt Hans Günther für die Beschreibung der jüdischen Frau das äußerst antisemitische Bild der *Susanna im Bade* von Arnold Böcklin, wobei er die nackte und sehr füllige Figur der Susanna stellvertretend für den weiblichen jüdischen Körper in einen »wissenschaftlichen« Zusammenhang stellt.[40] Solchen Bildern kam vor allem in der »Schmelztiegel«-Ideologie der Vereinigten Staaten eine besondere Bedeutung zu. Der amerikanische Eugeniker Albert Wiggam beklagte sich darüber, daß Amerika von »häßlichen« Frauen überschwemmt werde, »mit breiten Hüften, klein von Wuchs, mit stämmigen Beinen und großen Füßen (und) ausdruckslosen Gesichtern ohne jede Schönheit«.[41] Wiggam betonte auch, daß »gutaussehende Menschen im Durchschnitt moralisch besser sind als häßliche Menschen«. Doch kann die kosmetische Chirurgie aus häßlichen Menschen »gutaussehende Menschen« machen? Kann die kosmetische Chirurgie auch eine der auffallendsten »universellen« Eigenschaften der jüdischen Frau verändern, die »natürliche« (sprich: primitive) Form des Körpers?

Diese Vorstellung, daß dem Körper der jüdischen Frau etwas Krankes und Primitives innewohnt, ist mit der Darstellung ihres Körpers als Ort der Andersartigkeit fest verknüpft. So wären die großen Hängebrüste, die der Patientin in Baltimore entfernt wurden, von den zeitgenössischen Anthropologen und Chirurgen als Zeichen des Primitiven betrachtet worden. Ausführlich befaßte sich damit Hermann Heinrich Ploss in seiner ethnographischen Studie der »Frau«, die 1885 in zwei illustrierten Bänden erschien und von anderen Autoren ständig erweitert wurde, bis 1927 schließlich die elfte Auflage herauskam, die mehr als eintausend Abbildungen in vier Bänden umfaßte.[42] Bei Ploss beruht die Rasseneinteilung auf der Form der Brüste. Je weiter man von Deutschland nach Süden komme, desto mehr scheinen die Brüste zu hängen und desto größer scheinen die Warzenhöfe zu werden. Die Form der Brust spiegle insbesondere den Charakter der Rassen wider.

Es liegt auf der Hand, daß die Diskussion über die »rassische« Brust – wie schon bei der Nase – immer auch eine Diskussion über den Charakter ist. Der Anthropologe Hans Friedenthal sieht in der Physiognomie der Brust den Ursprung der Sprache.[43] In einem 1927 veröffentlichten Aufsatz postuliert er, daß die Form der Nase und der Lippen durch die rassische Form der Mutterbrust bestimmt sei. Und gerade die Struktur der Sprache, so Friedenthal weiter, werde von diesen Nasen und Lippen gebildet. Das Kind, das an die Mutterbrust genommen wird, entwickelt die der Rasse eigene Konstitution. (Das klingt wie eine aus dem Anfang des 20. Jahrhunderts stammende Parodie von Laurence Sternes *Tristram Shandy*!) So würden die Brüste schwarzer Frauen (nach Friedenthal »Hottentotten und Buschmänner«) »den seltsamen Klang ihrer Sprachen formen, der in Einklang mit den keulenförmigen Brüsten der Mütter steht, die die Lippen des gestillten Kindes herausbilden.«

Die Brust als Rassenmerkmal taucht sogar in den Standardwerken der kosmetischen Chirurgie auf, zum Beispiel bei Jacques Joseph. Er beschreibt die »Anthropologie« der Brust als grundlegend für jede Diskussion der kosmetischen Brustchirurgie: »Bestimmte rassische Unterschiede bestehen in bezug auf die Form und das Wachstumsmuster der Brust. Während unter den Kaukasierinnen

die halbkugelförmige Brust am häufigsten ist, scheint unter den schwarzen Frauen die spitze Brustform vorzuherrschen.«[44] Für Joseph drückt sich die Rasse im Unterschied zwischen der »weißen« und der »schwarzen« Brust aus, während die meisten Wissenschaftler den Unterschied zwischen den einzelnen rassischen Typen betonen, zum Beispiel die Hängebrüste jüdischer Frauen.[45] In allen Fällen betrachten die Autoren um die Jahrhundertwende die Brust der jüdischen Frau als Zeichen des Primitiven, selbst dann, wenn sie »modern« und »schön« erscheint.

Etwas Ähnliches passierte in jüngster Zeit bei der Suche nach dem »Brustkrebsgen« im Zuge der Kartierung des menschlichen Genoms. Jeden Tag werden neue Muster ent-

Arnold Böcklin:
Susanna im Bade,
Gemälde, 1888

Sander L. Gilman

Charles Williams:
Randall the Irish Lad and
Belasco the Jew
Champion, Lithographie,
1810

deckt, die »beweisen«, daß eine bestimmte Krankheit oder ein Syndrom der Biologie des Menschen oder zumindest der Biologie einer bestimmten Untergruppe von Menschen zugeordnet werden kann. So wurde 1996 »entdeckt«, daß »eine spezifische BRCA2-Mutation für eine signifikante Anzahl von Brustkrebsfällen bei Juden aschkenasischer Abstammung verantwortlich ist«.[46]

Eine solche »Wissenschaft« ist, wie die rassische »Wissenschaft« aus der ersten Hälfte dieses Jahrhunderts, natürlich gefährlich. Der Versuch, eine Krankheit mit unbekannter Ursache – sei es Schizophrenie oder Krebs – auf der Grundlage des Modells genetisch vererbter Krankheiten (wie etwa der Chorea Huntington) auf eine bestimmte, einzelne Ursache zu reduzieren, zeugt vom Wunsch des Forschers nach einer sauberen und klaren Definition einer Krankheit, die mehrere Ursachen und Auslösemomente haben könnte. Bernadette Healy, früherer Vorstand der National Institutes of Health, bezeichnete die Studie über Brustkrebs bei Jüdinnen als »medizinische Buchmacherei

und Wahrsagerei«, da man über die Gene oder andere Risikofaktoren nicht genügend wisse.[47] Auch jüdische Frauen waren nicht gerade glücklich über die Vorstellung, daß sie für bestimmte Brustkrankheiten besonders anfällig seien, und rebellierten gegen diese neue Theorie. Die These, jüdische Frauen hätten ein erhöhtes Brustkrebsrisiko, tauchte auf, als Brustkrebs in den Vereinigten Staaten zu einem feministischen Thema geworden war und nicht als »jüdisches Problem« galt. Als die neuen Erkenntnisse veröffentlicht wurden, erklärte eine 41jährige jüdische Frau, die ihre Mutter durch Brustkrebs verloren hatte, daß »sie es schrecklich fände, zu wissen, daß sie das Gen in sich trägt (...) Was sie aber wirklich wütend mache, sei die Tatsache, daß sie ein positiver Test selbst dann verletzen könnte, wenn sie niemals an Krebs erkrankte. ›Ich bin sehr wütend, weil es hier etwas gibt, das mir helfen könnte, und ohne Vertraulichkeit habe ich Angst vor einer Diskriminierung bei der Versicherung‹, sagte sie. Es störe sie auch, daß aschkenasische Jüdinnen als brustkrebs-

DAN beating the Phillistines   Pub May 1792 by W Fores No 3 Piccadilly London

Butcher   Johnson   MENDOZA   WARD   Joe Ward   Jackson

»Die Rasse ist nicht
schön« –
»Nein, wir Juden sind
keine hübsche Rasse!«

*Isaac Cruikshank:
Dan beating the
Phillistines, Lithographie,
1792*

krank gestempelt würden, wo doch jede Frau diese Krankheit bekommen könne. Es wird das ›jüdische Gen‹ genannt und kann tatsächlich zur Diskriminierung führen.«[48] Krankheit und der jüdische Körper bleiben eng miteinander verknüpft. In diesem Fall war die Politik der Gruppenidentität sehr wirkungsvoll. Plötzlich wurde dasselbe Brustkrebsgen auch bei anderen »ethnischen« Gruppen entdeckt.[49]

Die Beziehung zwischen dem häßlichen und dem kranken Körper spiegelt sich in der zionistischen Erneuerung des jüdischen Körpers und in der Sportkultur des frühen 20. Jahrhunderts. Der 1900 veröffentlichte und oft zitierte Aufruf des ersten Vizepräsidenten des Zionistenkongresses, Max Nordau, die Juden sollten »Muskeljuden« werden, war eine Reaktion auf die Gemeinplätze über den häßlichen und kranken jüdischen Körper.[50] Nordau war der Ansicht, daß die Erneuerung des jüdischen Körpers auch den Geist und schließlich den Diskurs über die Juden erneuern würde. Nordaus Formulierung erinnert an die »muskulöse Christenheit« des

späten 19. Jahrhunderts, die für regelmäßige Übungen zur Ertüchtigung des Körpers und zur Beherrschung des »lüsternen Denkens« eintrat. Nordaus Zionismus hat mit dem deutschen Nationalismus auch den Leitspruch »mens sana in corpore sano« gemeinsam. Das Vermächtnis von »Turnvater« Friedrich Jahn, einem der Väter des deutschen Nationalismus, war seit der Gründung des Zweiten Deutschen Reichs stark mit Antisemitismus vermischt worden. Nordaus im Rahmen des Zionismus formulierte Forderung nach einer Erneuerung des jüdischen Körpers ist eine weitere Adaptation eines Elementes antisemitischer Rhetorik für die Ziele der Juden. Sein Ruf nach einem »neuen Muskeljuden« ist als Gegenmittel gegen Jahrhunderte der jüdischen Degeneration gedacht, zu der es auf physischer und geistiger Ebene »in den engen Grenzen des Ghettos« gekommen sei. Die »neuen Juden« müssen ihren Körper von den Krankheiten der Vergangenheit reinigen. In Nordaus Aufruf schwingt die Verdammung der Lebenseinstellung der »alten« Juden mit. Der Zionis-

Franz Kafka (rechts)
neben einem Unbekannten
in Dänemark, Photo, 1914

Zionistenjournal *Selbstwehr*, die Juden müßten »abgehen von unserer starken Betonung der intellektuellen Überlegenheit (...) und unserer übertriebenen Nervosität, ein Erbe des Ghettos (...). Wir verbringen viel zuviel unserer Zeit damit, zu debattieren, und nicht genug Zeit mit Spiel und Gymnastik (...). Was einen Mann zum Mann macht, ist nicht sein Mund, nicht sein Geist, noch seine Moral, sondern Disziplin (...). Was wir brauchen, ist Männlichkeit.«[52] Natürlich ist Männlichkeit gleichbedeutend mit Gesundheit. Sogar die Welt des Wiener Zionismus versuchte sich die Geschichte des jüdischen Körpers anhand seiner Schönheit vorzustellen. Die Bilder historischer Juden von Ephraim Moses Lilien betonen ihr Aussehen, im Gegensatz zu den Bildern kranker Gestalten aus dem Ghetto, als »schöne Juden«.

Das Bild des widerstandsfähigen Juden in Israel, des Sabre, entspricht dieser Vorstellung eines gesunden, schönen Körpers. Zumindest aus der Sicht amerikanischer Juden. In Israel habe die »Transformation von schwachen, ›unproduktiven‹ Händlern und Intellektuellen in zähe Juden« bereits stattgefunden.[53] Die »Zionisten, die das Bild des starken Sabre als einen Triumph über den gebeugten Schtetl-Bewohner propagieren, sie schaffen ein Bild des zähen Juden, um sich des blutenden Herzens zu bemächtigen.«[54] In den Straßen Jerusalems sieht man Juden, die »lässig dahinschlendern in einem charakteristischen Entengang und ihre Uzis und Galils zärtlich umschlungen halten. Einige sind große, hübsche, kampfgestählte Sabres, andere einfach nur Postpubertäre von der Art, die bei amerikanischen Comicbuch-Kongressen anzutreffen ist.«[55] Und die Israelis denken an ihren ermordeten Führer Yitzhak Rabin »als einen hübschen jungen Palmach-Offizier, der den Inbegriff des Sabre verkörpert hatte.«[56] Paul Newman (blaue Augen, jüdischer Vater, als Mitglied der Religionsgemeinschaft Christian Science aufgewachsen) als jüdischer Held im Film *Exodus* (1960) nach dem Roman von Leon Uris verkörpert das Ideal des schönen (und gesunden) Körpers des jüdischen Mannes. Wie konnten die

mus verlangt vom neuen Muskeljuden einen gesunden Körper und einen gesunden Geist.[51] So wirft Nordau seinen Kritikern vor, sie hätten nicht nur schwache Körper, sondern auch einen schwachen Geist! In den inneren Kreisen der zionistischen Bewegung wurden Gegnern üblicherweise jene Eigenschaften, einschließlich des Wahnsinns, nachgesagt, die ihnen bereits von den Antisemiten zugeschrieben wurden. Der Ruf Nordaus drang bis nach Prag, wo der junge Franz Kafka seinen Körper mit täglichen Leibesübungen und bewußter Ernährung trainierte. Sein Freund Felix Weltsch schreibt im Prager

Juden »als Rasse« häßlich und krank sein, wenn sie wie Paul Newman aussahen! Nordaus Wunsch hatte sich erfüllt! Auf dem Filmschauplatz Amerika wiederholen sich derartige Bilder. In *Gentleman's Agreement* (1947) von Darryl Zanuck ließ Gregory Peck, der sicherlich nicht »jüdisch aussah«, wie alle handelnden Personen feststellten, die Richtung erahnen, die Hollywood eingeschlagen hatte. Peck spielt einen Nichtjuden, der herausfinden will, ob die einfache Behauptung, Jude zu sein, im Nachkriegsamerika genügt, um Antisemitismus zu erfahren. Der 1946 erschienene Roman von Laura Hobson betont das Unvermögen der Beobachter, eine Person als jüdisch zu »sehen«, bevor diese nicht selbst von sich behauptet, jüdisch zu sein. Tatsächlich funktioniert in Robert Mandels *School Ties* (1992) das Motiv des »Bestehens« nur aufgrund des sportlichen Körpers des Protagonisten Brandon Frasier. Er schafft es nicht wirklich, in der elitären (und antisemitischen) Privatschule zu »bestehen«, die er besucht. Doch ist der Held in *School Ties* nicht nur athletisch, sondern auch klug und leidenschaftlich. Im Film reicht sein athletischer Körper nicht aus, um akzeptiert zu werden, um erfolgreich durchzukommen. Für den Hollywood-Film ist der athletische Körper allerdings die Voraussetzung dafür, daß man sich überhaupt vorstellen kann, er sei fähig zu bestehen.

Zuletzt beschäftigte sich Philip Roth in *American Pastoral* (1997) damit, welche Bedeutung dem »amerikanischen Aussehen« in den vierziger und fünfziger Jahren dieses Jahrhunderts beigemessen wurde.[57] Der Protagonist seines Romans ist »Swede« Levov. Die »kantige, gefühllose Wikingermaske dieses blauäugigen Blonden, der unserem Stamm geboren wurde«, kennzeichnet ihn kulturell als der ersten jüdischen Generation zugehörig, die wahrhaftig amerikanisch und demzufolge »glücklich« ist.[58] Als amerikanischer Jude der dritten Generation, der Football, Basketball und Baseball spielt, erscheint er dem etwas jüngeren Erzähler Nathan Zuckerman als das personifizierte Glück jüdischer Akkulturation. Er ist ein echter Ame-

rikaner und scheinbar die Antithese seines Vorbilds, Ernest Hemingways Robert Cohn in *The Sun Also Rises* (1926), der »aus Princeton mit schmerzlicher Selbsterkenntnis und der plattgedrückten Nase« kam, die ihm vom Boxen geblieben war. Er hatte diese Sportart gewählt, um zu beweisen, daß auch ein Jude Sport betreiben kann.[59] Für Roth verbirgt die Maske der Akkulturation den Niedergang der Familie Levov. Sie verdeckt, wie verzweifelt »Swede« wegen seiner Tochter ist, die in und für Amerika verloren ist, nachdem sie während der Demonstrationen gegen den Vietnamkrieg ein Bombenattentat verübt hatte: »Ich erinnere mich daran, als jüdische Kinder daheim ihre Hausaufgaben machten. Was ist geschehen? Was, verdammt noch einmal, ist mit unseren klugen jüdischen Kindern passiert? Wenn, Gott behüte, ihre Eltern eine

Paul Newman in »Exodus« (Otto Preminger, USA 1960)

Sander L. Gilman

Zeitlang nicht mehr unterdrückt werden, rennen sie dahin, wo sie glauben, Unterdrückung finden zu können. Können nicht ohne sie leben. Einst sind Juden vor der Unterdrückung geflohen; nun fliehen sie vor der Nichtunterdrückung.«[60] Diese Spannung zwischen dem Kampf, sich selbst vom Stigma zu befreien, und der tiefen Identifikation mit den Stigmatisierten wird zu einem Leitmotiv der Transformation des jüdischen Körpers in den achtziger Jahren dieses Jahrhunderts. Physische Transformation wird als eine Form der falschen Akkulturation dargestellt. Die Ideologie des Fortschritts und des Vorwärtskommens erweist sich als nicht durchsetzbar, weder durch eine Mischehe noch durch die Identifikation mit amerikanischen Zielen oder gar durch kosmetische Chirurgie. Roth reagiert in diesem Roman der späten neunziger Jahre behutsam auf eine Vorstellung der jüdischen Andersartigkeit, die in den vierziger und fünfziger Jahren dieses Jahrhunderts vorherrschte. Und doch spricht er auch das Problem des »schönen« Juden an, des gesund und glücklich scheinenden Juden. Dieses Bild ist nichts als eine Maske für den alten, neurotischen, kranken Juden.

Selbst bei Juden, die an Israel und den Sabre denken, findet sich diese Metapher wieder. So rief 1994 nach einem Anschlag rechtsgerichteter Juden auf Araber einer der bekanntesten israelischen Kommentatoren, Amnon Dankner, die »schönen Juden« in ironischer Weise in Erinnerung: »Wir schönen Juden haben Häuser bombardiert, Arme und Beine gebrochen, Kinder erschossen – Hunderte von Kindern getötet! – gedemütigt, gequält, sind in Häuser eingedrungen, haben Einrichtungen zertrümmert, die Menschenwürde mit Füßen getreten, gefoltert, wenn es nötig war oder auch nicht.«[61] Wie bei Roth offenbart sich der schöne Jude als alles andere als schön – nicht nur in bezug auf die physische, sondern, was viel wesentlicher ist, in bezug auf die moralische Schönheit des *schejnen Jid*.

Anmerkungen

1 Max Präger und Siegfried Schmitz (Hrsg.): Jüdische Schwänke. Wiesbaden 1964, S. 20–21.

2 Julius Preuss: Biblisch-talmudische Medizin. Beiträge zur Geschichte der Heilkunde und der Kultur überhaupt. Berlin 1911, S. 339–341.

3 Gabrielle Glaser: What Do You Mean I'm Not a Jew? The Orthodox Rabbis Should Welcome My Conversion. In: The Washington Post (20. April 1997), C 01.

4 Shana Alexander and Doubleday Win Summary Judgment on Appeal in Suit by Psychologist who Alleged He was Defamed in »Nutcracker« Dr. Herman Weiner. In: Entertainment Law Reporter 10 (Mai 1989), S. 23.

5 Jules Héricourt: The Social Deseases: Tuberculosis, Syphilis, Alcoholism, Sterility. Übers. mit einem abschließenden Kapitel von Bernard Miall. London 1920, S. 244–245.

6 Cicero: Tusculan Disputations. Übers. v. J. E. King. Loeb Library, no. 14. Cambridge, Massachusetts 1927, S. xxxii.

7 Johann Caspar Lavater: Essays on Physiognomy. London 1840, S. 99.

8 Einen ausgezeichneten Überblick zu dieser Frage aus dem Blickpunkt der früheren Theorien der medizinischen Physiognomik bietet Barbara M. Stafford, John La Puma und David L. Schiedermayer: One Face of Beauty, One Picture of Health. The Hidden Aesthetic of Medical Practice. In: Journal of Medicine and Philosophy 14 (1989), S. 213–230.

9 Alle Verweise beziehen sich auf Anatole Leroy-Beaulieu: Israel Among the Nations. A Study of the Jews and Antisemitism. Übers. v. Frances Hellman. New York 1895, hier S. 258. Erstmals herausgegeben als Anatole Leroy-Beaulieu, i. e. Henry Jean Baptiste Anatole: (Les) juifs et l'antisémitisme. Israél chez les nations. Paris 1893. Allein 1893 wurden mindestens sieben Auflagen gedruckt! Zu seinen weiteren Werken, siehe ders.: La Révolution et le libéralisme; essais de critique et d'histoire. Paris 1890. Und die Druckschrift: Les immigrants juifs et le judaïsme aux États-Unis. Paris 1905. Über seine Arbeit siehe Martha Helms Cooley: Nineteenth-century French Historical Research on Russia. Louis Leger, Alfred Rambaud, Anatole Leroy-Beaulieu. Dissertation. Indiana 1971.

10 Leroy-Beaulieu, Israel Among (Anm. 9), S. 148.

11 Ebd., S. 163.

12 Ebd., S. 150.

13 Ebd., S. 261.

14 Ebd., S. 178.

15 Ebd., S. 194.

16 Ebd., S. 217 f.

17 Edward Alsworth Ross: The Old World in the New. The Significance of Past and Present Immigration to the American People. New York 1914, S. 288, 293.

18 Madison Grant: The Passing of the Great Race; or, The Racial Basis of European History. New York 1916, S. 80.

19 John Jay Chapman: John Jay Chapman and his Letters. Hrsg. M.-A. De Wolfe Howe. Boston 1937, S. 170.

20 Telemachus Thomas Timayenis: The Original Mr. Jacobs. New York 1888, S. 8.

21 Robert Brustein: P.C. or Not P.C. In: The New Republic (2. Mai 1994), S. 29.

22 David Berger (Hrsg. u. Übers.): The Jewish-Christian Debate in the High Middle Ages. Philadelphia 1979, S. 224.

23 Zum kulturellen Hintergrund dieses Konzepts siehe Jacob Katz: Out of the Ghetto. The Social Background of Jewish Emancipation 1770–1870. Cambridge, Massachusetts 1973; Rainer Erb und Werner Bergmann: Die Nachtseite der Judenemanzipation. Der Widerstand gegen die Integration der Juden in Deutschland 1780–1860. Berlin 1989.

24 Léon Poliakov: The Aryan Myth. A History of Racist and Nationalist Ideas in Europe. New York 1977, S. 155–182.

25 Sander L. Gilman: On Blackness without Blacks. Essays on the Image of the Black in Germany. Boston 1982.

26 Julian Barnes: Metroland. London 1980, S. 32.

27 Alle Zitate stammen aus Martin Amis: The Information. A Novel. New York 1995. Siehe auch Julian Loose: The Information by Martin Amis. In: The London Review of Books 17 (11. Mai 1995), S. 9; David Nicholson: The Information. By Martin Amis. In: Book World 25 (7. Mai 1995), S. 3.

28 Ebd., S. 53.

29 Ebd.

30 Bryan Cheyette: Constructions of »The Jew« in English Literature and Society. Racial Representations 1875–1945. Cambridge, New York 1993; Andrea Freud Loewenstein: Loathsome Jews and Engulfing Women. Metaphors of Projection in the Works of Wyndham Lewis, Charles Williams, and Graham Greene. New York 1993.

31 Hans F. K. Günther: Rassenkunde des jüdischen Volkes. München 1930, S. 218.

32 Timayenis, Mr. Jacobs (Anm. 20), S. 21. Siehe Michael Selzer (Hrsg.): »Kike!« – A Documentary History of Anti-Semitism in America. New York 1972, Tafel 16.

33 Jacques Joseph: Über die operative Verkleinerung einer Nase (Rhinomiosis). In: Berliner klinische Wochenschrift 40 (1898), S. 882–885. Ders.: »Operative Reduction of the Size of a Nose« (Rhinomiosis). Engl. Übers. von Gustave Aufricht. In: Plastic and Reconstructive Surgery 46 (1970), S. 178–181, hier S. 178. Siehe auch Paul Natvig: Jacques Joseph: Surgical Sculptor. Philadelphia 1982, S. 23–24. Siehe auch C. Walter, D. J. Brain: Jacques Joseph. In: Facial Plastic Surgery 9 (1993), S. 116–124; S. Milstein: Jacques Joseph and the Upper Lateral Nasal Cartilages. In: Plastic and Reconstructive Surgery 78 (1986), S. 424; D. J. Hauben: Jacques Joseph (1865–1934). In: Laryngologie, Rhinologie, Otologie 62 (1983), S. 56–57; T. Gibson, D. W. Robinson: The Mammary Artery Pectoral Flaps of Jacques Joseph. In: British Journal of Plastic Surgery 29 (1976), S. 370–376; Paul Natvig: Some Aspects of the Character and Personality of Jacques Joseph. In: Plastic and Reconstructive Surgery 47 (1971), S. 452–453. Zur allgemeinen Geschichte der Rhinoplastik siehe Blair O. Rogers: A Chronological History of Cosmetic Surgery. In: Bulletin of the New York Academy of Medicine 47 (1971), S. 265–302; ders.: A Brief History of Cosmetic Surgery. In: Surgical Clinics of North America 51 (1971), S. 265–288; H. Rudert: Von der submukosen Septumresektion Killians über Cottles Septumplastik zur modernen plastischen Septumkorrektur und funktionellen Septo-Rhinoplastik. In: Hals-Nase-Ohren 32 (1984), S. 230–233; D. J. Hauben: Die Geschichte der Rhinoplastik. In: Laryngologie, Rhinologie, Otologie 62 (1983), S. 53–55; P. A. Adamson: Rhinoplasty – Our Past. In: Facial Plastic Surgery 5 (1988), S. 93–96; C. Walter: The Evolution of Rhinoplasty. In: Journal of Laryngology and Otology 102 (1988), S. 1079–1085; I. Eisenberg: A History of Rhinoplasty. In: South African Medical Journal 62 (1982), S. 286–292; A. B. Sokol und R. B. Berggren: Rhinoplasty. Its Development and Present Day Usages. In: Ohio State Medical Journal 68 (1972), S. 556–562.

34 Joseph, Operative Reduction (Anm. 33), S. 180.

35 Wilhelm Stekel: Compulsion and Doubt. Übers. Emil A. Gutheil. New York 1949, S. 587–588.

36 Alfred Berndorfer: Aesthetic Surgery as Organopsychic Therapy. In: Aesthetic Plastic Surgery 3 (1979), S. 143–146, hier S. 144–145.

37 Paule Regnault: The History of Abdominal Dermolipectomy. In: González-Ulloa: The Creation of Aesthetic Plastic Surgery, S. 145–155.

38 H. A. Kelly: Excessive Growth of Fat. In: Bulletin of the Johns Hopkins Hospital 10 (1899), S. 197. Eine detaillierte Katamnese über Kellys Patienten findet sich in Lindsay Peters: Resection of the Pendulous, Fat Abdominal Wall in Cases of Extreme Obesity. In: Annals of Surgery 33 (1901), S. 299–304.

39 Ebd., S. 300.

40 Günther, Rassenkunde (Anm. 31), S. 247.

41 Albert Edward Wiggam: The Fruit of the Family Tree. Garden City, New York 1924, S. 262, 272.

42 Die Zitate stammen aus Heinrich Ploss und Max Barthel: Das Weib in der Natur- und Völkerkunde. 9. Auflage. 2 Bände. Leipzig 1908. Siehe auch Paula Weideger: History's Mistress. A New Interpretation of a Nineteenth-Century Ethnographic Classic. Harmondsworth, Middlesex, England, New York 1985.

43 Hans Friedenthal: Muttersprache und Mutterbrust. In: Die Ehe 2 (1927), S. 135–139. Siehe auch ders.: Menschheitskunde. Leipzig 1927.

44 Joseph, Reduction (Anm. 33), S. 743.

45 Günther, Rassenkunde (Anm. 31), S. 164–165.

46 Richard Saltus: New Data Add to Confusion on Breast-Cancer Gene Issue. In: The Boston Globe (30. April 1996), S. 9.

47 Susan Ferraro: Balking at Breast Cancer Test Je-

»Die Rasse ist nicht schön« –
»Nein, wir Juden sind keine hübsche Rasse!«

Sander L. Gilman

wish Women Face Dilemma. In: Daily News New York (25. Mai 1997), S. 8. Vgl. Paolo G. Toniolo und Ikuko Kato: Jewish Religion and Risk of Breast Cancer. In: The Lancet 348 (14. September 1996), S. 760.

48 Susan Ferraro: Balking at Breast Cancer Test Jewish Women Face Dilemma. In: Daily News New York (25. Mai 1997), S. 8.

49 Brad Keoun: Ashkenazim Not Alone. Other Ethnic Groups Have Breast Cancer Gene Mutations, Too. In: Journal of the National Cancer Institute 89 (1997), S. 8–9.

50 Max Nordau: Zionistische Schriften. Köln 1909, S. 379–381. Dieser auf dem zweiten Zionistenkongreß geäußerte Aufruf folgte auf seine Rede über den Status der Juden, die den ersten Kongreß dominierte. Hier sprach er über den »physischen, spirituellen und wirtschaftlichen Status der Juden«. Im Juli 1902 rekapitulierte Nordau seine Ansichten in einem Aufsatz, der unter dem Titel *Was bedeutet das Turnen für uns Juden* in der *Jüdischen Turnzeitung* erschien (Zionistische Schriften, S. 382–384). Zu Nordau siehe M. Baldwin: Liberalism, Nationalism, and Degeneration. The Case of Max Nordau. In: Central European History 13 (1980), S. 99–120.

51 Ein Locus classicus für die Diskussion einer Politik der Gesundheit und Schönheit unter den frühen zionistischen Denkern ist H. L. Eisenstadt: Die Renaissance der jüdischen Sozialhygiene. In: Archiv für Rassen- und Gesellschaftsbiologie 5 (1908), S. 714–728. Er greift auf das detailliertere Modell zurück, das vom Doyen der Theoretiker der deutschen öffentlichen Gesundheitspflege angeboten wird: Alfred Nossig: Einführung in das Studium der sozialen Hygiene; geschichtliche Entwicklung und Bedeutung der öffentlichen Gesundheitspflege. Stuttgart 1894.

52 Ernst Pawel: The Nightmare of Reason. A Life of Franz Kafka. New York 1984, S. 205.

53 J. Hoberman: Never Again. In: The Village Voice (31. Jänner 1995), S. 45.

54 Alisa Solomon: Beyond The Pale: Should Jews Embrace the Right? In: The Village Voice (12. Dezember 1995), S. 27.

55 Jay Friedman: My Jerusalem. In: Playboy 38 (1991), S. 90.

56 Abraham Rabinovich: Yitzhak Rabin. The Sabra, the Mensch. In: The Jerusalem Post (18. Oktober 1996), S. 12.

57 Philip Roth: American Pastoral. Boston 1997.

58 Ebd., S. 3.

59 Ernest Hemingway: The Sun Also Rises. New York 1954, S. 4. Siehe Michael S. Reynolds: The Sun Also Rises. A Novel of the Twenties. Boston 1995.

60 Roth, Pastoral (Anm. 57), S. 255.

61 David Bar-Ilan: Israel. Guilt & Politics. In: Commentary 97 (Mai 1994), S. 25.

Der reine und der schmutzige Jude

John M. Efron

Schmutzigkeit ist eine deskriptive Kategorie, die oft verwendet wird, um Gruppen nachteilig zu definieren, denen wir selbst nicht angehören. Die Überzeugung, daß der Feind unrein und ein potentieller Verschmutzer sei, wird häufig von Rassisten vertreten. Von jenen, die beispielsweise Minderheiten für unerwünschte gesellschaftliche Veränderungen verantwortlich machen, wird das fremde Element, das die von der Gesellschaft erlebten transformativen Strömungen angeblich verursacht oder von ihnen am meisten profitiert haben soll, beinahe immer als schmutzig dargestellt. Wie die Anthropologin Mary Douglas schrieb, »verstößt Schmutz gegen die Ordnung. Ihn zu eliminieren, ist keine negative Bewegung, sondern eine positive Bemühung, die Umwelt zu organisieren.«[1]

Mit ihren eigenen komplizierten Kategorien und tief verwurzelten Vorstellungen von Reinheit und Unreinheit, vor allem, wenn sie die grundlegendsten menschlichen Funktionen – die Nahrungsaufnahme und den Sex – betreffen, nahmen die Juden lange Zeit eine zentrale Rolle in der Geschichte der Reinlichkeit und im Diskurs über den Schmutz ein. Darüber hinaus bilden konkurrierende Behauptungen über den reinen und den schmutzigen jüdischen Körper einen zentralen Tropus sowohl im Antisemitismus als auch in den Reaktionen von jüdischer Seite. In diesem Essay werde ich die uralte Tradition und die Langlebigkeit der Beschuldigung, die Juden seien schmutzig, untersuchen. Von allen Völkern, die der Schmutzigkeit bezichtigt wurden, waren die mitteleuropäischen Juden des Fin de siècle in der einzigartigen

Position, sich selbst gegen diesen Vorwurf verteidigen zu können, indem sie sich zu den Wächtern eines alten und perfekten Hygienekodex erklärten – des Judentums.

Die Unreinheit der Juden beziehungsweise ihre religiösen Vorstellungen überhaupt wurde vermutlich zum ersten Mal im Codex Theodosianus aus dem Jahr 438 christlicher Zeitrechnung festgehalten. Diese Sammlung der römischen Kaisergesetze, die Juden in eine Position der Minderwertigkeit gegenüber ihren christlichen Nachbarn verbannte, warnte die Christen ausdrücklich davor, zum Judentum zu konvertieren. »Es ist schwer-

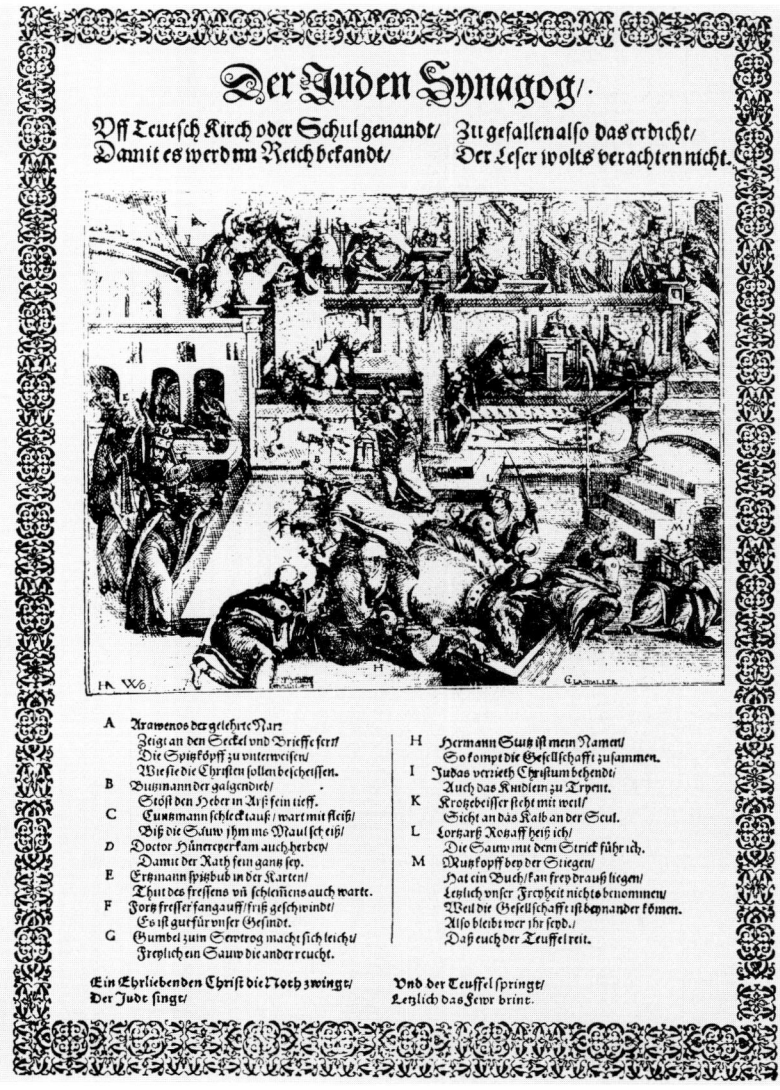

Der Juden Synagog, satirischer Einblattdruck, Kupferstich, 17. Jahrhundert

pe. Sowohl das gemeine Volk als auch die gesellschaftliche Elite, einschließlich der Geistlichen, propagierten derartige Ansichten. Es ist der weitverbreitete und sich durch alle Klassen ziehende Glaube an solche Verleumdungen, der die Vorwürfe so überzeugend und dauerhaft machte.

In zahllosen Gedichten, Sprichwörtern und bildlichen Darstellungen findet sich der immer wiederkehrende Vorwurf, daß die Juden schmutzig seien. In einer einzigartigen Nazisammlung von Sprichwörtern über Juden, die 1942 veröffentlicht wurde, reichen populäre Aphorismen von der konkreten Beschreibung »Er ist ein dreckiger Jude / Sie ist eine dreckige Jüdin« (bis zum heutigen Tag gebräuchlich) über den eher allumfassenden Vergleich »Er ist schmutzig wie der Jude« bis hin zur fränkischen Warnung »Anständige Juden und Juden, die nicht stinken / Kannst du wohl suchen, aber nicht finden.«[3] Hier sind *alle* Juden schmutzig, oder, wie es in einer schwäbischen Redensart heißt: »Beim schönste Jude stenkt's.«[4] Der Dreck ist das wesentliche Merkmal der Juden. Darüber hinaus ist ihre Schmutzigkeit paradigmatisch. Sie ist die Norm, an der alle Grade der Verschmutzung gemessen werden können und müssen.

Der üble Geruch ist eine offensichtliche Erweiterung des Schmutz-Attributs, und es gibt eine Fülle von Zeugnissen aus der Volkskultur, die den Schluß zulassen, daß der übelriechende Jude hauptsächlich ein Geschöpf der – wie ich sie bezeichnen würde – »christlichen olfaktorischen Imagination« war. Die vielen Sprichwörter, die den Juden wesenseigene Schmutzigkeit attestieren, gründen auf dem alten Glauben, daß die Juden einen *foetor judaicus* beziehungsweise einen eigentümlichen und – selbstverständlich – abstoßenden Geruch verströmten. Das im Deutschen verwendete prägnante Kompositum »Stinkjude« verknüpft die Begriffe Jude und Gestank untrennbar miteinander. Wie sollte es auch anders sein, wenn ein norddeutsches Sprichwort lautet: »Bleib vom Juden weg / Denn er besteht nur aus Dreck.«[5] Eine alte Redensart aus dem Rheinland

wiegender als der Tod und grausamer als ein Massaker, wenn jemand dem christlichen Glauben abschwört und mit der jüdischen Ungläubigkeit *beschmutzt* wird.«[2]

Im Hochmittelalter wurde jedoch der Vorwurf, daß die Juden schmutzig seien, besonders sorgfältig ausgearbeitet und mit größter Vehemenz vorgebracht. Die Verbindung wird in drei klar umrissenen Bereichen hergestellt: Es wird behauptet, daß die Juden einen eigentümlichen und abstoßenden Geruch verströmen, daß sie bestialische Taten begehen und daß sie koprophil sind. Diese Vorwürfe kamen keineswegs von einer einzelnen Grup-

drückt es wiederum so aus: »Wenn du den Juden nicht siehst, mußt du ihn riechen.«[6] Selbst die Unsichtbarkeit kann den Juden nicht vor der Entdeckung bewahren. Der Ewige Jude aus der antisemitischen Überlieferung war zu einem rastlosen Leben verdammt, allgegenwärtig und unfähig, sich zu verbergen. Denn sein Gestank verriet ihn. Selbst wenn man ihn nicht sah, gab sein Geruch seine Gegenwart preis.

Hatte ein Nichtjude Mundgeruch, war die Erklärung für seinen schlechten Atem: »Er hat einen Juden geküßt.«[7] Dies ist ein Beispiel für die unterstellte destruktive Körperlichkeit und die vermutete essentielle Andersartigkeit des Juden. In zahlreichen europäischen Volkssagen ist der Kuß eine durch und durch positive Handlung. Man denke nur an den Kuß des Prinzen, der Dornröschen zu neuem Leben erweckt. Der Kuß eines Juden allerdings war ein giftiger Akt, der dem Christen dauernden Schaden zufügen konnte. Darüber hinaus übertrug er die charakteristische Schmutzigkeit des Juden auf den Christen. Der Christ wird sozusagen durch die Verunreinigung mit dem Gestank des Juden selbst zum Juden gemacht.[8]

Ein weiteres Thema, das im Volkstum häufig im Zusammenhang mit der jüdischen Schmutzigkeit auftaucht, ist der Vergleich von Juden mit verdorbener Nahrung. Die folgenden Kinderreime sind Beispiele dafür: »Der Jude Isaak Meyer/Der stinkt wie faule Eier.« – »Butterbrot und Schinken/Alle Juden stinken.«[9] Aus Westdeutschland kommt das Sprichwort: »Drei Juden und zwei Käse sind fünf Stinker.« Das folgende stammt aus Norddeutschland: »Die Pferdebahn fährt langsam/Die Elektrische viel flinker/Sechs Juden und ein Limburger/Sind zusammen sieben Stinker.«[10] Das rasche Verderben und der damit verbundene Gestank von schlecht gewordenen Lebensmitteln war vor der modernen Zeit und dem Aufkommen der Kühlung völlig alltäglich. Und wie der Verzehr solcher Lebensmittel (was ebenfalls sehr häufig vorkam) oft zu schwerer Krankheit oder zum Tod geführt haben mochte, macht auch die Anwesenheit des Juden die christli-

Das Schwein als jüdische Nährmutter, satirischer Einblattdruck, Frankfurt, Anfang 18. Jahrhundert

che Gesellschaft krank, wie es in einem süddeutschen Reim heißt: »Gott schütze uns vor Trichinosen und Judennosen.«[11] Hier ist der Jude eins mit der Krankheit – und dann auch noch mit einer Krankheit, die von Schweinen übertragen wird! Diese speziellen Bilder verdeutlichen die Gebrechlichkeit und vergängliche Natur des jüdischen Körpers. Wie die Nahrung verdirbt auch der jüdische Körper, wenn er nicht richtig behandelt wird. Wie die Nahrung verzehrt werden muß, bevor sie verdirbt, muß auch die christliche Gesellschaft, um sich selbst zu schützen, den Juden durch einen Prozeß der vollständigen Assimilation oder durch physische Entfernung vertilgen. Eine weitere Variante davon ist die Vorstellung, daß das Taufwasser beim Juden, ähnlich wie das Salz zum Haltbarmachen von Fleisch, als Konservierungsmittel wirkt. Sei es ein Fleischstück vom Tier, sei es der Körper eines Juden, das Fleisch muß dem

John M. Efron

Israelchen hat einen Dukaten verschluckt, deutsche Karikatur, 1820

transformativen Prozeß der Konsumation, der Konservierung oder der Heilung unterzogen werden.

Auch Bestialität und Koprophilie dominieren das Thema der jüdischen Unreinheit. Im Gegensatz zu den Sprichwörtern und Redensarten ging die Verbreitung dieser Vorstellungen von Vertretern der gebildeten Klassen aus, wie etwa von Ärzten und Geistlichen. So tauchen zum Beispiel in Deutschland und Österreich immer wieder Hinweise auf die Widerwärtigkeit jüdischer Ärzte auf. In seinem Werk *Wehmühtige Klag-Thränen* (1677), einem Angriff auf die medizinische Quacksalberei, berichtet der Arzt Johann Christoph Bitterkraut von »einem fahrlässigen, stinkenden Juden, der durch seine schwindlerische Harnschau in Delft in Holland« einen teuer bezahlten Kunstfehler begangen habe. Er untersuchte den Harn einer kranken Frau und verschrieb ihr ein starkes Abführmittel. Tragischerweise übersah er, daß sie auch schwanger war. Die Behandlung hatte zur Folge, daß die Zwillinge, mit denen die Frau schwanger war, tot zur Welt kamen

und auch sie selbst einige Tage später verstarb.[12] Hier werden zwei virulente antisemitische Themen berührt – Kindesmord und Urophilie. Bei beiden handelt es sich um eine unersättliche Begierde, eine Sehnsucht nach körperlichem Abfall, die zum Wunsch führt, unschuldiges christliches Leben zu zerstören.

In dem haßerfüllten Werk *Gewissen-loser Juden-Doctor* (1698), das unter dem Pseudonym Christian Treumundt verfaßt ist, zeichnet der Autor ein widerliches Bild des schmutzigen jüdischen Medizinstudenten, den er wiederholt als »unverschämt«, »stinkend« und als »rotznäsigen Judenbuben« bezeichnet. Darüber hinaus spricht Treumundt über die Anziehungskraft, die die Medizin auf Juden ausübt. Seiner Meinung nach ist die vorrangige Motivation des jüdischen Medizinstudenten die Gelegenheit, das Harnglas eines älteren »verfluchten Judendoktors« zu reinigen oder zu halten, unter dem der Student seine Lehrzeit verbrachte.[13] Da Exkremente in jeder Form als »schlechte Körpersäfte« angesehen werden, ist deren Untersuchung im Mittelalter ein gängiges Diagnoseverfahren.[14] Allerdings steht vor allem die Untersuchung des Harns im Mittelpunkt der Diagnose eines Patienten. Und wenn sich jüdische Ärzte daher dieser Methode bedienten, folgten sie lediglich den medizinischen Konventionen jener Zeit.

Und doch war Treumundts These von der »Begierde« des Juden in Deutschland Teil eines umfassenderen und älteren ikonographischen Diskurses über den koprophilen Juden, dessen bekanntestes Beispiel die berüchtigte *Judensau* ist und der in abscheulichen Bildern von Juden seinen Ausdruck findet, die verschiedene bestialische Handlungen begehen. Vom 13. bis zum 16. Jahrhundert waren solche Darstellungen auch in der Architektur weit verbreitet und fanden sich an Kirchenwänden, auf der Unterseite von hölzernen Kirchenbänken, an Brücken und Rathäusern. Später setzte sich die Verbreitung derartiger Bilder in Form von Illustrationen bis weit ins 19. Jahrhundert fort. Die Vielfalt der Darstellungen reichte vom Juden, der an den Zitzen einer Sau nuckelt, deren Harn trinkt oder deren Exkremente ißt, bis zum Juden, der Ferkel gebiert. Es gibt kein mächtigeres Bild in der gesamten Geschichte der westlichen Kunst, um die angebliche Schmutzigkeit der Juden zu bezeugen.[15] Das ist die Inspirationsquelle für Treumundts Behauptung, die Juden seien urophile Bestien.

Der Gestank der Juden, der den mittelalterlichen deutschen Bildern zufolge von ihrer engen Verbindung mit dem einen Tier herrührt, das für sie absolut tabu war, wurde für unausrottbar gehalten. So lautet die Inschrift unter der *Judensau* des Freisinger Doms: »So wahr die Maus die Katz nit frißt, wird der Jud ein wahrer Christ.«[16] Die Beständigkeit des jüdischen Gestanks war eine mittelalterliche Verleumdung, der über eine sehr lange Zeit Glauben geschenkt wurde. In seinem Werk *Jüdische Merkwürdigkeiten* (1714) hält der Ethnograph Johann Jakob Schudt im Kapitel »Von der Frankfurter und anderer Juden Gestank« fest, daß Juden einen Gestank hinterlassen, wenn sie einen Raum verlassen. In einem unglaublichen Ausdruck von biologischem Determinismus

erklärt Schudt: »Solcher Gestank hängt den Juden von Natur an, weil auch sogar ihre kleinen Kinder also stinken.«[17]

Im 19. Jahrhundert behaupteten verschiedene Anthropologen, Ethnographen und andere Erforscher des Geruchssinns, daß sich die Gerüche verschiedener Rassen unterscheiden würden.[18] In diesem Kontext lebte die althergebrachte Behauptung in bezug auf die Juden wieder auf, da sie nun eine Fassade wissenschaftlicher Autorität erhielt. Doch begannen sich zu dieser Zeit jüdische Intellektuelle in Mitteleuropa gegen den alten Vorwurf der Schmutzigkeit zu verteidigen. Drei Dinge waren dabei entscheidend: erstens der Aufschwung der medizinischen und biologischen Wissenschaft, zweitens der große Anteil, den Juden daran hatten, und drittens der zunehmende rassische Antisemitismus und die zwingende Pflicht, von jüdischer Seite darauf zu reagieren.

Diese Epoche war durch die Biologisierung der Gesellschaft gekennzeichnet – durch das Auftauchen eines rassischen Determinismus, mit dessen Hilfe das Verhalten und die Merkmale des einzelnen, aber auch von ganzen Gruppen erklärt wurden. Folglich verließ man sich immer mehr auf die medizinische Autorität, um die Krankheiten der Gesellschaft zu diagnostizieren und zu heilen. In dieser Situation versuchten jüdische Ärzte und andere Intellektuelle, mit den alten Vorwürfen aufzuräumen und zu beweisen, daß Juden nicht nur nicht unrein seien, sondern daß die Tradition und die Praktiken ihrer Religion sie zur »saubersten aller Rassen« machten.

Da sie unter weniger Krankheiten zu leiden schienen als ihre christlichen Nachbarn und oft sogar eine, wie es zu jener Zeit hieß, »rassische Immunität« gegen Krankheiten wie Alkoholismus, Tuberkulose und eine Reihe ansteckender Krankheiten zeigten, nahmen die Juden zur Zeit des Fin de siècle die Gelegenheit wahr, sich gegen den Antisemitismus und insbesondere den Vorwurf der Schmutzigkeit zu verteidigen. Sie zeigten auf, wie wirksam die jüdischen Rituale seien und wie ihre strikte Einhaltung der ausgezeichneten Gesundheit der Nation dienlich sei.

John M. Efron

47. TUNIS — Hôpital d'Israëlites

Israelitisches Hospital,
Tunis, Postkarte, ca. 1900

Einer der ersten Juden, der das jüdische Gesetz nicht als religiöse Vorschriften eines Volkes, sondern als einen zum Wohle des einzelnen, der Familie und der Nation bestimmten Hygienekodex betrachtete, war der zionistische Statistiker Alfred Nossig. 1894 publizierte Nossig eine Arbeit zur vergleichenden Geschichte mit dem Titel *Die Sozialhygiene der Juden und des altorientalischen Völkerkreises*.[19] Darin verglich der Autor die Rituale der Sozialhygiene von Chinesen, Indern, Persern, Ägyptern und Israeliten. Nossigs Hauptaugenmerk lag allerdings auf den Juden. Gerade weil von allen Völkern, die im Nahen Osten ihren Ursprung haben, die modernen Juden ihren alten Hygienekodex weiterhin sehr gewissenhaft befolgten, sei die jüdische Zivilisation noch vorhanden, und die Juden konnten sich als Gruppe entwickeln und zur Nation heranreifen. Dank des biblischen Gesetzes und der begleitenden rabbinischen Kommentare sei es den Juden möglich gewesen, ihre »rassische Reinheit« zu bewahren; jetzt konnten sie den Nationen als medizinisches Leitbild dienen. Ihr Weitblick als Volk ermöglichte es

ihnen, alle modernen medizinischen Probleme vorauszuahnen und eine wirksame Sozialpolitik zu entwickeln, um die Krankheiten bestmöglich zu behandeln, die sowohl das Individuum als auch die Nation bedrohen. So habe das alte Israel lange vor den modernen Nationen eine funktionierende Beziehung zwischen den Ärzten und dem Staat geschaffen, als deren Folge die frühen wie auch die modernen Juden gesünder als ihre nichtjüdischen Zeitgenossen seien. Die Juden seien so weit gekommen, da ihre Führer – Männer wie Moses, die Rabbiner des Talmud und Maimonides – in erster Linie die Ärzte der Nation waren und nicht nur ihre Rabbiner.

Indem Nossig dem jüdischen Gesetz einen neuen und medizinisch prophylaktischen Zweck zuwies, verteidigte er die Juden gegen antisemitische Vorwürfe. Durch ihn hatten die Juden wieder eine »Mission« gefunden – sie konnten dem Rest der Welt erklären, daß das Geheimnis der Langlebigkeit und Gesundheit der »jüdischen Nation« in der strengen Einhaltung von Ritualen begründet war, die auf einer »medizinischen« und nicht einer religiösen oder politischen

Israelitische Kinderheilstätte im Soolbad Königsdorff – Jastrzemb, Postkarte, ca. 1900

Verfassung beruhten. Im Gegensatz zu Kant und Hegel, die behauptet hatten, das jüdische Gesetz sei darauf ausgerichtet, die Angst vor Gott zu nähren und die Unterwürfigkeit gegenüber Gott zu begünstigen, vertrat Nossig die Meinung, daß die Halacha ein rationales Kompendium von Riten und Praktiken sei, das die Sauberkeit und »rassische Reinheit« fördere.

Nossig, der zu einer Zeit schrieb, als die Mikroben entdeckt wurden und die Forschung sich mit der Übertragung von Keimen beschäftigte, war äußerst bemüht, die genauen »wissenschaftlichen« Maßnahmen – einschließlich strengster Quarantänebestimmungen – darzulegen, die von den alten Israeliten getroffen worden waren, um die Verbreitung von Infektionskrankheiten zu verhindern.[20] Tatsächlich waren es nicht nur biblische Regeln in bezug auf offensichtliche Krankheiten, wie etwa den Aussatz (Lev. 13,1–59), die für Nossig auf die »wissenschaftliche« und medizinische Basis des jüdischen Rechts hinwiesen. Ein viel zwingenderer Beweis für die physische und moralische Sauberkeit als wesentliches Merkmal der Nation war, daß

scheinbar religiöse Gesetze, die priesterliche Zeremonien im Tempel regelten, auch dazu bestimmt waren, den guten Gesundheitszustand und vor allem – in Anbetracht der zeitgenössischen Strömungen in der medizinischen Praxis und Ideologie – die Krankheitsvorbeugung zu fördern.[21]

Obwohl sich schon viele vor Nossig mit biblischer und talmudischer Medizin beschäftigt haben, kommt seinem Text eine besondere Bedeutung zu, vor allem aufgrund seiner Intention, die jüdische Reinheit im Kontext der in Deutschland ständig behaupteten jüdischen Unreinheit darzulegen. Doch der Effekt, den die Juden mit der Verteidigung ihrer hygienischen Ehre in gelehrten Schriften erzielten, die nur von wenigen gelesen wurden, blieb natürlich beschränkt. Die Gelegenheit, einer größeren deutschen Öffentlichkeit eine alternative Sichtweise der jüdischen Sozialhygiene zu präsentieren, ergab sich im Rahmen der Internationalen Hygiene-Ausstellung 1911 in Dresden.

Die Juden waren nur eine Gruppe unter vielen, die die Gesundheitskultur ihres Volkes zeigten. Im antisemitischen Klima in

John M. Efron

*Israelitisches
Kinder-Hospiz Duhnen,
Postkarte, ca. 1900*

Israel. Kinder-Hospiz, Duhnen.

Deutschland vor dem Ersten Weltkrieg wirkte der jüdische Beitrag allerdings eher wie eine zur Schau gestellte Rechtfertigung. Traditionelle jüdische Bräuche, Zeremonien, Speisegesetze und andere wichtige Bestandteile des jüdischen Lebens, wie die Beschneidung und rituelle Waschungen, wurden der deutschen und (assimilierten) jüdischen Öffentlichkeit als Beispiele für den Weitblick der Rabbiner und die prophylaktische Natur des jüdischen Lebens im allgemeinen präsentiert.

Eine der vielen Handlungen, die die jüdischen Aussteller zu erklären versuchten, war das Ritual der Beschneidung. In der Medizin des 19. Jahrhunderts gab es zwei diametral entgegengesetzte Anschauungen zu diesem Verfahren. Eine sprach sich dafür aus, die andere dagegen.[22] Was die Gegenargumente betraf, so waren die Juden schon lange der Hypersexualität beschuldigt worden und hatten den Ruf, chronisch das zu praktizieren, was der liberale französische Geistliche Abbé Grégoire im 18. Jahrhundert die »libertinage solitaire« nannte.[23] Gleichermaßen wurden die Juden schon lange mit der Verbreitung der Syphilis in Verbindung gebracht. Medizinische Gegner der Beschneidung verabsäum-

ten es selten, einen kausalen Zusammenhang zwischen der angeblichen Fleischeslust der Juden, durch Geschlechtsverkehr übertragenen Krankheiten und dem Ritus der Beschneidung herzustellen.

Die gegenteilige medizinische Einschätzung ging davon aus, daß die Juden, gerade weil sie beschnitten waren, weitgehend gegen solche Krankheiten gefeit seien. Dies diente auch als Erklärung für das scheinbar seltenere Auftreten von Gebärmutterkrebs bei jüdischen Frauen.[24] Es überrascht nicht, daß in der wissenschaftlichen Literatur, die sich für die Beschneidung ausspricht, und hier vor allem in den von Juden verfaßten Arbeiten, diese Praktik nicht damit verteidigt wurde, daß sie ein Zeichen für den Bund zwischen Gott und den Juden sei. Vielmehr wurde die prophylaktische Qualität der Handlung betont. Die Beschneidung wurde als eine Möglichkeit gesehen, der Übertragung von Geschlechtskrankheiten vorzubeugen und die Körperhygiene zu fördern.

Da sie sich der ablehnenden Haltung der Deutschen gegenüber der Beschneidung bewußt waren, die in der Tatsache Ausdruck fand, daß nur sehr wenige deutsche Männer beschnitten waren, betonten die jüdischen Aussteller in Dresden den wissenschaftlichen Charakter der Brit-Mila. Dabei wurden nicht nur die Vorteile des Verfahrens, sondern vor allem der hygienische Ablauf der Zeremonie selbst hervorgehoben. So heißt es im Ausstellungskatalog *Hygiene der Juden*: »Bevor er (der Mohel) den Akt vollführt, muß er seine Hände gründlich desinfizieren. Heute wäscht der Mohel seine Hände, seift sie in demselben warmen Wasser mit Karbolsäure oder Lysol ein und verwendet besonders im Bereich der Nägel eine Bürste. Das gleiche geschieht mit den Instrumenten, die unmittelbar vor ihrer Verwendung abgekocht werden. Dies sind: 1. ein zweischneidiges Messer, 8–10 cm lang; 2. eine Metallklammer und Zange; 3. eine normale Pinzette zum Fixieren des Bereichs um die Wunde; 4. 2–3 Klemmen, um die Blutung zu stillen; 5. verschiedene Binden, Pflaster und Tupfer – alle sterilisiert; 6. eine Schere und eine chirurgische Nadel; 7. ein Glasröhrchen für die Meziza (das Saugen des Blutes aus der Wunde). In Hamburg haben Ärzte ein ›steriles Erste-Hilfe-Paket für die Beschneidung‹ zusammengestellt. Auch die Instrumente, die zum Auskochen in einem Gerät befestigt sind, werden bei jeder Beschneidung vor Ort sterilisiert.«[25]

Diese nüchterne und klinische Beschreibung der Instrumente des Mohel dient dazu, das Bild des reinen Juden zu zeichnen. Gerade anhand dieses wichtigsten Ritus des Judentums, der als barbarisch und unrein verrufen war, versuchte die jüdische Ausstellung in Dresden den antiseptischen Charakter der Brit-Mila – wie sie zu der Zeit in Deutschland durchgeführt wurde – zu zeigen. Obwohl der Mohel kein Arzt – und schon gar kein ausgebildeter Chirurg – war, wurde alles unternommen, um gemäß den strengen Regeln der modernen medizinischen Hygiene vorzugehen. So weit wie möglich, war die Zeremonie also »entorientalisiert«, ja eigentlich »germanisiert« worden, maßgeschneidert auf die deutschen, und nicht mehr auf die traditionellen jüdischen Vorstellungen der Reinheit.

Bei anderen Gelegenheiten versuchten die Gestalter der jüdischen Ausstellung in Dresden nicht, die Besucher mit der »Fortschrittlichkeit« der jüdischen Hygiene zu beeindrucken, sondern bemühten sich, jüdische Praktiken sehr klar und deutlich von nichtjüdischen Praktiken zu unterscheiden, indem sie die der traditionellen jüdischen Hygiene eigenen Merkmale unterstrichen. Auch diese Strategie muß vor dem Hintergrund des antisemitischen Vorwurfs, die Juden verfügten über keinerlei eigenständige Kreativität, gesehen werden. Alles, was Juden in Kunst und Wirtschaft erreicht hatten, sowie alles, was sie zur Akkulturation unternommen hatten, war für ihre Gegner lediglich das Ergebnis des ihnen angeborenen Schmarotzertums und ihres Nachahmungsdranges. Sie wurden beschuldigt, nichts Eigenständiges zu produzieren, sondern immer nur andere zu kopieren.

Die Darstellung der jüdischen Hygienevorschriften im Rahmen der Ausstellung in Dresden bot die Gelegenheit, auf bedeutende jüdische Innovationen hinzuweisen, auf Gewohnheiten und Praktiken, die Juden erfunden hatten. Dies geschah beispielsweise im Zuge der Erklärung und Verteidigung der jüdischen Schlachtverfahren und der Fleischbeschau. Während die Juden im letzten Drittel des 19. Jahrhunderts von Gegnern der Vivisektion, von Tierschützern und Antisemiten bedroht wurden, für die die jüdischen

Israelitisches Krankenhaus mit Wasserturm, Breslau, Postkarte, ca. 1900

Deutsche im Ersten Weltkrieg beim Desinfizieren eines Hauses in Polen, um Typhus und andere Infektionskrankheiten zu bekämpfen, Photo

genen Krankheiten verschont blieben, weil ihnen deren Verzehr verboten war.[28]

Ein Großteil der Ausstellung war darauf ausgerichtet, die Details der persönlichen Hygiene darzustellen, wie sie in der Bibel und in den verschiedenen Gesetzessammlungen des jüdischen Rechts zu finden sind. Den Besuchern der Ausstellung wurden medizinisch-historische Erklärungen für verschiedenste Vorschriften geboten, etwa für das Schneiden von Nägeln und Haaren, die weibliche rituelle Reinheit, für Speiseregeln, das Ritualbad, die vorgeschriebenen Zeiten für das Reinigen des Hauses und das »Koschermachen« verschiedener Utensilien. Wie ein Autor in *Hygiene der Juden* schrieb – einem Katalog, der im Anschluß an die Ausstellung erschienen war – sei dieses Verfahren zum Koschermachen des Bestecks vergleichbar mit der »Sterilisation von Operationsinstrumenten«.[29] Krasser ließen sich die makellosen sanitären Standards der jüdischen Küche im Deutschland des 20. Jahrhunderts wohl kaum darstellen, als sie mit einem Operationssaal zu vergleichen.

Selbst die Beschreibung einer koscheren Kücheneinrichtung bot Gelegenheit, die jüdische Sauberkeit nachzuweisen. Bereits viele Jahrzehnte vor Mary Douglas stellte der russisch-jüdische Arzt Samuel Weissenberg fest, daß die Juden durch die strikten Unterteilungen, die die jüdische Küche kennzeichneten, für »Ordnung und Reinlichkeit« sorgten.[30] Wenn diese Unterteilungen zwischen dem, was »trejf« (unrein) und dem, was »koscher« (rein) ist, wegfallen, dann »ist Schmutz Materie am falschen Platz«, wie Douglas es später ausdrückte.

Wie den meisten anderen intellektuellen Selbstverteidigungsbemühungen von Juden zur Zeit des Fin de siècle war dem Versuch, die alte Behauptung zu widerlegen, die Juden seien ein schmutziges Volk, nur ein begrenzter Erfolg beschieden. Trotz des mutigen Versuchs, bei der Ausstellung in Dresden die überlegene jüdische Reinlichkeit darzulegen, und obwohl diese Bemühungen von vielen Nichtjuden unterstützt wurden, die die Vorteile des Familienlebens und der Sozial-

Schlachtmethoden nur ein weiterer Ausdruck der den Juden innewohnenden Blutrünstigkeit waren, versuchten die Juden im Kaiserreich den humanitären Charakter des koscheren Schlachtens zu belegen, indem sie eine ganze Reihe von religiösen, medizinischen und veterinärmedizinischen Meinungen zusammentrugen, die diese Ansicht unterstützten.[26] Das implizierte für die jüdischen Ausstellungsgestalter in Dresden, daß die von Nichtjuden praktizierten Methoden der Tierschlachtung unrein seien und Krankheiten förderten. Dabei bezog man sich vor allem auf die Tuberkulose, von der damals angenommen wurde, daß sie durch infiziertes Fleisch übertragen werde. Einer der Gründe dafür, daß Juden anscheinend weniger anfällig für Tuberkulose waren als Nichtjuden, wurde darin gesehen, daß sie nur koscheres Fleisch verzehrten.[27] (Natürlich war dies wohl kaum eine Erklärung dafür, daß diese Krankheit auch unter jenen Juden, die sich nicht an die jüdischen Speisegesetze hielten, seltener auftrat.) Entsprechend merkten jüdische Kommentatoren in Dresden an, daß die Juden von vielen durch Krustentiere übertra-

hygiene der Juden priesen und sogar dafür eintraten, daß die Christen einige der jüdischen Maßnahmen übernehmen sollten, wollten die alten Legenden nicht verstummen. Wie hätte es auch anders sein können? Die *Judensau* war – und ist – in Deutschland noch immer zu sehen. Die Anwesenheit osteuropäischer Juden in Wien und Berlin, die nach 1881 vor den Pogromen und der Armut flohen, bot ihren Gegnern immer wieder die Gelegenheit, die Juden der Schmutzigkeit zu bezichtigen. Und die Sprichwörter, Verse, Gedichte und Schimpfwörter blieben Bestandteil der diskursiven Strategie vieler gewöhnlicher Deutscher. Mit dem Aufstieg der Nazis nur zwei Jahrzehnte nach der Ausstellung von Dresden war der Staat zum energischen Befürworter der Ansicht geworden, daß der Jude ein Schadstoff sei, dessen Entfernung nur den Interessen der deutschen Ordnung und Reinlichkeit dienen könne.

Anmerkungen

1 Mary Douglas: Purity and Danger. An Analysis of the Concepts of Pollution and Taboo. London 1984, S. 2.

2 Zit. nach Edward Fram: Perception and Reception of Repentant Apostates in Medieval Ashkenaz and Premodern Poland. In: Association for Jewish Studies Review 21, 2 (1996), S. 299.

3 Ernst Hiemer: Der Jude im Sprichwort der Völker. Nürnberg 1942, S. 38 und S. 161.

4 Ebd., S. 19. Eine Variante für Frauen lautet: »Sie stinkt wie ein Judenweib«. Ebd., S. 120.

5 Ebd., S. 7. Zum Stellenwert der Exkremente in der deutschen Volkskultur siehe Alan Dundes: Life is Like a Chicken Coop Ladder. A Portrait of German Culture Through Folklore. New York 1984.

6 Hiemer, Der Jude (Anm. 3), S. 16.

7 Ebd., S. 17.

8 Eine andere, im Sudetenland häufig gebrauchte Redensart bezog sich auf die mangelnde Vertrauenswürdigkeit der Juden: »Trau, keinem Pferdefuß, Hundebiß und Judenkuß!« Hiemer, Der Jude (Anm. 3), S. 158.

9 Ebd., S. 18.

10 Ebd., S. 16 und S. 172.

11 Ebd., S. 13.

12 Johann Christoph Bitterkraut: Wehmüthige Klag-Thränen der löblichen höchst-betrangten Artzney-Kunst. Nürnberg 1677, S. 301.

13 Christian Treumundt: Gewissen-loser Juden-Doctor. Freyburg 1698, S. 31, S. 52–54. Den jüdischen Arzt bezeichnet Tremundt als »Harn Prophet« (S. 54).

14 Konrad Goehl und Gundolf Keil: Eine Salzburger spätmittelhochdeutsche Stuhlschau. In: Sudhoffs Archiv 71 (1987), S. 113–115.

15 Isaiah Shachar: The Judensau. A Medieval Anti-Jewish Motif and its History. London 1974; Eduard Fuchs: Die Juden in der Karikatur. Ein Beitrag zur Kulturgeschichte. München 1921, S. 114–123.

16 Joshua Trachtenberg: The Devil and the Jews. The Medieval Conception of the Jew and its Relation to Modern Anti-Semitism. Philadelphia 1983, S. 218.

17 Johann Jakob Schudt: Jüdische Merkwürdigkeiten. Frankfurt 1714, S. 349.

18 Siehe Hans Henning: Der Geruch. Leipzig 1924, S. 54–58. Zur japanischen Sichtweise dazu, wie die Bewohner der westlichen Welt riechen, siehe Buntaro Adachi: Der Geruch der Europäer. In: Globus 83 (1903), S. 14–15. Adachi konzentriert sich in erster Linie auf den Körper der europäischen Frauen und vergleicht den, wie nicht anders zu erwarten, übleren Geruch der Europäerinnen mit jenem ihrer japanischen Schwestern.

19 Alfred Nossig: Die Sozialhygiene der Juden und des altorientalischen Völkerkreises. Stuttgart 1894. Siehe auch Mitchell Hart: Moses the Microbiologist. Judaism and Social Hygiene in the Work of Alfred Nossig. In: Jewish Social Studies 2, (1995), S. 72–97.

20 Nossig, Sozialhygiene der Juden (Anm. 19), S. 35–36.

21 Ebd., S. 39–40.

22 Siehe Sander L. Gilman: Freud, Race, and Gender. Princeton 1993, vor allem S. 39–69.

23 Henri Baptiste Grégoire: An Essay on the Physical, Moral, and Political Reformation of the Jews. London 1791, S. 43.

24 Felix A. Theilhaber: Zur Lehre von dem Zusammenhang der sozialen Stellung und der Rasse mit der Entstehung der Uteruscarcinome. Inauguraldissertation. München 1910.

25 Dr. Bamberger: Hygiene der Beschneidung. In: Max Grunwald (Hrsg.): Hygiene der Juden. Dresden 1911, S. 106.

26 Isaac A. Dembo: The Jewish Method of Animal Slaughter. London 1894; Engelbert: Ist das Schlachten der Tiere nach jüdischem Ritus wirklich Tierquälerei? 1867; Levin: Kriegszug gegen das Schächten. 1889.

27 Henry Behrend: Diseases Caught from Butcher's Meat. In: Nineteenth Century 26 (1889), S. 409–422.

28 Grunwald, Hygiene der Juden (Anm. 25), S. 6.

29 Samuel Weissenberg: Hygiene in Brauch und Sitte der Juden. In: Grunwald, Hygiene der Juden (Anm. 25), S. 41.

30 Ebd., S. 35.

Sind Juden Männer?
Können Frauen jüdisch sein?

Die gesellschaftliche Definition des männlichen/weiblichen Körpers

Susannah Heschel

Sind Juden Männer? Können Frauen jüdisch sein? In Anbetracht der Hypothesen der klassischen jüdischen Literatur und der nichtjüdischen Stereotype von Juden sind diese Fragen gar nicht so absurd. In biblischen Texten wird für die Anrede das männliche Pronomen verwendet. Während dies für gewöhnlich auch Frauen miteinschließt, gibt es bestimmte Stellen, an denen sich Gott und Moses ausdrücklich nur an Männer richten. Man denke zum Beispiel an Exodus 19,15, wo Moses die Kinder Israels ermahnt, sich auf die Offenbarung am Berg Sinai vorzubereiten: »Berührt keine Frau.« Auch der biblische Vertrag zwischen Gott und dem jüdischen Volk ist durch ein Zeichen im Fleische gekennzeichnet – den Penis. Durch den Samen von Moses und nicht durch den Leib von Sara verspricht Gott, eine große Nation erstehen zu lassen. Wie wird eine Frau zu einer Jüdin? Durch ihre Geburt oder durch Eheschließung mit einem Mann; erst im zweiten Jahrhundert christlicher Zeitrechnung wurde ein Ritual entwickelt, mit dem Frauen zum Judentum konvertieren konnten.[1]

Gleichzeitig führte die Intimität der Beziehung zwischen männlichen Juden und dem männlichen Gott, gepaart mit einer ausgeprägten Homophobie, zu einem weiblichen Bild des jüdischen Volkes. Die klassische jüdische Literatur spricht von den Juden als Braut, Tochter oder Weib Gottes. Juden sind demnach sowohl männlich als auch weiblich. Dennoch blieb das Problem der männlichen Gottheit bestehen. Howard Eilberg-Schwartz schreibt: »Wenn Gott physisch einem Mann gleicht, ist der Körper der Frau definitions-gemäß problematisch. (…) Wenn Männer wie Gott sein sollen, dient ihr Penis ausschließlich der Prahlerei; er sollte nicht zur Reproduktion verwendet werden.«[2] Die homophobe Befangenheit eines Mannes, der dem männlichen Gott gegenübertritt, führt zu dem Brauch, daß sich jüdische Männer vor dem Gebet einen Gürtel, den *Gartl*, um ihre Hüfte binden und so den Penis verbannen, bevor sie vor Gott treten.

Eine ähnliche geschlechtliche Ambivalenz in bezug auf Juden findet sich in der antisemitischen Literatur. Der Jude in der antisemitischen Literatur ist sowohl ein Mann im extremsten Sinne, ein sexbesessenes Raubtier, das die Ehre und die Keuschheit der nichtjüdischen Frauen gefährdet, als auch ein abnormer Mann, einer, der verweichlicht ist und sogar menstruiert. Die Vermischung von männlich und weiblich in den Darstellungen des jüdischen Mannes und die daraus folgende Angst, daß der Mann sowohl männlich als auch weiblich sein beziehungsweise ein drittes Geschlecht darstellen könnte, wie Sander Gilman impliziert, wird von jüdischen Religionsbräuchen noch verstärkt. Fragen des Geschlechts und der jüdischen Identität stehen im Vordergrund einer vor kurzem von Gilman ins Leben gerufenen Forschungsgruppe, die sich mit dem »jüdischen Körper« befaßt. Dieser Gruppe schlossen sich auch Howard Eilberg-Schwartz, Daniel Boyarin, Jay Geller und andere an. Es handelt sich dabei allerdings um ein äußerst männliches Projekt, sowohl im Hinblick auf die Beteiligten als auch im Hinblick auf die Körperteile, auf denen der Schwerpunkt liegt. Die traditionelle jüdische Gleichsetzung des Juden mit dem Männlichen wird demnach häufig auch von der zeitgenössischen Forschung bekräftigt. So zum Beispiel schreibt Gilman: »Der beschnittene Körper des Juden war weder heterosexuell im normativen Sinne, noch ›homosexuell‹, außer im erweiterten und übertragenen Sinne. Er war eine ›dritte‹ Version des Männlichen — Heterosexuelle, ›Homosexuelle‹ und Juden. Der jüdische Körper wurde, wie die anderen beiden, geboren und nicht gemacht. Die Beschneidung wurde als äußeres Zeichen der inhärent andersartigen Natur des jüdischen Mannes gesehen. Viele glaubten, daß Juden bereits beschnitten geboren werden.«[3] Hier wird der Jude eindeutig und explizit als männlich dargestellt.

Welcher Platz wird den jüdischen Frauen in einem rechtlichen und theologischen System zugewiesen, das den Juden mit dem Mann gleichsetzt? Bis zum heutigen Tag wird das »Jüdische« im religiösen Kontext durch den jüdischen Mann dargestellt. Der sofort als solcher erkennbare Jude ist ein älterer Mann mit einem langen Bart; selbst die amerikanische Zeichensprache verwendet als Zeichen für »Jude« eine Bewegung mit der hohlen Hand vom Kinn nach unten. Ein Mann mit einem Bart und einer Jarmulke, einmal mit Phylakterien, ein anderes Mal ins Studium eines heiligen Buches vertieft und dann wieder mit auffallend spirituellem Äußeren – so sieht für gewöhnlich die bildliche Darstellung des Juden aus. Für die weibliche Person gibt es nichts Vergleichbares; eine jüdische Frau ist nicht sofort als jüdisch identifizierbar, sofern sie nicht ein typisch jüdisches Requisit, wie etwa eine Menora, bei sich trägt.

Die Gleichsetzung des männlichen Juden mit dem Judentum und »den Juden« ist nicht auf den religiösen Bereich beschränkt. Die kollektive Erfahrung des jüdischen Volkes in der weltlichen Geschichte der Juden wird ebenfalls durch eine männliche Figur repräsentiert.

Das wahrscheinlich bekannteste Bild des Holocaust ist die Photographie eines kleinen

Jungen mit erhobenen Händen — ein Photo, nach dem im Holocaust-Museum in Washington am häufigsten gefragt wird. Es ist ein Bild, das die nachfolgende Kunst geprägt hat (zum Beispiel: *Studie*, Ölgemälde von Samuel Bak; geb. 1933 in Litauen). Um den Leiden des jüdischen Volkes Ausdruck zu verleihen, wird eine männliche Figur gewählt; vielleicht, da das Leiden eines Mannes schockierender ist als das einer Frau, von der in Anlehnung an die göttliche Bestrafung

Roman Vishniac: Jude in Warschau, Photo, 1938

von Eva zumindest bis zu einem gewissen Grad erwartet wird, daß sie leidet. Der leidende jüdische Mensch wird also entweder als männlicher Jude dargestellt, der wegen seiner Religion bestraft wird (zum Beispiel:

Devis Grebu, *Grabstein*, 1988; geb. 1933 in Rumänien), oder – besonders häufig im 20. Jahrhundert – durch die Figur von Jesus (zum Beispiel: Chagall, *Weiße Kreuzigung*, *Exodus*, *Der Gekreuzigte*). Jesus taucht in jüdischen Texten der letzten 150 Jahre überraschend oft auf – entweder als frommer Jude, um die Verbindung zwischen dem Christentum und Jesus aufzulösen, oder als hilflose Figur, deren Leben für die Entstehung des Antisemitismus verantwortlich ist, die jedoch selbst nichts tun kann, um ihren jüdischen Mitbrüdern zu helfen (Benjamin Levy, *Auf Wasser gehen*, Ölgemälde, 1991; geb. 1940 in Tel Aviv). Warum wird Jesus in der jüdischen Kunst als hilflos dargestellt? Ein neueres Gemälde von Levy zeigt Jesus als einen buckligen Juden, der über das Wasser wandelt. Ist seine physische Mißbildung auf seine jüdische Herkunft zurückzuführen?

Daß der Jude männlichen Geschlechts ist, gilt auch in der judenfeindlichen Ikonographie als anerkannt. Heinz Schreckenbergs Untersuchung der mittelalterlichen antijüdischen Kunst zeigt, daß sie sich ausschließlich mit dem männlichen Juden und den von ihm ausgehenden Gefahren beschäftigte.[4] In moderneren Darstellungen ist es der jüdische Mann, der in den Augen der Nazis die größte

Gefahr darstellt, während die jüdische Frau als relativ gutmütig gilt. Dies spiegelt sich auch in den nationalsozialistischen Rassengesetzen wider, die wesentlich höhere Strafen für sexuelle Beziehungen zwischen einem jüdischen Mann und einer »arischen« Frau als für Verhältnisse zwischen einer jüdischen Frau und einem »arischen« Mann vorsahen.[5]

Die Frage ist, welchen Platz die jüdischen Frauen angesichts der Gleichsetzung des Juden mit dem männlichen Juden einnehmen. Genauer gesagt, wie sehen jüdische Männer das Weibliche innerhalb des Judentums? Wie reagieren Frauen auf diese Sichtweise? Wie reagieren sowohl jüdische Männer als auch jüdische Frauen auf nichtjüdische Stereotype des jüdischen Geschlechts bei der Interpretation des weiblichen und des männlichen Juden?

Da es bereits Literatur über die Definition des männlichen jüdischen Körpers gibt, möchte ich mich hier auf die Definition des weiblichen jüdischen Körpers beschränken. Wie wir sehen werden, wird die jüdische Frau über dieselben beiden Körperteile definiert wie der jüdische Mann: über das Haar und über die Genitalien. Obwohl diese beiden Teile des Körpers sowohl hinsichtlich der Kontrolle über den männlichen als auch den weiblichen Juden von Bedeutung sind, werden ihnen völlig unterschiedliche Bedeutungen zugeschrieben. Das wahrscheinlich unmittelbarste und augenfälligste Merkmal des Juden ist sein Haar. Haar ist »jüdisch«. Starker Haarwuchs, dichtes, dunkles und krauses Haar, das an die Schambehaarung erinnert, wird besonders bei Frauen als jüdisches Identitätsmerkmal betrachtet. Der spezielle Schnitt von Haupt- und Gesichtshaar kann auf jüdische Gläubigkeit hinweisen. Die Assoziation des jüdischen Mannes mit dem Bart hat eine lange und ehrwürdige Geschichte. Der Bart ist zu einem derart markanten Kennzeichen der jüdischen Identität geworden, daß Gott und Moses, die beiden berühmtesten Juden, praktisch ausnahmslos mit einem langen, wallenden Bart dargestellt werden. Donatellos glattrasierte Propheten

Oben:
Marc Chagall:
Weiße Kreuzigung,
Gemälde, 1938

Unten:
Devis Grebu: Grabstein,
Gemälde, 1988

Susannah Heschel

haben im Vergleich dazu eine fast schockierende Wirkung. Den Bart wachsen zu lassen wird als Erfüllung einer religiösen Verpflichtung angesehen, und den Bart abzuschneiden betrachten ultraorthodoxe Juden als Bruch des jüdischen Religionsgesetzes. Dies wußten auch die Nazis, und sie machten sich einen Spaß daraus, religiöse jüdische Männer zu erniedrigen, indem sie ihnen öffentlich den Bart abschnitten. (Mein Onkel, der Kopitschinitzer Rebbe von Wien, wurde auf diese Weise von den Nazis bedroht und forderte sie auf, ihm statt dessen einen Arm abzuschneiden.) In den letzten Jahrhunderten konnte man auch den Grad der Religiosität von der Länge und der Dichte des Bartes und der Schläfenlocken sowie von der Größe des Hutes oder der Kappe ablesen – je fülliger der Bart, je länger die Schläfenlocken, je größer der Hut, desto orthodoxer der Mann. Moderne orthodoxe jüdische Männer sind hingegen für gewöhnlich glattrasiert, haben keine Schläfenlocken und tragen anstelle von großen schwarzen Hüten unauffällige Kopfbedeckungen. Diese Äußerlichkeiten sind kein Zufall; sie entspringen der modernen orthodoxen Plattform, die zum ersten Mal vom deutschen Rabbiner Samson Raphael Hirsch formuliert wurde: Sei ein Jude zu Hause und ein Mann auf der Straße! Mit anderen Worten: Je sichtbarer, je länger und je wallender das Haar eines jüdischen Mannes ist, desto auffälliger jüdisch ist er. Joseph Breuer, ein Schüler von Hirsch, behauptete, daß die Kopfbedeckung der Frauen der Beschneidung der Männer entspreche.[6]

Scheitl (Perücke)

Das Haar ist also Mittel zur Darstellung des Jüdischen, insbesondere der verschiedenen Abstufungen von Orthodoxie. Das zeigt sich auch darin, wie sich die Haartracht des Mannes in der jüdischen Frau widerspiegelt. In jenen jüdischen Gemeinden, in denen Männer einen Bart und Schläfenlocken tragen, lassen sich die Frauen ihr Haar kurz schneiden und bedecken es mit einem *Scheitl*, einer Perücke. Die Form des *Scheitls* gibt Auskunft darüber, welcher Gemeinde die Frau angehört, und die verschiedenen Abstufungen innerhalb der Gemeinde werden

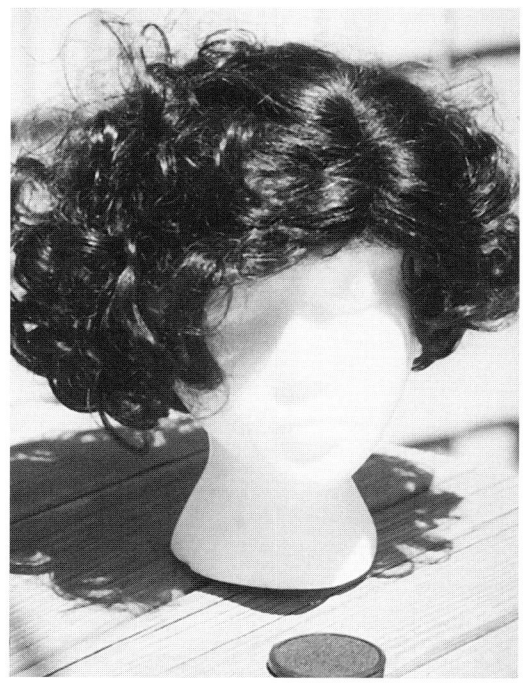

immer komplexer. So zum Beispiel tragen die Schülerinnen des Skverer Rebbe in New York eine Perücke aus glattem Haar, das hinten mit einem Tuch zusammengebunden ist; die weiblichen Mitglieder der Satmarer Gemeinde in Jerusalem rasieren ihren Kopf und tragen enganliegende, schwarze Kopftücher; marokkanische religiöse Frauen sind an ihrem schwarzen Haarnetz zu erkennen. Im Gegensatz dazu tragen Frauen in modernen orthodoxen Gemeinden, in denen sich die Männer ihren Bart abrasieren, Hüte oder Kopftücher. Wird das Haar mit religiösem Judentum und einer auffälligen öffentlichen Bekräftigung jüdischer Identität gleichgesetzt, dann sind das Haar und die verschiedenen Kopfbedeckungen von jüdischen Frauen als konkurrierende Bemühung anzusehen, eine öffentliche jüdische Identität zu etablieren.

Was Frauen betrifft, hat die antisemitische Verwendung des jüdischen Haares eine eigene Bildersprache. Während ein strenger Haarknoten die sexuell unterdrückte Schickse kennzeichnet, ist das wallende Haar der jüdischen Frau Ausdruck ihres Sex-Appeals, ihrer Schönheit und ihres Jüdischseins. Die

Sprache des Haares hat eine biblische Grundlage: Die Erniedrigung der Sota – der Frau, die des Ehebruchs verdächtigt wird – beginnt mit zwei Maßnahmen: dem Zerreißen ihrer Kleider und dem Lösen ihres Haares. Das lange wallende Haar der Sulamith in der Arbeit von Anselm Kiefer, die auf Paul Celans *Todesfuge* basiert, ist ein weiteres Beispiel für die Gleichsetzung der jüdischen Frau mit wallendem Haar; sie ist die »Jüdin«, jenes Artefakt des modernen literarischen Philosemitismus, der sie zwar auf eine höhere moralische und ästhetische Stufe als den jüdischen Mann stellt, jedoch durch ihr offenes, lose fallendes Haar deutlich von der nichtjüdischen Frau abgrenzt.

Daß die »Jüdin« eine junge Frau ist, ist kein Zufall; das Alter ist in der gesellschaftlichen Definition des Körpers nach dem Geschlecht der entscheidendste Faktor. Auch die Bedeutung des Alters für das jeweilige Geschlecht und der Rückgriff auf die jüdische Tradition bei der Bewältigung des Alterungsprozesses sind interessant. Die Tatsache, daß eine Frau als weniger attraktiv angesehen wird, wenn sie älter wird, bringt eine Reihe von Ängsten mit sich: die Angst, keine netten Komplimente mehr zu bekommen, die Angst vor dem Ende sexueller Verbindungen, die Angst, den Ehemann an eine jüngere Frau zu verlieren – im Grunde genommen, die Angst vor dem Ende des Frauseins, eine Angst, die von der Gesellschaft genährt wird. Eine alte Frau ist keine Frau mehr; das Alter löscht viele Zeichen ihrer Geschlechtsidentität aus. Das gilt für Männer nicht in gleichem Maße. Männer können mit zunehmendem Alter auf religiöse Aspekte des Judentums zurückgreifen und ihre Bestätigung als »Patriarchen« finden – eine Rolle, die für Frauen nicht vorgesehen ist. Trägt zum Beispiel ein junger Mann eine gestrickte Kippa, mag dies durchaus seiner Männlichkeit entgegenwirken; trägt hingegen ein Mann mittleren Alters eine Kippa, macht er seinen physischen Verfall durch religiöse Würde wett.

Die Auswirkung des religiösen Judentums auf die Männlichkeit geriet jedoch mit

Spinoza ins Kreuzfeuer der Kritik – eine Kritik, die sich bis heute gehalten hat. Spinoza erklärte, daß die Gebote die jüdischen Männer »entmännlichten«, während die Führer des Reformjudentums behaupteten, daß das liberale Judentum ein »männlicher« Glaube sei.[7] Ähnlich beschrieben es führende Köpfe der *Wissenschaft des Judentums* als ein männliches Bestreben: »(...) wir sind Männer geworden und wollen Männerkost, wir wollen die Wissenschaft.«[8] Die Definition des Judentums als männlich wurde unweigerlich von der Behauptung begleitet, daß das Christentum eine weibische, passive Religion sei.[9] Die Bestrebungen bestimmter Zionisten, von der Diaspora entmännlichte Juden zu nehmen und aus ihnen Muskeljuden zu machen (Max Nordau), sind allgemein bekannt.[10] Die Diaspora und die von ihr hervorgebrachte Frömmigkeit und politische Passivität hatten angeblich die jüdischen Männer ihrer Maskulinität, ihrer Stärke und ihrer Gesundheit beraubt. Die Behandlung von Frauen im religiösen jüdischen Leben wurde als »orientalistisch« und damit als inakzeptabel für Westeuropa beschrieben, und speziell die Mikwe wurde als unhygienisch und als Nährboden für Bakterien kritisiert.

Der Rückgang der Mikwe während des 19. und frühen 20. Jahrhunderts in Europa ist bis jetzt noch nicht wissenschaftlich untersucht worden. Es ist jedoch unbestritten, daß es gegen Mitte des 19. Jahrhunderts bereits enorm viel Mühe kostete, selbst orthodoxe Paare zu einem Besuch zu bewegen. Zwischen 1877 und 1922 wurde etwa ein halbes Dutzend Bücher in deutscher Sprache geschrieben, die an jüdische Frauen appellierten, die Nidda-Gesetze zu befolgen. Jedes dieser Bücher beginnt mit der eindringlichen Ermahnung, daß die Gesetze befolgt werden müssen; nicht nur, weil eine Zuwiderhandlung gemäß dem rabbinischen Judentum die Verbannung der Seele aus dem Himmel nach sich zöge, sondern weil die Einhaltung der Gesetze die Hygiene und die Gesundheit innerhalb der Familie fördere. Jenen Frauen, die sich an die Nidda-Gesetze hielten, wurden ein geringeres Risiko bei Frauenkrankheiten und eine psychologisch stärkere eheliche Beziehung in Aussicht gestellt. Deutsche Wissenschaftler, wie Alfred Nossig und Ludimar Hermann, wurden mit ihren Forderungen nach bester Gesundheit jüdischer Frauen zitiert: »(...) daß sich in diesem (im jüdischen) Stamme eine hervorragende Tüchtigkeit relativ häufiger findet als in anderen Stämmen.«[11] Die Gesetze der Familienreinheit werden als Grund dafür angeführt, daß Nossig und Hermann eine »ganz ungewöhnliche Akklimatisationsfähigkeit der Juden« und deren »oft beobachtete Immunität gegen gewisse Krankheiten« und Epidemien feststellten.[12]

Die Nidda-Gesetze werden im allgemeinen für die wichtigsten Gebote gehalten, die den Körper und die Rolle der Frau im traditionellen jüdischen Religionsleben definieren und verankern. Ich möchte im folgenden zeigen, wie die rabbinischen Diskussionen um die Nidda die Geschlechterrollen einerseits verfestigen und andererseits durcheinanderbringen und aufweichen. Die rabbinische Literatur läßt einen Konflikt zwischen dem durch Körperteile physisch bestimmten Geschlecht einerseits und den gesellschaftlich definierten Geschlechterrollen andererseits erkennen. Die »Frau« wird nach speziell festgelegten Kriterien, wie etwa der Menge und Verteilung der Schamhaare, vom »Mann«, vom »Zwitter« und von »tumtum« (dem Geschlechtslosen) unterschieden. Des weiteren wird die »Frau« durch eine Reihe vorgeschriebener und verbotener Verhaltensweisen bestimmt, die sie von den anderen Geschlechtskategorien unterscheiden und deren Nichtbefolgung zu Geschlechtsinstabilität, ja sogar zu Transsexualität führen kann. So zum Beispiel warnte Rabbi Ovadia Josef, der geistige Mentor der israelischen Schass-Partei, kürzlich davor, dem rabbinischen Gebot, daß ein Mann nie zwischen zwei Frauen gehen solle, zuwiderzuhandeln. Frauen studieren nicht die Tora, und ein Mann, der zwischen ihnen geht, würde »wie eine Frau werden«.[13] Durch das Studium der Tora, das den Frauen untersagt, den Männern hingegen befohlen ist, bleiben Männer männlich – eine Geschlechtsidentität,

die sie anscheinend leicht verlieren könnten. Offensichtlich ist die Geschlechtszuordnung nicht absolut beziehungsweise gewiß; wenn Männer der gesellschaftlichen Rolle, die ihnen die Religion auferlegt, nicht gerecht werden, können sie leicht zu Frauen werden.

Die rabbinische und postrabbinische Literatur schenkt den Nidda-Gesetzen größte Beachtung. Diese außergewöhnlich große und bis ins kleinste Detail gehende Aufmerksamkeit, die Generationen von männlichen Rabbinern den mit der Menstruation verbundenen Ritualen widmeten, läßt vermuten, daß hier wohl mehr auf dem Spiel steht als nur ein weiteres Gebot.

Die Vagina ist jener Körperteil des Menschen, der in der klassischen jüdischen Literatur am häufigsten diskutiert wird. Obgleich die Vagina offensichtlich als Metonym für die Frau dient, behaupte ich, daß sie auch zu jüdischen Männern gehört: Die Vagina übernimmt im rabbinischen Judentum so etwas wie die Funktion eines Zeichens, eines Phallus. Die uneingeschränkte Aufmerksamkeit, die ihrer Funktionsweise zuteil wurde, und die von männlichen Rabbinern angeordnete Beobachtung und Auslegung ihrer Sekrete führt zu der Frage, wessen Vagina es ist. Die Tatsache, daß die ausschließlich männlichen Rabbiner, von denen die klassischen jüdischen Gesetze stammen, der Vagina und deren Sekreten so übertrieben viel Beachtung schenken, läßt auf tiefergehende Gründe schließen. Die Vagina wird zum Fetisch der Rabbiner; wobei die Beteiligung der Frauen entsprechend einer genau festgelegten Handlungsroutine für die Befriedigung der Rabbiner wichtig ist. Gleichzeitig muß die weibliche Beteiligung an dieser Männerphantasie den Frauen ihre eigenen persönlichen Freuden bieten. Diese sind in meinen Augen auf drei Ebenen angelegt: der intellektuellen Differenzierungsfähigkeit, die von jüdischen Frauen bei der Befolgung der Nidda-Gesetze gefordert wird; der moralischen Verantwortlichkeit, die Frauen durch die Einhaltung der Nidda – der Gesetze der menstruellen Unreinheit, einer Reihe von Geboten, deren Nichtbefolgung in schärfstem Maße bestraft wird – übertragen wird; und der Erotisierung der Selbstuntersuchung und des rituellen Untertauchens in der Mikwe, die die zentralen Komponenten des Gebotes sind.

Während die Nidda-Gesetze von Anthropologen bereits umfassend untersucht worden sind, zum Beispiel von Mary Douglas, deren Interesse der symbolischen Funktion von Bluttabus in der Gesellschaft gilt, liegt mein Schwerpunkt in einem anderen Bereich. Ich möchte zwei Aspekte der Nidda-Gesetze beleuchten: die Selbstuntersuchung der Frauen und die Prüfung von befleckten Tüchern und befleckter Unterwäsche durch einen Rabbiner. Welche Folgen hat der Vollzug der Nidda-Rituale für die Sexualität, die Erotik und die Geschlechtsidentität sowohl bei Frauen als auch bei Männern? Welche Rolle spielen Rabbiner bei der Durchführung dieser Rituale? Hält man sich vor Augen, daß Rabbiner die umständlichsten Rituale erfanden und anordneten, die weit über die in der Bibel festgehaltenen Grundregeln hinausgehen, müssen wir die Frage nach den Phantasien und Vorstellungen der Rabbiner stellen, mit deren Hilfe sie ihre Beteiligung an vaginazentrierten Ritualen begründeten.

Der wohl außergewöhnlichste Aspekt der Nidda-Gesetze ist für eine Frau nicht der Verzicht auf die sexuelle und körperliche Beziehung zu ihrem Gatten, sondern die Selbstuntersuchung, der sie sich vor dem Untertau-

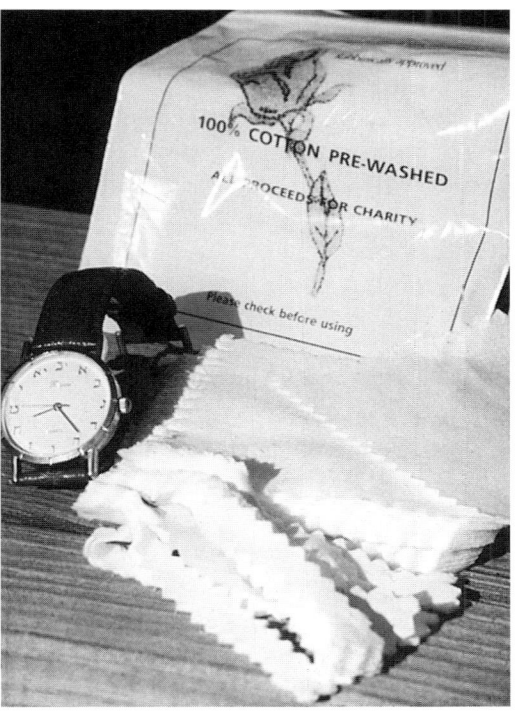

Tücher für die Selbstuntersuchung

chen in der Mikwe unterzieht. Laut jüdischem Gesetz sind Frauen nach ihrer Monatsblutung verpflichtet, eine Woche lang zweimal täglich ihre Vagina zu waschen und zu untersuchen, ob sie noch Spuren von Blut aufweist. Sind die speziellen Tücher zur Selbstuntersuchung oder die Unterwäsche (gemäß jüdischem Gesetz müssen Frauen weiße Unterwäsche tragen) befleckt, müssen sie dem Rabbiner zur Prüfung vorgelegt werden. Der Rabbiner interpretiert sowohl die Größe als auch die Farbe der Flecken und entscheidet, ob es sich um Nidda-Blut handelt oder nicht. Ein kürzlich erschienener Leitfaden für die Nidda-Gesetze verfügt folgendes: »Am späten Nachmittag des fünften Tages oder eines anderen darauffolgenden Tages wäscht sie den unteren Teil ihres Körpers oder zumindest ihren Genitalbereich innen und außen. Dann legt sie ein vorher überprüftes Untersuchungstuch auf ihren Zeigefinger und führt diesen in ihre Vagina ein, wobei sie so tief wie möglich in den Vaginalkanal eindringt. Das Tuch wird tief in die Vagina eingeführt und langsam und sorgfältig bewegt, vorzugsweise in einer kreisförmigen Bewegung von

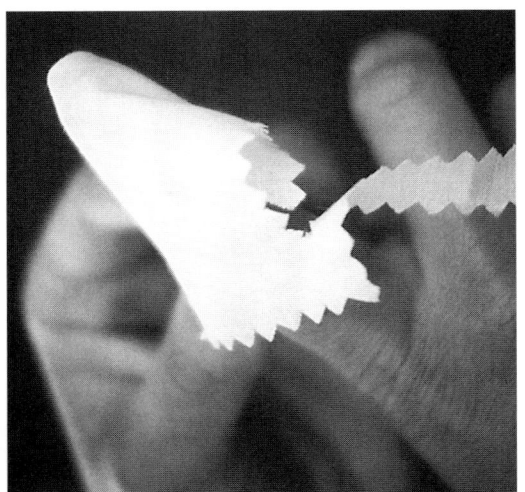

Tuch für die Selbstuntersuchung

oben nach unten, wobei es gegen die Innenwände der Vagina gedrückt wird. Sie muß in allen Spalten und Falten suchen, um sicherzugehen, daß sämtliche Blutungen und Befleckungen vollständig aufgehört haben. Eine Frau, die das Untersuchungstuch nur leicht in ihre Vagina einführt oder sich lediglich abwischt, ohne gründlich zu suchen, hat die Anforderungen der Untersuchung nicht erfüllt und bleibt in ihrem Niddus-Zustand.«[14]

Daß es sich bei dieser Selbstuntersuchung um eine vorgeschriebene Anleitung zur weiblichen Masturbation handelt, wurde bereits im Talmud erkannt. Während die Masturbation Männern strengstens untersagt ist, beschlossen die Rabbiner, sie Frauen zu gestatten. Die Behandlung der Nidda-Gesetze im Talmud zeigt, daß Männer das, was sie nicht selbst tun können, stellvertretend den Frauen aufbürden: »Jede Hand, die häufig Untersuchungen durchführt, ist im Falle von Frauen wert des Lobes, sollte jedoch im Fall von Männern abgeschnitten werden. Gemara: Worin unterscheiden sich Frauen in dieser Hinsicht von Männern? Frauen sind in dieser Sache nicht empfindsam und somit wert des Lobes, doch im Falle von Männern, die höchst empfindsam sind, sollten deren Hände abgeschnitten werden. (...) Rabbi Eliezer sagte: Wer auch immer seinen Penis hält, wenn er Wasser läßt, ist, als ob er eine Flut über die Welt gebracht hätte. Darauf antwortete Abaye: Mit einem dicken Lappen. Raba antwortete: Man könnte sogar sagen, daß es für einen weichen Lappen gilt, denn, sobald der Samen losgelöst wurde, spielt die nachfolgende Berührung keine Rolle mehr (...). Womit könnte man dies vergleichen? Mit dem Berühren des Auges mit einem Finger, während das Auge, solange der Finger darauf ruht, weiterhin tränt. Nun, Raba? Es ist recht ungewöhnlich, daß einer zweimal in unmittelbarer Folge in Hitze gerät.«[15]

Die Rabbiner leiten also die Frauen zu einer ritualisierten Masturbation zweimal pro Tag an. Das ist der eine Bereich, in dem die Nidda-Gesetze erotisiert werden. Ein weiterer Bereich: Die Frauen sollen dem Rabbi die Unterhose zur Untersuchung vorlegen. Dieses Ritual würde als erniedrigend empfunden werden, wenn es nicht erotisiert wäre: »An keiner Stelle der Halacha wird von einem zuständigen Rabbi eine derart konsequente und laufende Besprechung, Entscheidungsfindung und Beratung gefordert wie in den Nidda-Vorschriften. Viele glücklose und unnötig lange oder zu häufige Nidda-Perioden hätten infolge einer offenen und eingehenden Besprechung mit einem zuständigen Rabbiner, der in den Nidda-Vorschriften erfahren ist, vermieden, abgekürzt oder auf ein Mindestmaß reduziert werden können.«[16]

»Einer der Gründe dafür, daß keine She' alos (Fragen an den Rabbi) gestellt werden, ist, daß die Frau sich schämt, über ihr Problem zu sprechen (...). Sie sollte nicht glauben, daß sie sich dem Rabbi mit ihren Fragen aufdränge oder daß es gegenüber dem Rabbi respektlos bzw. für diesen erniedrigend sei, wenn er ihre befleckten Kleider untersucht (...). Einige Frauen mögen sogar behaupten, daß sie aus Zurückhaltung nicht fragen.«[17]

Die Untersuchung durch einen Rabbiner ist von entscheidender Bedeutung, um festzustellen, ob die Frau »nidda« ist oder nicht: »Die Tora sagt, daß die Strafe, mit einer Nidda zu leben, der verfrühte Tod ist (...). Einer, der die Nidda-Vorschriften aufs genaueste und gewissenhafteste einhält, wird mit Söhnen belohnt, die herausragende Tora-Gelehrte werden und ein langes Leben haben.«[18] Ein Zuwiderhandeln gegen die Nidda-Gesetze durch sexuelle Beziehungen zwischen Mann und Frau zieht laut Tora die schlimmste aller Strafen nach sich: das Abschneiden der Seele – eine Strafe, die sonst für Sünden wie Essen zu Yom Kippur oder das Leugnen der Existenz Gottes vorbehalten ist.

Mit anderen Worten: Die Absonderungen der Vagina üben auf die Frau selbst und auf ihren Mann eine große Macht aus, entscheiden über Leben und Tod und bestimmen die Qualität der nächsten Generation. Daß die Rabbiner der Vagina eine derartige Macht über das Leben von Männern zusprechen, ist angesichts des durch und durch zweitklassigen Status von Frauen im religiösen jüdischen Leben besonders erstaunlich. Dennoch sind die Nidda-Gesetze von männlicher Hand geschaffen und auf männliche Interessen konzentriert; eine Frau befolgt sie nicht sich selbst, sondern ihrem Mann zuliebe. In diesem Sinne gehört die Vagina ihm in gleichem Maße wie ihr. Ein verheirateter Mann lebt im Rhythmus ihrer Absonderungen und wird, sofern er ein Rabbiner ist, mit ihren Funktionen aufs intimste vertraut. Wessen Vagina ist es? Oder ist die Vagina als ein Zeichen zu verstehen, vielleicht parallel zum Phallus, ein Zeichen, das mit jener emotionalen Bedeutung beladen ist, die die Geschlechtsidentität formt?

Die Nidda-Gesetze fungieren als eine »Perversion« der Geschlechterbeziehungen, definiert man Perversion wie Louise Kaplan als »eine mentale Strategie, die sich in einer Art und Weise des einen oder anderen gesellschaftlichen Stereotyps von Männlichkeit und Weiblichkeit bedient, die den beobachtenden Zuschauer über die unbewußten Bedeutungen der Verhaltensweisen hinwegtäuscht.«[19] Perversion, so Kaplan, spiegelt das zentrale Anliegen wider, die Schuld im Unbewußten zu lassen. Die Nidda kann als Manipulation von sozialen Stereotypen der Geschlechtsidentität gesehen werden, indem dem Betrachter suggeriert wird, daß die Sorge hauptsächlich dem Körper der Frau gilt, während es eigentlich um das männlichen Verlangen geht. Als Beispiel für diese perverse Strategie ist die Nidda Ausdruck der »femininen Wünsche und Sehnsüchte eines Mannes, ohne ihn seiner männlichen Machtposition zu berauben.«[20] Handelt es sich bei der Nidda um eine perverse Strategie, können die Vagina und deren zahlreiche farbenprächtige Sekrete als ein zentraler Fetisch des rabbinischen Judentums verstanden werden. Ist der Fetisch gemäß Freud ein Substitut für den Penis der Mutter, an den der kleine Junge einmal glaubte und den er nur widerwillig aufgibt, dann ist die Vagina für den Rabbiner der Ersatz für den nicht vorhandenen weiblichen Penis, der nicht beschnitten werden kann, dem man nicht die jüdische Identität aufprägen kann. Die Nidda-Gesetze machen die Vagina zu einem

transzendenten Zeichen der Geschlechtsidentität und des jüdischen Status. Daß sie sowohl den Männern als auch den Frauen gehört, ist die Folge ihres Status als Fetisch, der aus der Unbestimmbarkeit des Geschlechts des phantasierten Penis der Mutter resultiert.

Die männliche Dominanz und Kontrolle innerhalb des klassisch patriarchalen Systems der jüdischen Kultur, ob religiös oder säkular, sind unbestritten. Männer sind das visuelle Symbol des Judentums; es sind ihre Stimmen, die aus jüdischen Texten sprechen; es ist ihr Blick, der jüdische und nichtjüdische Angelegenheiten in die richtige Perspektive bringt. Die Konstruktion der Geschlechtsidentität im Judentum ist eine von Männerhand geschaffene Architektur, die Frauen eine konsequent untergeordnete Position zuweist. Der Jude ist männlich, und es steht außer Frage, daß der Mann jüdisch ist; es ist ihm ins Fleisch geschrieben. Es gibt für Frauen nichts Vergleichbares. Zur gleichen Zeit offenbart jedoch eine gewisse Spannung zwischen der physischen und gesellschaftlichen Determinierung der Geschlechtsidentität die Sorge, daß die Männlichkeit nur allzu leicht verlorengehen kann, weicht man von der festgelegten männlichen Rolle in der

Susannah Heschel

Gesellschaft ab, und daß hinsichtlich der »Eigentumsverhältnisse« an der Vagina eine Ambivalenz besteht. Die Vagina des Mannes beziehungsweise die männliche Vagina wird durch die Nidda-Gesetze begründet, die nicht nur »eine Angst vor ihren (der Männer) eigenen femininen Wünschen«[21] enthüllen, sondern die Vagina auch zu einem Zeichen machen, das heterosexuelle Beziehungen verordnet und masturbatorische Freuden kontrolliert. Die männlichen Phantasien über den Verlust des mütterlichen Penis werden durch die Blutungen – die Verlust und Strafe sind – zum Ausdruck gebracht, während das männliche Verlangen durch von Männern geschaffene Regeln zur rituellen Masturbation von den Frauen stellvertretend befriedigt wird. Während des Übergangs von der mischnaischen zur talmudischen Ära verschob sich die Nidda aus dem Kontext der Reinheitsvorschriften in die inszenierte körperliche Untersuchung. Damit nahmen Blut, Verlust und Strafe neue Konnotationen als metaphorische Ausdrücke für die politischen und gesellschaftlichen Umwälzungen nach der Zerstörung des Zweiten Tempels und mit der Geburt eines kodifizierten rabbinischen Judentums und rabbinischer Juden an.

Anmerkungen

1 Eine detaillierte Analyse der Art und Weise, in der das matrilineare Prinzip diskutiert wurde und wie sich dessen Bedeutung im Laufe der Zeit änderte, findet sich in Shaye J. D. Cohen: The Origins of the Matrilineal Principle in Rabbinic Law. In: AJS Review 10 (1985), S. 19–54.

2 Howard Eilberg-Schwartz (Hrsg.): People of the Body. Albany, New York 1992, S. 33.

3 Sander Gilman: Franz Kafka. The Jewish Patient. New York, London 1995, S. 156–157.

4 Heinz Schreckenberg: The Jews in Christian Art. An Illustrated History. New York 1996.

5 Eine detaillierte Analyse dieser Gesetze findet sich in Raul Hilberg: The Destruction of the European Jews. Chicago 1961.

6 Joseph Breuer: Am Heiligtumsquell des jüdischen Ehelebens. Frankfurt am Main 1923, S. 34.

7 Max Wiener: Abraham Geiger and Liberal Judaism. The Challenge Nineteenth Century. Übers. von Ernst J. Schlochauer. Philadelphia 1962, S. 117.

8 Brief von Abraham Geiger an Leopold Zunz, 13. Oktober 1833. Ludwig Geiger: Aus Leopold Zunz' Nachlaß. In: Zeitschrift für die Geschichte der Juden in Deutschland. Band 5, S. 223–268.

9 Siehe zum Beispiel Joseph Salvador: Jesus-Christ et sa doctrine. Brüssel 1838; Leo Baeck: Romantische Religion. In: Festschrift zum 50jährigen Bestehen der Hochschule für die Wissenschaft des Judentums. Berlin 1922, S. 1–48.

10 Max Nordau: Entartung. 2. Auflage. Berlin 1893; Michael Berkowitz: Zionist Culture and West European Jewry before the First World War. Cambridge, England, 1993.

11 Alfred Nossig: Sozialhygiene der Juden und des Altorientalischen Völkerkreises. Stuttgart 1894, S. 58, 133, 135, 136; Ludimar Hermanns Artikel »Zeugung« in: Handbuch der Physiologie. Leipzig 1879–1883.

12 Siehe Abraham Levi: Die Pflichten der jüdischen Frau. Anhang zu: Rebecca; oder das jüdische Weib. 5. Auflage. Frankfurt am Main 1903; Rebecca oder Das jüdische Weib in ihrem religiösen Berufe. Eine Federzeichnung. 2. Auflage. Frankfurt am Main 1920; Salomon Carlebach: Ratgeber für das jüdische Haus. Ein Führer für Verlobung, Hochzeit und Eheleben. Berlin 1918; Seligman Baer Bamberger: Die jüdischen Frauenpflichten über niddah, hallah, hadlakah, melihah, u-tevilat ha-kelim. 2. Auflage. Satoraljaujhely 1907; Lasar Muenz: Tauras Noschim. Ein Buch für die jüdische Ehefrau. Frankfurt 1905.

13 The Jerusalem Post. (2. Juli 1997).

14 Shimon D. Eider: Halachos of Niddah. Band 1. Spring Valley, New York 1991, S. 65–67.

15 Mishnah Niddah 2:1, 13a.

16 Eider, Halachos xix.

17 Eider, Halachos xx.

18 Eider, Halachos xxi.

19 Louise J. Kaplan: Female Perversions. The Temptations of Emma Bovary. New York 1991, S. 9.

20 Ebd., S. 25.

21 Ebd., S. 27.

Der sinnliche und der übersinnliche Jude

Christina von Braun

»Männer, die kuppeln, haben immer Judentum in sich; und damit ist der Punkt der stärksten Übereinstimmung zwischen Weiblichkeit und Judentum erreicht. Der Jude ist stets lüsterner, geiler, wenn auch merkwürdigerweise, vielleicht im Zusammenhange mit seiner eigentlich antimoralischen Natur, sexuell weniger potent, und sicherlich aller großen Lust weniger fähig als der arische Mann.«[1]

In seinem Buch *Geschlecht und Charakter* vergleicht Otto Weininger den Juden nicht nur mit der Frau,[2] er umschreibt ihn auch mit Begriffen, die der Asservatenkammer christlicher Feindbilder entnommen sind. Es sind Bilder, in denen Sexualität und Fleischeslust – als zentrale Kategorien von Sündigkeit – eine wichtige Rolle spielen. Solche Vorstellung vom »Juden« hat eine lange Geschichte, die sich nur aus den Ursprüngen des Christentums selbst verstehen läßt.

Die frühen Christen waren vom Gedanken der sexuellen Gefahren besessen. Der menschliche Körper erschien dem Heiligen Hieronymus wie ein »verdunkelter Wald, der vom Gebrüll wilder Tiere erfüllt« war.[3] Kontrollieren ließ sich dieses Unheil nur durch strenge Speiseregeln und das Vermeiden sexueller Versuchung. Durch Hieronymus, so schreibt der Historiker Peter Brown in seinem Buch *Die Keuschheit der Engel*, in dem er die verschiedenen asketischen Bewegungen des frühen Christentums beschreibt, wurde »Paulus' Begriff des *Fleisches* endgültig sexualisiert.«[4]

Im Fasten sah Hieronymus ein Mittel, sich den gefährlichen Versuchungen der sinnlichen Welt zu widersetzen, und das verlieh dem Fasten einen neuen »Sinn«. Während das Fasten im Alten Testament als ein Akt der Demut gewertet wird, durch den der Zorn Gottes beschwichtigt und dieser zum Mitleid gestimmt werden soll, versuchten die Christen, durch ihre Art der Askese *Vollkommenheit* zu erlangen. Dieser Gedanke hing unter anderem zusammen mit der Mission und dem Bedürfnis, in der Konkurrenz mit der jüdischen Religion den Neuen Bund als dem Alten Bund überlegen darzustellen. Dabei spielte die Sexualität eine wichtige Rolle. Nichts beeindruckte die griechische und römische Antike so tief an der jüdischen Religion wie deren Disziplin, die sich auf die Einhaltung der Speise- und Ritualgesetze und vor allem auf die Sexualität bezog. Der Hintergrund für die Kontrolle, die die Rabbiner über die Geschlechtlichkeit und den weiblichen Körper ausübten (vgl. die beiden Aufsätze von Susannah Heschel und Joachim Schlör in diesem Band), war der Zusammenhalt der Gemeinschaft. Die Sexual- und Speisegesetze, vor allem die Sexualgesetze, ließen die Juden (vor sich und den anderen) als einen »Gemeinschaftskörper« erscheinen, der sich von den anderen Gemeinschaften deutlich unterschied. So waren es vor allem bekehrte Heiden, die Paulus drängten, jüdische Bräuche zu übernehmen. »Sie hatten den Wunsch«, so schreibt Brown, »wie Juden zu werden und nicht Geschöpfe, die zu ritueller Unsichtbarkeit verdammt waren.« Paulus' Idee einer »neuen Schöpfung«, das heißt einer Gemeinschaft, die »ohne die handgreiflichen, körperlichen Attribute einer unverwechselbaren religiösen Regel gebildet wurde, erschien vielen als düstere und heimatlose Perspektive.«[5]

Kurzer Exkurs: Was ist ein »Gemeinschaftskörper«? Alle Gesellschaften – ich denke, das kann man so allgemein sagen – versuchen, durch die Analogie zum Individualkörper der eigenen Gemeinschaft den Anschein von Geschlossenheit und Zusammengehörigkeit zu verleihen. Auf diesem Bedürfnis beruhen viele kulturelle Phänomene wie etwa die Bilder des Blutes, die in allen Kulturen – als Opferriten, als Inzestverbot, als Blutsbrüderschaften usw. – eine wichtige Rolle spielen. Von diesen Bildern leitet sich zumeist ein gemeinsamer Ursprung, die Herkunft von einer historischen oder mythischen Urgestalt ab: einer Urmutter, einem Urvater (was nicht identisch ist mit dem Schöpfer). Durch das Bild von der Gemeinschaft des Blutes soll etabliert werden, daß die vielen individuellen Körper in Wirklichkeit einen einzigen Körper bilden, weil ein und dasselbe Blut durch alle Adern fließt.

Die Einheit und Geschlossenheit des Gemeinschaftskörpers hängt wiederum eng mit den Gesetzen der »Reinheit« zusammen, die in jeder Gesellschaft anders definiert werden. So sehr sich die jüdischen und christlichen Vorstellungen von »Reinheit« auch unterscheiden – beziehungsweise Gegensätze bilden –, ist ihnen doch gemeinsam, daß sich hinter dem Begriff der Reinheit immer eine Vorstellung von der Einheit und Abgeschlossenheit des »Gemeinschaftskörpers« verbirgt.[6] Die Gesetze der »Reinheit« betonen die *Gemeinsamkeit* der Individuen, die einer Gruppe angehören, ebenso wie den *Ausschluß* von dem »Fremden«, das als »unrein« oder als verunreinigend betrachtet wird. In dieser Hinsicht ist die Etymologie des Wortes »rein« aufschlußreich: Aus d. mhd. *reine*, ahd. *reini*, as. *hreni*, auch in gt. *hrains*, anord. *hreinn*, afr. *hrene* stammend, bedeutet das Wort ursprünglich »gesiebt, gesäubert«, vergleichbar dem Wortstamm »krei«: »scheiden, sichten« (v. gr. *krino*, lat. *cernere*, die

Wörter f. »Sieb«).[7] Im Wort »rein« steckt also auch die Bedeutung von »herein« oder »hereinnehmen«, die zugleich Ausschluß und Einschluß beinhaltet.[8] Die Gesetze der Reinheit dienen also letztlich dazu, dem Kollektivkörper, der über keine genau definierten Grenzen verfügt, dennoch den Anschein einer körperlichen Geschlossenheit zu verleihen. Den Individualkörper umschließt eine Haut, und er wird zusammengehalten von einem dichten Netz von Nervensträngen und Blutadern, die ein geschlossenes »System« darstellen. Diese Metaphorik wird auf den Gemeinschaftskörper übertragen, und die Gesetze der »Reinheit« übernehmen gleichsam die Funktion der Haut. Nicht durch Zufall war eine der Parolen des Antisemitismus in der Donaumonarchie mit ihrem Vielvölker- und Vielsprachenstaat »Durch Reinheit zur Einheit«.[9] Die Parole ließe sich aber auch umdrehen – »Durch Einheit zur Reinheit« –, will man die Funktion von Uniformen, von Truppen im Einheitsschritt usw., aber eben auch die Rolle der statistischen Erfassung von Individuen[10] begreifen. Auch hier geht es darum, dem Gemeinschaftskörper den Anschein eines geschlossenen und einheitlichen Individualkörpers zu verleihen.

Die Gesetze, die die Sexualität regulieren, stehen im Zentrum jeder Vorstellung von Reinheit. Sie legen fest, nach welchem Ritus das Fremde entweder ausgeschlossen oder integriert wird. Die Bedeutung der Sexualität für die Gemeinschaft mag einer der Gründe dafür sein, daß der Gemeinschaftskörper immer als weiblich repräsentiert wird. Das jüdische Volk wird als Braut, Tochter oder Schwester des jüdischen Gottes bezeichnet (vgl. den Aufsatz von Susannah Heschel in diesem Band). Ebenso ist im Christentum die christliche Gemeinde die Braut Christi beziehungsweise Christus das Haupt und die Gemeinde sein Leib.[11] Diese Bilder tauchen auch im säkularen Kontext auf, wo der König bei der Krönung die Nation heiratet.[12] Das *Individuum* hingegen, das für eine bestimmte Gruppe oder einen »Typus« steht, ist immer männlich: »Der Jude« hat Bart und Schläfenlocken. Dieselbe Geschlechtermetaphorik zeigt sich auch im nichtjüdischen Kontext. Die modernen Nationen werden allegorisch durch weibliche Figuren dargestellt: als Britannia, Germania oder Marianne. »Der« nationale Typus hingegen heißt John Bull oder deutscher Michel, oder er gibt sich an seiner Baskenmütze als Franzose zu erkennen. Diese Rolle der Sexualbilder – und der Zuweisungen an den männlichen und weiblichen Körper im kollektiven Kontext – spiegelt sich wiederum in den frühchristlichen Abgrenzungen gegen die jüdische Religion und in den Feindbildern jüdischer »Triebhaftigkeit« wider.

Der jüdischen Religion wie der heidnischen Antike war die Sexualität ein »Trost« für den »Stachel des Todes« und zugleich ein Mittel, durch die Regeneration den Gesetzen des Verfalls zu begegnen: des Verfalls der sozialen Gemeinschaft, in deren Kontinuität sich das Individuum »aufgehoben« fühlte. Sexualität und Fortpflanzung stellten einen Tribut an die Gemeinschaft dar, den Männer und Frauen zu erbringen hatten. Zugleich galt die Sexualität aber auch als die Einfallspforte jener Unberechenbarkeit, die den Menschen fragil erscheinen ließ wie die »unbewußte« Natur, die von der Kultur, von den schöpferischen geistigen Mächten des Menschen nichts wußte. Eben deshalb beeindruckte die disziplinierte, »sozialisierte« Form von Sexualität, die die jüdische Religion von ihren Gläubigen verlangte: Hier verband sich die beruhigende Gewißheit des Weiterlebens der Gemeinschaft mit der Gewißheit einer geistigen Überlegenheit des Menschen und einer Befreiung von den dunklen, antisozialen Mächten der Sexualität.

Dieser Gemeinschaftsbildung stellte das frühe Christentum eine neue Form der Gemeinschaftsbildung gegenüber: die Enthaltsamkeit. Die Spiritualität wurde zum einigenden Band einer Gruppe »gleichgesinnter Seelen«, die den Körper, das Geschlecht für bedeutungslos erklärten – eine Vorstellung, die, wie viele andere des Christentums, den immateriellen Körper der Internet- und Cyberspace-Phantasien vorausnimmt. (Davon wird später noch die Rede sein.) Wegen ihrer Geistigkeit erschienen Männer und Frauen dieses frühen Christentums ununterschieden. Sowohl Origines (185–254) als auch der frühe Hieronymus (ca. 340–420) waren überzeugt von einer grundsätzlichen Identität des Geistes bei Männern und Frauen. Übten die Patriarchen des Alten Bundes eine diszinierte Sexualität, so erklärten die christlichen »Väter der Wüste«, die Asketen und Eremiten, die ihre Behausung in den unwirtlichsten Gegenden der Welt aufnahmen, die sich für Jahre oder Jahrzehnte in Höhlen verkrochen oder auf ihren Säulen saßen, ihren Körper zum Schauplatz einer neuen Form von Gemeinschaft, für die Geistigkeit nicht Disziplinierung des Sexualtriebs, sondern schlicht und einfach dessen Überwindung bedeutete. Jede religiöse Gemeinschaft basiert auf einer Übereinkunft darüber, wie sie dem »Stachel des Todes« zu begegnen hat. Diese Gemeinschaft fand ihn im »Boykott des Schoßes«, der, so die Vorstellung, nicht nur die »gegenwärtige Welt« ausschloß, sondern die Zeit überhaupt zum Stillstand zu bringen vermochte. Besonders deutlich zeigte sich das an der Idealisierung der Jungfräulichkeit, die dem Christentum vorbehalten blieb. Gregor von Nyssa, der um etwa 370 n. Chr. ein Werk *Über die Jungfräulichkeit* verfaßte, erschien der jungfräuliche Körper wie der unbefleckte Spiegel einer Seele, der die strahlende Reinheit Gottes aufgefangen hatte.

Mit diesem jungfräulichen Leib verband sich schon im Diesseits das Versprechen eines geschlechtslosen Leibes bei der Auferstehung. Mit der Säkularisierung sollte sich diese Idealisierung des jungfräulichen Leibes auf Technik und Maschine übertragen. So hat Martin Burckhardt dargestellt, wie sehr die Verkündigungsbilder der frühen Neuzeit – und mit ihnen die Gestalt der Madonna selbst – in Parallele zur Entwicklung der Druckerpresse zu lesen sind: Der »reine« Körper der Muttergottes, die das Wort Gottes »empfängt«, wird zur symbolischen Darstellung des weißen Papiers, auf dem die bleiernen Typen, die aus der makellosen Vereinigung von Patrix und Matrix hervorgegangen sind, ihre Spuren hinterlassen.[13] Dieselbe Phantasie taucht im Zusammenhang mit dem Computer auf, wenn von der »jungfräulichen Festplatte« die Rede ist. Für Gregor von Nyssa war die Einteilung der Geschlechter in männlich und weiblich nur ein vorübergehender, anomaler Zustand, der im Jenseits verschwinden werde. Schon Adams ursprünglicher Körper sei ein Abbild der Seele gewesen, in der sich die unberührte *Einfachheit* Gottes widerspiegele. So wird der jungfräuliche Körper zum Schutzschild der Gemeinschaft auch im Diesseits. In jedem Haus, so schrieb ein Autor, sollte eine Jungfrau wohnen, denn »das Heil des ganzen Hauses« beruhe auf ihrer Gegenwart.[14] Dieser Aspekt einer Aufhebung der sexuellen Bestimmung spielte gerade für Frauen eine wichtige Rolle und mag erklären, warum Frauen in der Mission des frühen Christentums so aktiv waren. Durch langes Fasten hatten viele asketische Frauen ihren Körper zu einer »engelhaften Unbestimmtheit« gebracht. Sie hatten ihre Haare geschoren und Männerkleidung angelegt. Sie waren von den christlichen Gelehrten ermutigt worden, sich aus den Familien zu lösen, sich den Heiratsplänen der Eltern zu widersetzen. Für die alte Gemeinschaft war ein solches Verhalten nicht nur unverständlich, sondern sogar »staatsgefährdend«, und es erklärt einen Teil der Unerbittlichkeit, mit der das Frühchristentum verfolgt wurde.

Eben weil die frühen Christen in der Enthaltsamkeit die Möglichkeit einer Aufhebung der Gesellschaftsordnung der antiken Welt sahen, rückten Sexualität und Sinnlichkeit ins Zentrum der Feindbilder, mit denen sie die Alte Welt bekämpften, insbesondere den Alten Bund, galt es doch, seine Gemeinschaftsgesetze durch die des Neuen Bundes zu ersetzen. Sexualität hatte für diese frühen Christen bestenfalls noch ihren »Sinn« in der permanenten Versuchung, die es zu *überwinden* galt – hierin vergleichbar der Rolle, die das Christentum dem »Juden« zuwies: seiner angeblichen »Verstocktheit«, die zur wichtigsten Triebkraft der christlichen Mission wurde. Durch die Konfrontation mit den angeblichen Zweifeln und der angeblichen sexuellen Begierde der *anderen* vergewisserte sich der christliche Gläubige seiner Festigkeit gegenüber den eigenen Zweifeln und seiner sexuellen Standhaftigkeit.

Diese Wurzeln frühchristlicher Enthaltsamkeit erklären freilich nur *einen* Aspekt der Bilder vom Juden: die, die sich auf seine angebliche Triebhaftigkeit, auf seinen »sinnlichen« Leib beziehen. Daneben gab es es konträre Bilder, die dem »Juden« eher einen »übersinnlichen« Leib zuwiesen. Diese anderen Bilder vom Juden, die zeitgleich mit Weiningers *Geschlecht und Charakter* auftauchten, sind am besten mit dem Begriff der »Nervosität« zu umschreiben. Um 1900 spielt der Begriff der »Nervosität« eine ebenso wichtige Rolle wie die antisemitischen Bilder jüdischer Triebhaftigkeit, die von Weininger und anderen verbreitet wurden. Auch diese Bilder wurden auf den Juden übertragen und – so wie sich Weininger selbst die antisemitischen Stereotype vom Juden zu eigen gemacht hatte – von vielen Juden im Kontext der Assimilation übernommen. Mit dem Begriff der »Nervosität« wurden Erscheinungen umschrieben, die dem Bereich des *psychisch* Krankhaften oder Krankmachenden zugeschrieben wurden. Dazu gehörte das Leben in der Großstadt mit seinen raschen und rasch wechselnden Rhythmen, mit den undurchschaubaren Beziehungsgeflechten, die die Großstadt zwischen den Menschen wob (meisterlich dargestellt in Döblins *Berlin Alexanderplatz*), mit seinen »schrägen« Typen, die als Dandys, als Schwule oder als Frauen in Männerkleidung die Cafés und Nachtbars bevölkerten. Unter dem Begriff der »Nervosität« wurden auch die Frauen geführt, die um das Stimmrecht kämpften, gegen den Abtreibungsparagraphen auf die Straße gingen oder an den Universitäten zugelassen werden wollten. Sie alle galten als »unweiblich«, als »widernatürlich« und als Produkt der Moderne mit ihren technischen Neuerungen wie der Eisenbahn, dem Dampfschiff und den Telekommunikationsmitteln: Mitteln, die allesamt »Beschleunigung«, »Unruhe« besagten. Zu den Neuerungen gehörte auch die Elektrizität, die die

Nacht taghell erleuchtete und die Entstehung neuer Gedächtnismaschinen ermöglichte. All diese Innovationen stellten die traditionellen Konzepte von Raum und Zeit in Frage. Sie durchbrachen die Naturgesetze, die seit den erfolgreichen Flugversuchen der Brüder Montgolfier hundert Jahre zuvor ohnehin schon zutiefst erschüttert waren.

Die ganze Entwicklung und die neuen Geschlechterrollen fanden ihren gemeinsamen Nenner im Begriff der »Nervosität« und seiner Anwendung auf einen bestimmten Typus von Menschen, deren Grundmuster – bei aller individuellen Unterschiedlichkeit – darin bestand, daß sich ihre Erscheinung und ihr Verhalten jeder *eindeutigen* Zuordnung widersetzten, darunter den tradierten biologischen Mustern von »Männlichkeit« und »Weiblichkeit«. Paradoxerweise war hier, im säkularen Zeitalter und engstens verbunden mit menschengeschaffener Technik und Kunstfertigkeit, genau das entstanden, wovon die frühen Christen nur geträumt hatten: Dieser »nervöse« Typus repräsentierte den »engelhaften Leib«, den Gregor von Nyssa als irdische Vorwegnahme des paradiesischen Zustandes im Jenseits betrachtete.

Hinter dem Typus (und der Diffamation) des »Nervösen« verbarg sich zugleich eine neue Konzeption von Gemeinschaftskörper, die von den technologischen Mustern und der Überwindung der »Naturgesetze« geprägt war. Parallel zu den rassistischen Vorstellungen vom »Volkskörper«, die die Gemeinschaft als *physische* Gemeinschaft definierten, war eine medial bedingte Vorstellung vom Gemeinschaftskörper entstanden. Während die Ideologie des »Volkskörpers« das gemeinsame Blut, die gemeinsame Rasse in den Vordergrund rückte – die vielen einzelnen Körper, durch die ein und dasselbe Blut pulsierte, verschmolzen in dieser Vorstellung zu einem einzigen –, stand beim »medialen Kollektivleib« die *psychische* oder (um einen modernen Ausdruck zu benutzen) die *vernetzte* Gemeinschaft im Mittelpunkt. Diese Gemeinschaft verband nicht ein gemeinsames Blut, sondern ein gemeinsames »Nervensystem«: das dichte Netz von Beschleunigungs-

und Verkehrstechniken, von Telekommunikationsmitteln und von Währungen (das Papiergeld und die Aktie als Medien), das die einzelnen Regionen, Städte und Individuen zusammenschloß und »synchronisierte«. Auf dieser Vorstellung einer durch die Medien erstellten psychischen, kulturellen (oder virtuellen) Gemeinschaft basierten unter anderem die Friedenshoffnungen der Pazifisten, die – noch wenige Jahre vor dem Ausbruch des Ersten Weltkriegs – in dem, was wir heute die »globale Vernetzung« nennen, eine Garantie für den Weltfrieden sahen. So schrieb Alfred H. Fried, einer der ersten Preisträger des Friedensnobelpreises, 1905: »Eisenbahn und Dampfschiffe durchqueren die Welt und führen die Kultur in die entlegensten Gefilde, wie die Adern das Blut in die Teile des Körpers, und Telegraph und Telephon haben sich zum Nervensystem der zivilisierten Welt entwickelt.«[15]

Während die Gleichsetzung von Blut mit Eisenbahn und Telegraphen mit Nerven einleuchtet, erscheint der Vergleich bei den »grossen Kapitalien«, die Fried als »das rote Blut des internationalen Handels« umschreibt, schon fragwürdiger.[16] Bei Fried wird deutlich, wie sehr sich in Wirklichkeit die beiden Bilder eines einheitlichen und geschlossenen Körpers gegenseitig überlagerten und verstärkten. Dennoch wurde die Unterscheidung zwischen den beiden Formen des Kollektivleibs – dem der gemeinsamen »Blutbahnen« und dem des »Nervensystems« – sehr stark betont, gerade im frühen 19. Jahrhundert. Das mag mit der Tatsache zusammenhängen, daß das »Nervensystem« zunächst als Gegenmodell zu dem physiologisch definierten Bild des Gemeinschaftskörpers verstanden wurde, besonders von assimilierten Juden, die in diesem Bild ein Konzept von Gemeinschaft fanden, das nicht von den rassistischen Bildern des »Volkskörpers« bestimmt war.

Die Vorstellung, daß durch die mediale Vernetzung eine kulturelle oder psychische Gemeinschaft entstehe, die ihre Definition weder im gemeinsamen Blut noch im gemeinsamen Boden findet und bei der an die

101

Christina von Braun

Stelle einer Naturgläubigkeit die Technikgläubigkeit rückt, ging mit der Phantasie einer Aufhebung der Körper-Gesetze einher und mit dem Verschwinden einer Zuordnung des Individuums zu einem *bestimmten* biologischen Geschlecht. Die Entstehung der Sexualwissenschaften Ende des 19. Jahrhunderts ist ein Produkt dieses Denkens, durch das aus den biologischen Kategorien Sexualität und Geschlecht *kulturelle* Kategorien geworden waren. Sexualität war bis dahin als »Begleiterscheinung« der Reproduktion gedacht worden. Nun, da man die Gesetze der Reproduktion kannte und die Kontrolle über die regenerativen Kräfte des Menschen und der Gemeinschaft in greifbare Nähe rückte, schien beides nicht mehr zwingend miteinander verbunden. Sexualität und Triebhaftigkeit konnten als getrennt von den regenerativen Kräften gedacht werden – eine Entwicklung, die die sexualwissenschaftlichen Theorien von Iwan Bloch, Magnus Hirschfeld, Havelock Ellis und auch Sigmund Freud auf unterschiedliche Weise widerspiegeln. Handelte es sich hier zunächst um Theorien von Außenseitern, so sollten sie im späteren Verlauf des 20. Jahrhunderts den Diskurs über Geschlechtlichkeit zu dominieren beginnen: etwa bei Jacques Lacan, bei dem die Sexualität eine Funktion von Sprache und Zeichen ist.

Nicht nur die Sexualität, auch das Geschlecht selbst wurde im Rahmen eines medial verstandenen Gemeinschaftskörpers zunehmend als Produkt *kultureller* Zuschreibungen interpretiert, am deutlichsten in Ulrichs' These vom »dritten Geschlecht« beziehungsweise in Magnus Hirschfelds Theorien von den »sexuellen Zwischenstufen«. Das heißt an die Stelle einer biologischen Definition des Geschlechts trat eine kulturelle oder psychologische Definition von Geschlechtszugehörigkeit. Das spiegelte sich auch im Verhältnis zur Homosexualität wider. Es gab, was das Bild des »Homosexuellen« betrifft, zwei Strömungen – und beide erinnern an das Bild des »Juden«, dem eine biologisch »andere« *und* eine geistig »andere« Beschaffenheit unterstellt wurden. Beide Strömungen waren unter den Sexualreformern verbreitet, die ihre »Erklärung« für die Homosexualität keineswegs in diffamatorischer Weise vorbrachten – anders als die Antisemiten ihre Ansichten über den Juden. Die eine Fraktion – vertreten durch den Juristen Karl Heinrich Ulrichs, der den Begriff des »dritten Geschlechts« prägte,[17] und die Sexualreformerin Johanna von Elberskirchen – war der Ansicht, daß Homosexualität nicht strafbar, weil angeboren und mithin von der Natur vorgegeben sei. Vielmehr, so argumentiert Elberskirchen, sei »der absolute Mann und das absolute Weib eine Chimäre, eine Einbildung, ein Irrtum.«[18] Die andere Strömung, vertreten durch Ärzte (!) wie Magnus Hirschfeld und Iwan Bloch, argumentierte weniger biologisch und sah in der Homosexualität eine – zu tolerierende – *kulturelle* Erscheinung.[19] Daß viele von den Sexualreformern, die diese Richtung vertraten, Juden waren, mag einen Schlüssel zur Frage bieten, warum Juden überhaupt eine derartig wichtige Rolle bei der Entstehung der Sexualwissenschaften spielten (vgl. die Aufsätze von Robert Jütte und Joachim Schlör in diesem Band): Da der »jüdische Körper« zu einem Konstrukt rassistischer Ideologien geworden war, boten die Sexualwissenschaften, die die kulturelle Kodierung des Körpers betonten, die Möglichkeit, diesem Konstrukt seine physiologische Basis zu entziehen, das heißt (um einen postmodernen Begriff zu benutzen) das rassistische Bild des jüdischen Körpers zu »dekonstruieren«.

Das Bild jüdischer Körperlosigkeit oder »Geistigkeit«, das mit der Aufklärung und der medialen Vorstellung vom Gemeinschaftskörper entstand, prägte von Anbeginn die Selbstwahrnehmung vieler Juden. Als frühes Beispiel sei Marcus Herz genannt, Arzt und Philosoph und einer der ersten (im beschränkten Rahmen der damaligen Gesetzgebung) quasi-assimilierten Juden Preußens: er war Leibarzt des Königs. 1786 entwickelte er die Theorie einer »vom Blut *abgesonderten* Flüssigkeit, die man gewöhnlich den Nervensaft nennt.«[20] In der Existenz dieses »Nervensaftes« sah er die Ursache von

Schwindelanfällen, die der Mangel an »Nervensaft beziehungsweise die Überdosierung des Hirns« mit diesem Stoff bewirke. Der ungeordnete Fluß des »Nervensaftes« führe dazu, daß »Vorstellungen, die sich der Seele darbieten, geschwinder aufeinanderfolgen, als ihr natürlicher Fortgang der Ideen erfordert.« Dadurch werde die Seele »in einen entgegengesetzten gewaltsamen Zustand versetzt.«[21] Zwar könne der Wechsel der Vorstellungen auch anregend sein, aber wenn sich der Wechsel zu schnell vollziehe, so fielen die Bilder »ineinander, die Seele unterscheidet sie nicht mehr deutlich, sondern stellt sie sich als ein verworrenes Ganzes vor, in dem weder Ordnung noch deutliche Abstechung der Theile ist, und geräth endlich selbst in den Zustand der Verwirrung, einen Zustand, der eigentlich den Schwindel ausmacht.«[22]

Eine solche Vorstellung ist dem gleichzeitig entstehenden Mesmerismus und einem neuen, säkularen Verständnis von »Seele« nicht fremd. Es sind die ersten Entwürfe zu einem naturwissenschaftlichen Verständnis seelischer Vorgänge, die hier formuliert werden. So plädiert Marcus Herz auch ganz ausdrücklich dafür, die Fragen der Psyche nicht der Religion oder der Philosophie zu überlassen: »Man mag über die spekulative Philosophie denken, wie man will, die Psychologie gehört nicht zu ihrem Gebiete, sondern macht einen eben so wesentlichen Theil der Naturlehre aus als die Wissenschaft von der Seele.«[23] Daß Marcus Herz die Psyche aus dem religiösen Kontext herauszulösen versuchte, war nicht das Neue. Das taten auch andere Denker und Naturwissenschaftler der Zeit. Dennoch gibt es Unterschiede, die sich unter anderem an den medizinischen Theorien ablesen lassen. Auch der französische Arzt Julien Offray de La Mettrie (1709–1751) vertrat eine materialistische Auffassung der Seele. Für seine *Naturgeschichte der Seele* (1745) war er aus Frankreich verbannt worden und hatte sich auf Einladung von Friedrich II. in Preußen niedergelassen. In seiner berühmten Schrift *L'homme machine* (1746) verkündete er, daß das geistige Leben in

jeder Beziehung von der körperlichen Verfassung abhänge. Auch La Mettrie verfaßte eine Abhandlung über den Schwindel: *Traité du Vertige*. Sie erschien 1751, also fünfunddreißig Jahre vor Marcus Herz' *Versuch über den Schwindel*. Anders als Marcus Herz sah La Mettrie den Schwindel (vertige) als das Produkt einer optischen Illusion auf der Netzhaut, die er wiederum auf eine schlechte *Durchblutung* des menschlichen Organismus zurückführte.[24] Dementsprechend verschrieb er zur Heilung des Schwindels Mittel, die den Kreislauf anregen sollten, beziehungsweise im umgekehrten Fall auch den Aderlaß. Denn: »Der Blutkreislauf vereint die einzelnen Teile (des Körpers), und je schneller das Blut zirkuliert, desto enger und stärker ist der Zusammenhalt des Ganzen.«[25] Der Schwindel erscheint hier also als eine Schwäche, die dann auftaucht, wenn das in den Adern pulsierende Blut die Einheit und Einheitlichkeit des Körpers nicht mehr sichert.

Auch in Marcus Herz' Theorie ging es um die Einheit und Einheitlichkeit des Körpers. Aber hinter seiner Vorstellung vom »Nervensaft« (den es in Wirklichkeit nicht gibt) stand eine Vorstellung von der Beschaffenheit des Körpers, die sich von der La Mettries zutiefst unterschied: Zwar basierte auch seine Vorstellung auf einer angeblichen stofflichen Gegebenheit (dem Nervensaft), aber anders als das Blut, konnte man diesen Nervensaft nicht *sehen*. Marcus Herz ging also davon aus, daß die Einheit des Körpers durch ein unsichtbares (man könnte auch sagen: virtuelles) System hergestellt werde. Geht man nun davon aus, daß sich die Vorstellungen vom Gemeinschaftskörper immer eng an den Vorstellungen vom Individualkörper orientieren (beziehungsweise andersherum), so besagt seine medizinische Theorie durchaus etwas über sein Konzept oder Ideal von Gemeinschaft. Das läßt sich besonders deutlich an Theorien über den Schwindel nachweisen, die in jeder Epoche sehr unterschiedlich ausfielen und immer in enger Beziehung zum religiösen Denken und den geistigen Strömungen ihrer Zeit standen.[26] Marcus Herz'

103

Theorie vom »Nervensaft« hing zweifellos eng mit der spezifischen Situation zusammen, in der er sich als Jude befand. Weder konnte er Teil einer religiös-christlichen Gemeinschaft werden, noch einem Gemeinschaftskörper angehören, der sich durch gemeinsames Blut, einen gemeinsamen Boden und eine gemeinsame Geschichte definierte. Wohl aber konnte er Mitglied einer neuen Gemeinschaft werden, die sich als Produkt der medialen Vernetzung sah und im Bild des »Nervensystems« ihre Einheit und Geschlossenheit fand. Genau diesem Gemeinschaftsbild entsprach das anthropologische Körperbild, das Marcus Herz entwarf. Mit seiner Theorie vom »Nervensaft« prägte er schon hundert Jahre vor seiner Entstehung das Bild des »nervösen« Typus, der später nicht nur zur Bezeichnung des undefinierbaren Geschlechts, sondern auch des undefinierbaren »Juden« dienen sollte.

Vieles prädestinierte »den Juden« dazu, mit dem »nervösen Typ« gleichgesetzt zu werden. Zunächst galten die Juden als Schrittmacher der Moderne. In den meisten Ländern war es ihnen über Jahrhunderte verboten, Landbesitz zu erwerben. So waren sie schon vor der Industrialisierung vornehmlich Städter geworden. Auch war ihnen die Ausübung zahlreicher Berufe verwehrt geblieben. Als mit der Industrialisierung neue städtische Berufe in Wirtschaft und Technik entstanden und mit ihnen ein neuer Mittelstand aufkam, war es eine Selbstverständlichkeit, daß jüdische Familien, die mit der Emanzipation in vielen Orten endlich das Bleiberecht erhalten hatten (keineswegs überall), versuchten, in den neuen Berufen ihr Auskommen zu finden. Damit war ihre Integration in eine neue Kommunikationsgesellschaft und ihre Beteiligung an deren Aufbau vorgegeben.

Die Integration der Juden in die europäischen Gesellschaften der Aufklärung war engstens verbunden mit der Entwicklung der Technologie, die die traditionelle Bedeutung von Blut und Boden in Frage stellte. Das heißt, das Bild körperlicher Undefinierbarkeit, ja von Körperlosigkeit selbst, das in der Diffamation des »nervösen Typs« seinen

Ausdruck fand, verband sich mit dem Bild des »Juden«. Dementsprechend wurden Hysterie, Neurasthenie, Nervosität als typisch jüdische Krankheiten angesehen[27] – eine Vorstellung, die auch von vielen Juden übernommen wurde. Allerdings war man sich über die Ursachen uneinig. Während der französische Psychiater Jean-Martin Charcot (und nach ihm eine Reihe von Antisemiten) jahrhundertelange Inzucht für die Erscheinung »jüdischer Nervosität« verantwortlich machte,[28] vertraten jüdische Ärzte wie Rafael Becker die Ansicht, daß »die jüdische Nervosität« die Folge von Emanzipation und Assimilation sei (vgl. den Aufsatz von Robert Jütte in diesem Band). Sie machten also gerade den Verlust einer jüdischen »Identität« und die *Auflösung* des jüdischen Gemeinschaftskörpers für die Krankheit verantwortlich.

Bei genauerer Betrachtung zeigt es sich, daß auch die Theorien der Eugeniker und Rassentheoretiker, die einen physiologischen Typus des Juden behaupteten, auf der Vorstellung beruhten, daß »der Jude« eine *kulturelle Erscheinung* sei. Auch die Vertreter einer rassistisch bestimmten Definition des Juden sahen also in diesem »nervösen Typus« (den sie nichtsdestotrotz auf physiologische Gegebenheiten zurückführten) eine *geistige Gefahr*. So ist es zu verstehen, wenn Francis Galton von *Eugenics as a factor in Religion*[29] spricht beziehungsweise der NS-Rassenideologe Hans F. K. Günther im letzten Abschnitt seines »Lehrbuchs« zur *Rassenkunde des jüdischen Volkes* schreibt, daß weder die (von ihm unterstellte) »wirtschaftlich-politische Übermacht« der Juden noch die Frage einer »jüdisch-nichtjüdischen Blutmischung« den »Kern der Judenfrage« ausmache: »Was die Judenfrage aber heute so brennend gemacht hat, ist die jüdische Einwirkung auf den Geist der abendländischen Völker.«[30] Aufschlußreich ist in diesem Kontext auch der Begriff der »Entartung« – ein Begriff, der eigentlich dem Wortschatz der Biologen entnommen ist; angewandt wurde er jedoch auf geistige Kategorien und künstlerische Arbeiten. Ähnlich verhält es sich mit dem Begriff des »Intellektuellen«, der von Anbeginn – seit der Dreyfus-Affäre – mit »jüdischer Geistigkeit« in Verbindung gebracht wurde. Die Bilder, die sich auf diese Geistigkeit beziehen, weisen eine frappierende Ähnlichkeit mit den antisemitischen Bildern vom »jüdischen Blut« auf: »fremd« oder »zersetzend« treten, zum Beispiel, bei beiden als Charakterisierungen auf.[31] Ein bekannter nationalsozialistischer Kalendervers läßt keinen Zweifel an dem engen Zusammenhang zwischen »Intellektualität« und »fremder« Naturbestimmung: »Hinfort mit diesem Wort, dem bösen, / Mit seinem jüdisch-grellen Schein! / Nie kann ein Mann von deutschem Wesen, / Ein Intellektueller sein.« Gerade die Bilder des »Intellektuellen« (und damit des »jüdischen Geistes«) verdeutlichen, wie eng solche Vorstellungen mit der Konzeption des Gemeinschaftskörpers zusammenhängen, egal ob dieser von den Bildern »gemeinsamer Blutbahnen« oder eines »gemeinsamen Nervensystems« geprägt ist. Der »Intellektuelle« wird als »Fremdkörper« der Gemeinschaft betrachtet, indem er auch als *disziplinlos, wankelmütig, heimatlos, charakterlos, identitätslos, blutleer, steril* und schließlich sogar als *krankhaft* umschrieben wird.[32]

Daß dem »Juden« eine körperlose Gestalt zugewiesen wurde, hatte noch weitere Gründe, die ebenfalls eng mit den modernen Medien zusammenhingen: Wie der geschlechtliche Körper so hatte auch der jüdische Körper im Zusammenhang mit der Säkularisierung seine traditionelle Definition verloren. Kaftan, Bart und Schläfenlocken waren verschwunden. War bis hierher »der Jude« gut erkennbar gewesen (nicht zuletzt dank der Kennzeichen, die die Christen ihm verliehen hatten), so hatte er nun »unsichtbare« Züge angenommen. Mit der Industrialisierung traten die Unterschiede zwischen Männern und Frauen zurück; und ähnlich verlor auch »der Jude« mit der Emanzipation und Assimilation seine »Andersheit«. Je genauer die technischen Sehgeräte wurden – und auch sie waren einer der Faktoren einer neuen medial konzipierten Gemeinschaft –, desto unsicht-

barer wurde der Jude. Paradoxerweise nahm damit »der Jude« eben jene »engelhafte« Gestalt an; jene »körperlose« Identität, von der Gregor von Nyssa geträumt hatte und die die Sexualwissenschaften gegen Ende des 19. Jahrhunderts für das »dritte Geschlecht« reklamieren sollten. Einerseits exemplifizierte der Körper des »Juden« also genau jene Vorstellung vom übersinnlichen Leib, die das Christentum von Anfang an als Ideal begleitet hatte und die nun, im Industriezeitalter, durch die medialen Techniken und den mit ihnen einhergehenden Vorstellungen vom Gemeinschaftskörper ihre Realisierung zu finden schien. Andererseits beschleunigte dieser Prozeß der »Entkörperung« des »Juden« aber wiederum das Aufkommen der Rassentheorien, durch die dem Juden wieder ein »eigener Körper«, ein eigenes Blut, eine eigene Rasse, ja eine eigene Art der Geschlechtlichkeit zugewiesen wurden.

In gewisser Weise, so könnte man sagen, wurde am Körper des »Juden« jene »Dekonstruktion« von Geschlechtlichkeit erprobt, die den Diskurs des späten 20. Jahrhunderts bestimmt. Die Nasen-Operationen, denen sich Juden unterwarfen, um sich (auf psychologischer Ebene) der nichtjüdischen Gesellschaft zu assimilieren (vgl. den Aufsatz von Sander L. Gilman in diesem Band), nahmen in gewisser Weise die transsexuellen Operationen vorweg, die heute die Sexualwissenschaftler beschäftigen. Was Ende des 19. Jahrhunderts noch mit dem Begriff des »nervösen Typs« diffamiert wurde, erweist sich mit dem ausgehenden 20. Jahrhundert als neuer Mainstream-Diskurs über Geschlechtlichkeit und den Körper selbst. Wird das Geschlecht als »kulturelles Konstrukt« verstanden,[33] so erscheint auch der Körper selbst nur mehr als eine Hülle (als *wet wear*, wie die Computerfreaks sagen), die die moderne Technik zurückzulassen erlaubt. Solche Vorstellungen bahnten sich schon mit der Entstehung der stereoskopischen Photographie und mit dem Film an: Panoptikum und Kinosaal wurden zum virtuellen Raum, in den sich das Ich, unter Hinterlassung seiner körperlichen Merkmale, hineinbewegen konnte. Dieselben

Christina von Braun

Phantasien zeigen sich heute an den Cyberspace-Theorien, deren zentrales Kennzeichen die Überwindung der Körperlichkeit ist. Versuchten die frühen Christen durch strenge Enthaltsamkeit die Gesetze des Körpers außer Kraft zu setzen, so ist für den Cyberspace-Theoretiker Gullichsen Walser die Reise in die Körperlosigkeit technisch beherrschbar und zudem ein Vergnügen:

»Im Cyberspace besteht keine Notwendigkeit, daß Sie sich in Ihrem Körper herumbewegen, den Sie in der Realität besitzen. Vielleicht fühlen Sie sich zunächst in einem Körper wie Ihrem eigenen am wohlsten, doch wenn Sie immer größere Anteile Ihres Lebens und Ihrer Geschäfte im Cyberspace abwickeln, wird Ihre eingeschliffene Vorstellung von einem einzigen und unveränderlichen Körper einem weit flexibleren Körperbegriff weichen – Sie werden Ihren Körper als verzichtbar und, im großen und ganzen, einengend empfinden. Sie werden feststellen, daß manche Körper in bestimmten Situationen am dienlichsten sind, während sich andere Körper in anderen Situationen besser eignen. Die Fähigkeit, das eigene Körperbild radikal und zwingend zu verändern, wird zu tiefgreifenden psychologischen Auswirkungen führen und die Vorstellung in Frage stellen, die Sie von sich selber haben.«[34]

Die Geschichte des Christentums – eine Geschichte, in der die asketischen Phantasien der Frühzeit ihrer Verwirklichung entgegenstreben – mag erklären, warum der imaginäre »Jude« in der christlichen Vorstellungswelt die sinnlichen wie die übersinnlichen Vorstellungen vom Leib »verkörpert«. Aber diese Doppelrolle offenbart sich auch am »realen« Juden und der einmaligen Überlebensfähigkeit der jüdischen Gemeinschaft. Als »Jude« definiert sich traditionell, wer eine Jüdin zur Mutter hat. Der jüdischen Gemeinschaft ist also eine Definition eigen, die durchaus Parallelen zur »Blutsgemeinschaft« aufweist, die der (antisemitischen) Ideologie vom »Volkskörper« zugrunde liegt. Diese Blutsgemeinschaft scheint jedoch nicht die Grundlage dafür zu sein, daß sich die jüdische Gemeinschaft über fast zwei Jahrtau-

sende in der Diaspora, trotz Verfolgung und trotz Vermischung mit den Gastvölkern, erhalten konnte. Der eigentliche gemeinschaftsbildende Faktor scheint in der Religion selbst, also in geistigen Faktoren zu liegen. Das mag auch mit der Tatsache zusammenhängen, daß die Juden von allen Gastvölkern als »Fremde« wahrgenommen wurden. Auch in dieser Eigenschaft, der Gemeinschaft *nicht* anzugehören und in dieser Nicht-Dazugehörigkeit die eigene Identität zu finden, mag so etwas wie ein »Gemeinschaftskörper« enthalten sein. In beiden Fällen – ob es sich um ein religiöses Zusammengehörigkeitsgefühl oder das Konzept einer Gemeinschaft der »Nicht-ganz-Dazugehörigen« handelt – ist hier ein Schlüssel zum Verständnis vom Bild des »körperlosen« Juden zu suchen. Nikolaj Berdjajew hat diesem Bild in seinem Buch *Der Sinn der Geschichte* Ausdruck verliehen: »Ich erinnere mich, wie die materialistische Deutung der Geschichte, als ich sie in meiner Jugendzeit durch Anwendung auf die Schicksale der Völker auf ihre Wahrheit nachzuprüfen versuchte, im Fall der Juden zusammenbrach, deren Schicksal vom materialistischen Standpunkt aus absolut unerklärbar schien. Und wirklich, dieses Volk hätte nach materialistischen und positivistischen Kriterien längst vorher untergehen müssen. Sein Weiterleben ist ein geheimnisvolles und wunderbares Phänomen, das zeigt, wie das Leben dieses Volkes von einer besonderen Vorherbestimmung regiert wird, welche die von der materialistischen Deutung der Geschichte erklärten Prozesse der Anpassung übersteigt. Das Weiterleben der Juden, ihr Widerstand gegen die Zerstörung, ihr Ausharren unter absolut besonderen Bedingungen und ihre schicksalhafte Rolle in der Geschichte, all das weist auf die besonderen und geheimnisvollen Grundlagen ihres Schicksals.«[35]

Zweifellos hängt die Tatsache, daß der »Jude« immer das »Andere«, nicht Zuordenbare »verkörperte« und (wie das Weibliche) das »unreine«, »unzuverlässige« und »unzurechnungsfähige« Element der Gemeinschaft darstellte, eng mit der Tatsache zusammen, daß das Leben der Gemeinschaft vom Glauben an einen unsichtbaren Gott und von dessen Gesetzen geprägt war. Der unsichtbare Gott, der sich – anders als der christliche Gott – nicht in sinnlich wahrnehmbarer Form offenbart, ist der Andere an sich. Der sinnlich wahrnehmbare Jude – gleichgültig, ob er als »triebhaft« oder als »körperlos« wahrgenommen wird – stellt wiederum das »Symptom« dieses übersinnlichen Gottes dar.

Anmerkungen

1 Otto Weininger: Geschlecht und Charakter. Wien, Leipzig 1917 (1903), S. 423.

2 Vgl. Christina v. Braun: »Der Jude« und »Das Weib«. Zwei Stereotypen des »Anderen« in der Moderne. In: Metis 2. Dortmund 1992.

3 Zit. n. Peter Brown: Die Keuschheit der Engel. Sexuelle Entsagung, Askese und Körperlichkeit im frühen Christentum. Aus dem Englischen von Martin Pfeiffer. München 1994, S. 382.

4 Ebd., S. 383.

5 Ebd., S. 74.

6 Das nachzuweisen, verdanken wir den Arbeiten von Mary Douglas, die unter diesem Aspekt ganz unterschiedliche Gemeinschaften untersucht hat. Mary Douglas: Reinheit und Gefährdung. Eine Studie zu Vorstellungen von Verunreinigung und Tabu. Übers. v. Brigitte Luchesi. Frankfurt am Main 1988.

7 Vgl. u. a. O. Gaupp: Zur Geschichte des Wortes »rein«. Diss. Tübingen 1920. Und: L. Wolff: Zeitschrift für Deutsches Altertum und deutsche Literatur 67 (1930), S. 263–271.

8 Damit wird auch deutlich, weshalb der Begriff der Reinheit in so enger Beziehung zum »Opfer« und zum »Heiligen« steht. Während die Opferhandlungen auf die eine oder andere Weise immer eine Ausschlußhandlung darstellen – egal, ob das Opfer (als Sündenbock) aus den eigenen Reihen genommen oder dem Fremden zugerechnet wird, bezeichnet das »Heilige« die Wirkungsmacht des Eigenen. René Girard hat in seiner Untersuchung über das *Heilige und die Gewalt* an vielen Beispielen dargestellt, wie nahe in diesem Sinne das Eigene und das Fremde (oder Unreine) zueinander stehen. Vgl. René Girard: Das Heilige und die Gewalt. Aus dem Französischen von Elisabeth Mainberger-Ruh. Frankfurt am Main 1992. Im christlichen Kontext ist der Begriff des Heiligen fast zu einem Synonym für das Gute geworden. Diese eindeutige Bedeutung findet sich keineswegs in allen Kulturen. Allgemein bezeichnet der Begriff des »Heiligen« das, was mit göttlichen Kräften zusammenhängt. Das können magische Kräfte sein, die einem Objekt oder einem Berg oder einer Person innewohnen. In vielen Kulturen werden damit gute wie gefährliche Kräfte bezeichnet. Das Wort »haila« in der urgermanischen Sprache benannte Kräfte, die sowohl nützlich als auch schädlich sein konnten. Das heißt, eigentlich ist »Heiligkeit« das, was mit besonderer Kraft erfüllt ist, gleichsam das Übermächtige. Da, wo der Begriff in dieser Doppelbedeutung auftaucht, gilt es, das Gute vom Schlechten zu *trennen*, und diese Trennung wird wiederum durch Opferhandlungen oder durch Reinigungsrituale vollzogen. Vgl. Christina v. Braun: Konzepte der Reinheit. In: Metis 1. Zeitschrift für Historische Frauenforschung. Dortmund 1997.

9 Es war die Parole der Bewegung des »alldeutschen« Antisemiten Georg Ritter von Schönerer (1842–1921), der für den Anschluß Österreichs an das Deutsche Reich eintrat. Als Katholik wurde er auch zum Vorkämpfer der »Los-von-Rom-Bewegung« und trat zum Protestantismus über. Sein Feindbild vom »Juden« als dem »Fremdkörper« eines deutschen Einheitsstaates übte einen wichtigen Einfluß auf Hitler aus.

10 Vgl. den Aufsatz in diesem Band von Sybilla Nikolow (*Der soziale und der biologische Körper des Juden*), in dem sie auf die historisch wirkungsmächtige Rolle der mathematisch-statistischen Erfassung bei der Herausbildung des Kollektivleibs eingeht.

11 Auf die Frage, warum der Gemeinschaftskörper immer als »weiblich« gedacht wird, vgl. Christina von Braun: »Mutationen« des weiblichen Körpers. Kollektivleib und Frauenkrankheiten. Hygienemuseum Dresden. Tagung der Expo 2000 zum Thema »Labor Mensch«. April 1997.

12 Vgl. Ernst H. Kantorowicz: Die zwei Körper des Königs. Eine Studie zur politischen Theologie des Mittelalters. Übers. v. Walter Theimer. München 1990.

13 Martin Burckhardt: MutterGottesWeltmaschine. In: Metis 1. Dortmund 1997, S. 26–44.

14 Zit. n. Brown, Keuschheit (Anm. 3), S. 275.

15 Alfred H. Fried: Handbuch der Friedensbewegung. Wien, Leipzig 1905, S. 36.

16 Ebd., S. 43.

17 Karl Heinrich Ulrichs: Forschungen über das Räthsel der mann-männlichen Liebe. Berlin 1864–1879.

18 Johanna v. Elberskirchen: Die Liebe des Dritten Geschlechts. 1904, S. 18.

19 Iwan Bloch: Das Sexualleben unserer Zeit in seinen Beziehungen zur modernen Kultur. Berlin 1909. Und: Magnus Hirschfeld: Die Homosexualität des Mannes und des Weibes. Berlin 1914.

20 Marcus Herz: Versuch über den Schwindel. Berlin 1786, S. 75.

21 Ebd., S. 107.

22 Ebd., S. 108.

23 Ebd., Einleitung, S. XL f.

24 Julien Offray de la Mettrie: Traité du Vertige. In: Œuvres de Médicine. 1751, S. 35.

25 Ebd.

26 Zur langen und wechselvollen Geschichte des Be-

Christina von Braun

griffs »Schwindel« (in seinen beiden Bedeutungen) vgl. Christina v. Braun: Versuch über den Schwindel. Berlin 1995.

27 Vgl. Christina von Braun: Frauenkörper und medialer Leib. In: H. U. Reck (Hrsg.): Inszenierte Imagination. New York, Wien, Berlin 1996. Vgl. auch Anm. 11.

28 Das ist um so bemerkenswerter, als gerade die Idealisierung des Inzests in der antisemitischen Literatur eine wichtige Rolle spielte: gleichsam als Schutz gegen die Berührung mit dem »fremden Blut«. Vgl. Christina von Braun: »Blutschande« – Wandlungen eines Begriffs. Vom Inzesttabu zu den Rassengesetzen. In: dies.: Die Schamlose Schönheit des Vergangenen. Über das Verhältnis von Geschlecht und Geschichte. Frankfurt am Main 1989.

29 Francis Galton: Eugenics as a Factor in Religion. In: Essays in Eugenics. London 1909.

30 Hans F. K. Günther: Rassenkunde des jüdischen Volkes. München 1930, S. 314 f.

31 Dazu und zu den sexuellen Implikationen dieser Umschreibungen des »Intellektuellen« vgl. Christina von Braun: Der Mythos der »Unversehrtheit« in der Moderne. Zur Geschichte des Begriffs »die Intellektuellen«. In: Rudolf Maresch (Hrsg.): Zukunft oder Ende. Standpunkt, Analysen, Entwürfe. München 1993.

32 Vgl. die materialreiche und differenzierte Untersuchung zu diesem Thema von Dietz Bering: Die Intellektuellen. Geschichte eines Schimpfwortes. Stuttgart 1978.

33 Vgl u. a. Judith Butler: Das Unbehagen der Geschlechter. Aus d. Amerikanischen v. Kathrina Menke. Frankfurt am Main 1991. Dies.: Körper von Gewicht. Frankfurt am Main 1993.

34 Gullichsen Walser. In: Howard Rheingold: »Virtuelle Welten«. Reisen im Cyberspace. Reinbek b. Hamburg 1992, S. 288.

35 Ebd.

36 Nikolaj Alexandrovic Berdjajew: Der Sinn der Geschichte. Versuch einer Philosophie der Menschheitsgeschichte. Darmstadt 1925 beziehungsweise 2. Auflage, Tübingen 1950.

»La belle juive« und die »schöne Schickse«

Gabriele Kohlbauer-Fritz

»La belle juive« und die »schöne Schickse«. Ist der Vergleich statthaft? Während das Bild der »schönen Jüdin« nicht nur eine künstlerische und literarische, sondern auch eine sehr wichtige historische und politische Dimension hat, taucht das Bild der »schönen Schickse« vor allem in amerikanischen Filmen und in der modernen amerikanischen Literatur auf. In seinem Buch *Die schöne Jüdin* bemerkt der Literaturhistoriker Florian Krobb, daß »die schöne Jüdin« stets als »Symbolgestalt von überzeitlicher Bedeutung« angelegt sei und daß sich in ihrem Schicksal daher das Schicksal und die Geschichte ihres Volkes von der Zeit vor der Aufklärung über die Emanzipation und Assimilation bis zur völligen Ausgrenzung und Verfolgung im 20. Jahrhundert spiegle.[1] Wie ich im folgenden anhand von einigen wenigen Beispielen aus Literatur und bildender Kunst anreißen möchte, weisen die Bilder der »belle juive« und der »schönen Schickse« in ihrer Kombination aus Rassismus und Sexismus viele gemeinsame Faktoren auf, die einen Vergleich plausibel erscheinen lassen. Ähnlich der »belle juive« ist auch die »schöne Schickse« das Ergebnis männlicher Projektionen, und sie erscheint zum Teil wie ihr Spiegelbild, das ähnliche Eigenschaften aufweist und im männlichen Betrachter ähnliche Ängste auslöst.

Das Motiv der »schönen Jüdin« zieht sich über Jahrhunderte durch die europäische Literatur und bildende Kunst. Es ist ein mehr oder weniger vordergründig erotisches Bild und orientiert sich oft an biblischen Vorbildern wie Salome, Judit, Ester oder Rahel.

Von Rembrandts berühmtem Bild *Die Judenbraut* bis zu Aubrey Beardsleys *Salome* oder Gustav Klimts *Judith mit dem Haupt des Holofernes* erscheint das Bild der »belle juive« als verführerische, orientalisch anmutende Schönheit. Auch von jüdischen Malern wurde dieses Bild tradiert, man denke etwa an Lesser Urys *Rebekka am Brunnen*, an die biblischen Frauengestalten Ephraim M. Liliens oder an Abel Pans biblischen Bilderzyklus.

Dabei blieb die Figur der »belle juive« keineswegs auf Literatur und Kunst beschränkt. In der Boulevardpresse des ausgehenden 19. Jahrhunderts wurden die Probleme »jüdischer Prostitution« ausgeschlachtet, einige reaktionäre Politiker griffen das Thema auf, und in pseudowissenschaftlichen Studien erschienen Statistiken über den »hohen« Anteil von jüdischen Frauen und Mädchen im Prostitutionsgewerbe und die Rolle von Juden im Mädchenhandel.[2] Daß in diesem Punkt auf eines der abgedroschensten Stereotype, nämlich das des »jüdischen Kupplers«, zurückgegriffen wurde, zeigt die Konstruiertheit solcher Behauptungen, die unter dem Deckmantel von Wissenschaftlichkeit zur Dämonisierung von Juden beitrugen und das antisemitische Wahnbild von deren angeblicher sexueller und moralischer Verkommenheit nährten.[3]

Eine reiche Quelle für die Suche nach Stereotypen bietet das Wien des Fin de siècle, das als Geburtsstätte einerseits der Psychoanalyse und der modernen Sexualforschung, andererseits aber auch des Rassismus und des modernen Antisemitismus gilt.

Gabriele Kohlbauer-Fritz

In Wien lebte Otto Weininger, der Prototyp »jüdischen Selbsthasses«, dessen Buch *Geschlecht und Charakter* eine grundlegende Verbindung zwischen Frauenhaß und Antisemitismus herstellt. Weiningers Buch, das Frauen und Juden als gleichermaßen »minderwertig« kategorisiert und dem Ideal des »arischen Mannes« gegenüberstellt – bezeichnenderweise ist für Weininger der Begriff »arisch« eine rein männliche Kategorie –, spiegelt sehr deutlich die Traumata und die tiefgreifenden sexuellen Ängste des bürgerlichen Mannes seiner Zeit. Vielleicht erklärt das auch die große Popularität seines Buches, das bis heute von Wissenschaftlern diskutiert wird. Weiningers Thesen haben eine ganze Reihe von Schriftstellern beeinflußt, und der Autor wurde, sicherlich auch unter dem Eindruck seines frühen Selbstmordes, als Genie gehandelt. Auf Weiningers Thesen

griff der russische Schriftsteller und Religionsphilosoph Vassilij V. Rozanov zurück, der einen ursächlichen Zusammenhang zwischen weiblicher Sinnlichkeit und der in der jüdischen Religion und in der »Rasse« verankerten »jüdischen« Sinnlichkeit annahm, die er jedoch im Gegensatz zu Weininger nicht ausschließlich negativ, sondern auch als Ausdruck starker Vitalität und Erdverbundenheit sah. In ihren politischen Konsequenzen waren die Thesen Rozanovs jedoch nicht minder gefährlich als die Otto Weiningers, und sie trugen zum Aufheizen des antisemitischen Diskurses in Rußland bei. [4]

In der Atmosphäre des ausgehenden 19. Jahrhunderts, in der der rassische Antisemitismus den religiösen Antisemitismus ablöste, wiewohl eine ganz eindeutige Trennung zwischen den beiden Erscheinungen nicht möglich ist, erfährt auch das Klischee der »belle juive« eine deutliche Sexualisierung. Die Jüdin ist durch die Taufe nicht mehr domestizierbar. Ihre Schönheit wird nicht nur als anziehend, sondern vor allem als bedrohlich empfunden, und sie dient als Projektionsfläche für unzählige Unterwerfungs- und Machtphantasien. Während die Schönheit der Jüdin in der Literatur und bildenden Kunst des 18. und frühen 19. Jahrhunderts oft positiv dargestellt wird und die äußerliche Entsprechung ihres guten und reinen inneren Wesens ausdrückt – man denke etwa an Jessica in Shakespeares *The Merchant of Venice*, an Rebecca in Walter Scotts *Ivanhoe*, an Sara in Heinrich Heines *Der Rabbi von Bacherach*, an Lea in Wilhelm Hauffs *Jud Süß* oder an Esterka, die legendenumwobene Geliebte des polnischen Königs Kasimir des Großen, die zahlreiche polnische und deutsche Schriftsteller und Künstler inspiriert hat –, bekommt das Bild der schönen Jüdin im ausgehenden 19. und im 20. Jahrhundert eine verstärkt sexuelle Komponente, in der oft sadomasochistische Konnotationen mitschwingen. Diese Entwicklung geht Hand in Hand mit der allgemein zunehmenden Misogynie um die Jahrhundertwende als Reaktion auf die als Bedrohung empfundene erotische und intellektuelle Macht der Frau. Wie Sander

Maurycy Gottlieb: Judith mit dem Haupt des Holofernes, Gemälde, 1877–78

Gilman bemerkt, gleicht das von Männern geprägte Stereotyp der Frau in vielem dem spezifisch christlich geprägten Stereotyp des Juden. Die intellektuelle Frau wird als steriles, sich ihrer natürlichen Bestimmung als Gebärerin widersetzendes Wesen gesehen; ihr Alter ego, die sinnliche Frau, wird zur Hure gemacht, die für den Mann unter anderem die Gefahr der »Lustseuche« birgt.[5] Das Gegenbild zur bedrohlichen, bösen Frau ist die gute Mutter, die möglichst madonnenhaft und asexuell zu sein hat und daher auch keine Gefahr darstellt. Dabei haftet dem Bild der »belle juive« im Gegensatz zum Stereotyp des »männlichen Juden«, das mit dem Aufkommen des rassischen Antisemitismus vollkommen pathologisiert und dehumanisiert wird, trotz aller Bedrohlichkeit stets der Aspekt der Anziehung und Verführung an.[6] Die Grenzen zwischen der »belle juive« und der Femme fatale sind verwischt. Durch das Attribut »Jüdin« oder »Zigeunerin« scheint dem Bild der begehrenswerten, Angst einflößenden »dunklen Frau« der letzte Schliff gegeben, der ihre ambivalente erotische Ausstrahlung gleichsam unterstreicht.

Die *Judith* Gustav Klimts lächelt den Betrachter lüstern und lasziv mit halbgeschlossenen Augen an, Brust und Nabel entblößt, hält sie den Kopf des Holofernes wie eine Trophäe ihrer Lust umschlossen. Sie ist ein männerverschlingender Vamp, und das Versprechen von sexueller Erfüllung ist eng gepaart mit drohender Zerstörung und Kastration. Als halbnackte orientalische Odaliske wird die Figur der Judit auch von Maurycy Gottlieb porträtiert. Schmuckbehangen mit überkreuzten Beinen und neckisch verrutschten Trägern ihres Seidenhemdes ruht sie auf dem Sofa und betrachtet den Kopf des Holofernes wie ein schlimmes kleines Mädchen.

Erotik und Intelligenz, eine besonders gefährliche Mischung, paaren sich im Bild der Schauspielerin Sarah Bernhardt, die von so berühmten Malern wie George Clairin und Hans Makart porträtiert wurde und von der auch zahlreiche Karikaturen in der Presse erschienen. In diesen Karikaturen wird immer wieder auf ihre jüdische Herkunft angespielt.

Hans Makart:
Sarah Bernardt,
Skizze zum nicht
erhaltenen Gemälde, 1881

Sarah Bernhardt verkörperte die Femme fatale schlechthin – sowohl in ihrem Leben als erotische, unabhängige Frau als auch in vielen Rollen auf der Bühne.

Sehr deutlich weist Sartre auf die ambivalente sexuelle Komponente im Bild der »schönen Jüdin« hin, die Kombination aus sexueller Anziehung und Vernichtungswunsch: »In den Worten ›eine schöne Jüdin‹ liegt eine ganz besondere sexuelle Bedeutung, ganz anders als in den Worten ›schöne Rumänin‹, ›schöne Griechin‹, ›schöne Amerikanerin‹. Es geht von ihnen ein Hauch von Massaker und Vergewaltigung aus. Die schöne Jüdin ist die, welche die Kosaken an den Haaren durch ihr brennendes Dorf schleifen.«[7] Die erotische Ausstrahlung des Opfers erhöht gleichsam den Stimulus für die Täter.

**Gabriele
Kohlbauer-Fritz**

Es scheint ein besonderer Reiz, einer schönen Frau Gewalt anzutun und sie für ihr zweifaches Anderssein oder Außenseitertum zu strafen: ihr Anderssein als Jüdin und ihr Anderssein als sexuell begehrenswerte Frau.[8] Die Figur der »belle juive« wird somit zum Zentrum männlicher Projektionen. Sie wird entpersönlicht, entmenschlicht und auf die »seelenlose« Femme fatale reduziert. Ihre Anziehungskraft wird auf magische Kräfte zurückgeführt, mit deren Hilfe sie den Mann verhext und seiner Kräfte beraubt. Als Kunstfigur, ähnlich wie Carmen oder Lulu, löst die »belle juive« irrationale Ängste aus, die letztendlich in der Vernichtung des Objekts der Begierde gipfeln, so im von Franz Grillparzer um 1850 verfaßten Trauerspiel *Die Jüdin von Toledo*. Das Stück spielt im Jahr 1195 in Toledo und behandelt die Liebe Alphons', des Königs von Kastilien, zur Jüdin Rahel. Der König führt die leidenschaftlichen Gefühle, die Rahel in ihm auslöst, auf übersinnliche Kräfte zurück, die er wiederum mit ihrem Judentum in Verbindung bringt:

> »Fort mit dir, fort! Geht so weit denn die
>   Frechheit?
> Das darf nicht sein! Indes ich ihrer selbst
> Nur mit gerechtem Widerwillen denke,
> Schürt Sie, gemalt, mir Glut in meine
>   Brust.
> Und dann mein eigen Bild in ihren
>   Händen!
> Man spricht von magisch unerlaubten
>   Künsten,
> Die dieses Volk mit derlei Zeichen übt,
> Und etwas, wie von Zauber, kommt mich
>   an.«[9]

»La belle juive« in Grillparzers Stück ist sinnlich, erotisch, unberechenbar und gefährlich. Der König fühlt sich zu ihr hingezogen, gleichzeitig aber auch abgestoßen, er kämpft mit seiner Leidenschaft und empfindet sie als etwas Schmutziges, Unreines, ihn Klein- und Schwachmachendes. Über seiner Liebe zu Rahel vergißt er seine Familie, seine Regierungsgeschäfte und alle seine Pflichten. Obwohl ihm klar ist, daß er seine Geliebte aufgeben muß, damit das gewohnte Leben wieder seinen Lauf nehmen kann und er sich selbst wieder in der Hand hat, kann er sich nicht aus eigenen Kräften von ihr befreien. Die schöne Rahel muß erst vernichtet werden, damit der König wieder zur Besinnung kommt. Obwohl er zunächst nicht einverstanden ist, daß seine Gefolgsleute auf Befehl der Königin seine Geliebte ermorden, spricht er letzten Endes die Mörder und auch sich selbst von aller Schuld frei. Schuld ist die sinnliche Frau, die den Mann mit ihren Reizen bestrickt, verhext und verzaubert. Reumütig kehrt der König zu seiner eiskalten, tugendhaften Königin zurück, deren Vorzüge vornehmlich darin bestehen, daß sie keine erotische Ausstrahlung besitzt und ihrem Mann somit nicht gefährlich werden kann. Vor ihr und ihrer madonnenhaften Asexualität braucht er keine Angst zu haben. Sie wird ihm nie zu nahe kommen, und er kann sich seine »männliche Reinheit« bewahren.

Die beiden Frauenfiguren in Grillparzers Drama sind als klassische Gegenpole gezeichnet. Sie verkörpern die ambivalenten Bilder der Madonna und der Hure. Rahels Anziehungskraft wird ihr letzten Endes zum Verhängnis. Die Ratio triumphiert über das Gefühl. Eleonores Unsinnlichkeit verhilft ihr zum Pyrrhussieg und läßt sie ihren Gatten scheinbar zurückgewinnen. Rahel ist »Außenseiterin« im doppelten Sinn: durch ihre Weiblichkeit und durch ihr Judentum.[10] Ihr Tod ist die folgerichtige Konsequenz, um den männlichen Helden von seiner sexuellen Obsession zu befreien. Glücklich wird er aber auch mit seiner kühlen, berechnenden Gattin nicht mehr sein.

In Joseph Roths Roman *Tarabas*, erschienen 1933, genügt allein der Anblick der schönen jungen Jüdin für die Mordtat. Das Opfer selbst bleibt völlig passiv. Für den Mörder macht sie sich allein durch ihre auffallende Schönheit schuldig, die ihm die Sinne verwirrt: »Er zerteilte die Menge, trat vor und stellte sich vor eine junge jüdische Frau, deren bräunliches, schönes Gesicht mit den unschuldig erschrocken aufgerissenen goldbraunen Augen unter dem weißen, seidig schimmernden Kopftuch den Soldaten schon aus der Ferne angelockt und zur Liebe wie zum Haß gereizt haben mochte (…). Eine unsagbare unmenschliche Gier entzündete sein fahles, kleines und nacktes Angesicht. Er erhob einen kurzen, hölzernen Knüppel und ließ ihn auf das Kopftuch der Jüdin niedersausen. Sie fiel sofort um.«[11]

Sexualangst gepaart mit Antisemitismus sieht Karl Kraus als Ursache des »Hexenprozesses von Leoben«, in dem Leontine von Hervay, die weltgewandte Frau jüdischer Abstammung des Bezirkshauptmanns Franz von Hervay, auf Grund dubioser Anklagen und trotz mangelnder Beweise verhaftet und schließlich der Bigamie für schuldig gesprochen und verurteilt wurde. Der Prozeß verursachte großes Aufsehen und wurde in der Boulevard- und Lokalpresse ausgeschlachtet. Frau von Hervay wurde zu einem weiblichen Vampir hochstilisiert, zu einem ruchlosen »Judenweib«, das den Männern in Mürzzuschlag den Verstand raubte und mit ihren exotischen Reizen die sittsamen Bürgerinnen der Stadt allesamt ausstach: »Leontine von Hervay war auf einem Besenstiel nach Mürzzuschlag durch die Luft geritten, wobei ihr seidener Unterrock sichtbar wurde. Ein ahnungsvolles Barchentgemüt rief sofort: ›I durchschaudi.‹ Was nützte es, daß sie den Bezirkshauptmann glücklich gemacht hatte? Eine Zauberestochter und fremder Sprachen mächtig. Also ›teuflischer Buhlschaft‹ dringend verdächtig.«[12] Für Kraus offenbarte sich in dem schildbürgerhaften Justizskandal in der steirischen Kleinstadt die Verlogenheit spießbürgerlicher Moralvorstellungen. Die Frau des Bezirkshauptmanns hatte den Volkszorn entfacht, weil sie durch ihr elegantes Auftreten und ihre sinnliche Ausstrahlung den Neid der Kleinstädterinnen und die Angst der Kleinstädter vor der Femme fatale provoziert hatte. In ihrer Person trafen sich alle Projektionen faschistoider Biedermänner, die sich von der »jüdischen Carmen« zu befreien suchten, die gekommen war, um die sterile Kleinstadtidylle zu stören. Mit dieser vielleicht einseitigen Interpretation des Falles Hervay, die die finanziellen und machtpolitischen Interessen, die rund um den Prozeß

ebenfalls eine nicht unwesentliche Rolle spielten, außer acht lassen[13], zeigt Kraus jedoch in prophetischer Voraussicht eine von Rassismus und Sexualfeindlichkeit geprägte Entwicklung an, die ihren Höhepunkt in den »Rassenschandeprozessen« der Nationalsozialisten fand, die er in den letzten Nummern der *Fackel* kommentierte.[14]

Der Fall Hervay ereignete sich 1904 in der österreichischen Provinz. Anfang der achtziger Jahre interviewte Claude Lanzmann eine Gruppe von Frauen in der polnischen Provinzstadt Grabow über die Deportationen der Juden aus dem Städtchen, ein Interview, das die erschreckende Kontinuität des antisemitischen Wahnbildes von der »schönen Jüdin« zeigt: »Die Dame sagt, daß die Jüdinnen sehr schön waren. Die Polen schliefen sehr gern mit den Jüdinnen (…). Also, sie waren schön, weil sie nichts taten. Die Polinnen dagegen arbeiteten. Die Jüdinnen machten nichts, sie dachten nur an ihre Schönheit, zogen sich gut an. *Die jüdischen Frauen arbeiteten nicht? (Interviewer)* Sie taten überhaupt nichts. Sie waren reich. Sie waren reich, und die Polen mußten sie bedienen und arbeiten.«[15]

Zwar wird das Vorurteil, daß die »schönen Jüdinnen« die Männer verführen, in diesem Fall von Frauen ausgesprochen und ist somit Ausdruck weiblichen Sexualneides und nicht männlicher Sexualangst, doch wird darin die ungeheure politische Dimension des Stereotyps der »belle juive« deutlich vor Augen geführt. Die Frauen aus Grabow wollen sich nicht daran erinnern, wie und warum die Juden aus ihrem Dorf verschwanden. Vierzig Jahre nach Ende des Krieges fallen ihnen nur die angeblichen sozialen Privilegien der »schönen Jüdinnen« ein.

Eine Auseinandersetzung mit dem Bild der »belle juive« und dem der »schönen Schickse«, die gleichzeitig auch eine Reflexion über seine Identität als Deutscher und die Frage der Mitschuld an der Schoa darstellt, findet man im Werk des 1945 geborenen Malers Anselm Kiefer. Inspiriert von Paul Celans berühmtem Gedicht *Die Todesfuge* schuf Kiefer Anfang der achtziger Jahre den Bil-

in denen die »dunklen Stadtmenschen« als amoralisch dargestellt werden und in Opposition zu den »hellen, moralisch guten Landmenschen« stehen. Die Ermordung Sulamiths bedeutet für Kiefer die Zerstörung der Zivilisation. Er zeigt aber auch die Abgründe hinter der biedermännischen deutschen Landschaftsidylle, und in einer Fortsetzung der Margarethe-Bilder erscheint die Landschaft verwüstet und öde, und der goldene Weizen ist in halbverbranntes Stroh verwandelt.[16]

Bis heute wird das Bild der »schönen Jüdin« zitiert und neu inszeniert. Auch wenn viele Autoren und Künstler versuchen, einen differenzierten Zugang zu finden und ihr Bild ohne negative, dämonische Züge darzustellen, sondern vielmehr ihre Rolle als sensible und intellektuelle Frau hervorzukehren, so greifen sie doch auf das Stereotyp von der orientalischen dunklen Schönheit zurück.[17] Angesichts des in den letzten Jahren wieder in Mode gekommenen Interesses an ethnischen Identitäten, das unter dem Schlagwort »Multikulturalität« Differenzen betont, muß man jedoch auch einen solchen Zugang kritisch hinterfragen.

Welchen Zusammenhang gibt es nun zwischen dem Bild der »schönen Jüdin« und dem der »schönen Schickse«? Historisch gesehen kann auch die Figur der »schönen Schickse« auf biblische Prototypen zurückgeführt werden, wobei die Figur der Moabiterin Rut die sehr bekannte positive Variante darstellt, im Unterschied zum männermordenden Vamp Delila, die Samson seiner Kraft beraubt und den Alptraum männlicher Sexual- und Kastrationsangst verkörpert. Als literarischer Topos tritt sie auch nach der Aufklärung und der Entstehung einer weltlichen jüdischen Literatur eher selten in Erscheinung[18] und wird eigentlich erst in der modernen amerikanisch-jüdischen und israelischen Kunst und Literatur eingehend thematisiert, so bei Philip Roth, der von der ungestillten Sehnsucht spricht, »die wir schwärzlichen, jüdischen jungen Männer nach jenen sanften blonden Exotinnen, Schicksen genannt, in uns tragen.«[19] So wie das Bild der »belle juive« hat auch das der »schönen Schickse« eine stark sexuelle

derzyklus *Dein goldenes Haar, Margarethe* und *Dein aschenes Haar, Sulamith.* Eines der Sulamith-Bilder zeigt eine schöne nackte Frauenfigur, die zusammengekrümmt vor der Kulisse einer modernen Stadt kauert, deren Hochhäuser phallusartig in die Höhe ragen. Ihr grauschwarzes Haar fällt in langen, dicken Strähnen wie ein bleierner Schleier über ihren Körper herab. Im Gedicht Celans wird das aschene Haar zum Symbol des Todes, und auch in Kiefers Gemälde scheint die Last der Haare die Frauengestalt unter sich zu begraben. Im Unterschied zur sehr körperlichen, sinnlichen Sulamith ist das Bild Margarethes körperlos. Sie ist als Frau nicht existent und geht gleichsam in der Landschaft auf, wie ein hehres, abstraktes Schönheitsideal, nur ihr goldenes Haar wird durch die Weizenähren symbolisiert. Die Verquickung Margarethes mit der deutschen Landschaft erweckt die Assoziation von Blut- und Bodenmystik, wohingegen die Stadt für Anselm Kiefer ein Symbol für die Zivilisation ist, an deren Entstehen die Juden wesentlich mitgewirkt haben. In der völkischen Ideologie wurde die Stadt mit Dekadenz und sittlich-moralischer Verkommenheit in Verbindung gebracht. In seinen Bildern nimmt Kiefer ironisch Bezug auf diese völkischen Polemiken,

Komponente und lebt vom Konflikt zwischen Anziehung und Abstoßung, zwischen sexueller Lust und Verbot.

In der jüdischen Literatur des 19. Jahrhunderts tritt die »schöne Schickse« zumeist als leidenschaftliche, kapriziöse polnische Adelige auf, die Gefallen an einem frommen, jungen Juden findet und ihn aus Mutwillen und Langeweile verführen will, so in der Erzählung *An opkumenisch* von Jitzchak Lejb Perets. Chajm Jojne Wittels wird von der Edelfrau (jidd. prize) beim Gebet im Wald auf dem Weg zu seinem Rebben überrascht und gefangen genommen. Er fleht Gott an, ihn nicht in Versuchung zu führen, denn: »(...) di prize, dos hot er dersen, is gewen gor a jefefie, in an ofen sojblemen futer, un fun farent hoben ir geblizt briljanten, a mach-schejwe! – bet er sich nebech: ribojne schel ojlem, zi es is a boser-wedom, zi a ruech, zi wejs ich wos, sej mich mazl fun ire hent! – (...) die Edelfrau – das hatte er gesehen – war eine Schönheit. Ihr Zobelpelz war offen. An der Brust strahlten Brillanten. Es war eine Hexe! Und der Arme flehte: Herr Gott, sei es ein Mensch aus Fleisch und Blut, ein Gespenst oder was immer, rette mich aus ihrer Hand.«[20]

Die schöne Schickse in Perets' Erzählung ist eine sinnliche, unabhängige Frau. Für sie scheinen keine moralischen Beschränkungen zu gelten. Sie nimmt sich, wen oder was ihr gefällt, und agiert vollkommen frei. Chajm Jojne Wittels fürchtet sich nicht so sehr vor dem, was ihm die Edelfrau antun könnte, sondern vor den Gefühlen, die sie in ihm auslöst. Zwar gelingt es ihm, aus dem Wagen der Verführerin zu flüchten, doch als er zu Hause, überglücklich, dem »Verderben« entronnen zu sein, seine Frau umarmt, gilt seine Sehnsucht unbewußt der schönen Schickse, was wiederum unzählige Schuldgefühle in ihm weckt. Das Frauenbild in Jitzchak Lejb Perets' Erzählung entspricht dem klassischen Madonna-und-Hure-Schema. Auf der einen Seite steht die kontrollierbare, brave jüdische Frau und Mutter von sechs Kindern, und auf der anderen Seite die nicht kontrollierbare, verlockende und gefährliche polnische Edel-

frau. Sie ist im Besitz von magischen, übersinnlichen Kräften und vielleicht gar kein Wesen aus Fleisch und Blut, sondern eine Hexe oder ein böser Geist. Dazu kommt ihre materielle Unabhängigkeit, die ihr zusätzliche Macht verleiht. Somit verkörpert die »schöne Schickse« in Perets' Erzählung alle Eigenschaften, die auch das Stereotyp der »belle juive« ausmachen. Auch ihre äußerliche Erscheinung ist durch Stereotype charakterisiert, nur daß sie nicht als »orientalische«, sondern als »nordische Schönheit« porträtiert ist, die die Männer mit Hilfe von blondem Haar und blauen Augen becirct.

Als verhängnisvolle, männermordende Verführerin tritt die »schöne Schickse« in David Vogels Roman *Eine Ehe in Wien* auf, der im Wien der zwanziger Jahre spielt und starke Anklänge an die Erzählungen Sacher-Masochs aufweist.[21] Der Autor, der zwischen 1921 und 1929 in Wien lebte und einem Kreis von jiddischen und hebräischen Schriftstellern angehörte, die im Café Herrenhof verkehrten, und der auch mit den Autoren des Jung-Wien in Kontakt war, veröffentlichte den Roman erstmals 1929 auf hebräisch in Palästina. Der Roman schildert die fatale Beziehung des jungen und begabten, aber mittellosen jüdischen Schriftstellers

Anselm Kiefer:
Dein aschenes Haar,
Sulamith,
Gemälde, 1981

Gabriele Kohlbauer-Fritz

Rudolf Gordweil zur Wiener Baronin Thea von Tako, die sich als weibliches Ungeheuer entpuppt. Sie hält den jungen Mann fest in ihren Fängen und denkt sich eine sadistische Quälerei nach der anderen aus, um ihn mehr und mehr ihrer Macht zu unterwerfen.

Die Beschreibung ihrer äußerlichen Eigenschaften entspricht dem Schicksen-Stereotyp. So wie die »belle juive« dunkelhaarig, mandeläugig und orientalisch zu sein hat, ist die »schöne Schickse« blauäugig, sommersprossig, strohblond und stramm. Sie überragt Rudolf Gordweil um Kopfeslänge – ein Indiz für die Herrschaftsverhältnisse in der Beziehung. Schon bei ihrer ersten Begegnung im Kaffeehaus fühlt sich Gordweil magisch von ihr angezogen. Sie verkörpert für ihn eine geheimnisvolle, herbe Wiener Schönheit: »Sie hat so was an sich, du merkst es nur nicht. So eine Wiener Tradition. Biedermeierzeit. Sieh mal den herrischen Zug in der unteren Gesichtshälfte«[22], meint er zu seinem Freund Ulrich, der in ihr nichts Besonderes zu erkennen vermag. Thea von Tako entpuppt sich äußerst rasch als gefährlicher Vampir, dem Rudolf Gordweil auf Gedeih und Verderb verfallen ist. Die erste Liebesnacht ist nur der Auftakt für die weiteren Leiden des Helden: »Ihr vorspringendes, nach unten gekrümmtes Kinn zuckte krampfartig, und ihr Busen wogte mächtig. Gordweil setzte sich neben sie aufs Bett. Sofort ließ sie von ihren Schuhen ab, wandte ihm ein Gesicht zu, auf dem sich jetzt ein grausamer, blutlüsterner Ausdruck abzeichnete, heftete lanzenblitzende Augen auf ihn, um ihn gewissermaßen völlig zu unterwerfen, fuhr dann ruckartig zurück und schlug ihm wie ein Raubtier die Zähne in den Ellbogen. Gordweil stieß ein ersticktes Ächzen aus. Er meinte, vor Schmerz und Lust zugleich ohnmächtig zu werden.«[23]

Die Baronin möchte Gordweil auch sofort heiraten, um ihr Opfer endgültig unter ihre Macht zu bekommen. Sie tritt sogar zum Judentum über, jedoch einzig und allein aus einer Laune heraus, nicht aus Überzeugung oder aus Liebe zu ihrem Mann. In weiterer Folge entlarvt sie sich als wahllose Nympho-manin, die ihre Eroberungen dazu benützt, ihren Mann immer mehr zu erniedrigen. Als sie schwanger wird, quält sie ihren Mann zunächst mit der Drohung, das Kind abzutreiben, später deutet sie immer wieder an, daß er gar nicht der wahre Vater sei. Sie vernachlässigt das Kind, weigert sich, es zu stillen, und führt so seinen frühen Tod herbei. Rudolf Gordweil durchschaut zwar zum Teil die Machenschaften seiner Frau und ist immer mehr von ihr angewidert, doch er bleibt ihr rettungslos verfallen und kann sich letztendlich nur durch Mord von seiner Obsession befreien. Thea von Tako wird in David Vogels Roman als seelenlose Femme fatale charakterisiert. Während der Mann leidet und dem Leser seine Gefühle mitgeteilt werden, beschreibt der Autor die Frau als gefühllos und von eiskalter Machtgier getrieben. Die Beweggründe für ihr Verhalten werden völlig ausgeklammert, und sie wird auf ein verhängnisvolles Objekt der Begierde reduziert. Ein positives weibliches Gegenstück zur grausamen Baronin ist die Figur Lotte Bodenheims. Lotte Bodenheim ist Jüdin, mit dunklen kurzen Locken und grauen Augen. Sie ist charmant, anmutig und feinfühlend, und sie liebt im geheimen Rudolf Gordweil. Dieser steht ihrer Zuneigung lange Zeit blind gegenüber, doch selbst als er merkt, daß auch er in Wirklichkeit Lotte liebt, kann er sich nicht aus seiner Abhängigkeit von der grausamen Baronin lösen. Diese wird somit letzten Endes auch am Selbstmord der unglücklichen Lotte schuldig.

David Vogels Roman ist ein Zeitroman mit umgekehrten Vorzeichen. Die Rolle der bösen dämonisierten Frau, die ihre ganze Umgebung, vor allem aber die Männer ins Verderben stürzt, wird nicht wie üblich von einer Jüdin, sondern von der österreichischen Baronin mit antisemitischem Background erfüllt. Lotte Bodenheim hingegen übernimmt die Rolle der entsagenden, asexuellen Madonna, eine Rolle, die normalerweise »blonden, christlichen« Mädchen zugedacht ist. *Eine Ehe in Wien* ist ein Roman über das Zusammenleben von Juden und Nichtjuden im Wien der zwanziger Jahre, in dieser Hinsicht auch mit Schnitzlers *Der Weg ins Freie* vergleichbar. An mehreren Stellen wird der Antisemitismus angesprochen und diskutiert. Interessanterweise gibt sich Thea von Tako, trotz ihrer Abstammung vom verarmten und umso dünkelhafteren Kleinadel, frei von antisemitischen Ressentiments. Sie spottet über ihren antisemitischen Vetter, der einerseits behauptet, die Familie gehe auf die Kreuzritter zurück und Wien sei eine verjudete Stadt, andererseits selbst einer kleinen Jüdin nachläuft, die ihm die Sinne verwirrt. Kaum hat Thea beschlossen, Rudolf Gordweil zu heiraten, tritt sie zum Judentum über, und sie hat auch keinerlei Bedenken, ihren adeligen Familiennamen gegen den bürgerlichen auszutauschen. Thea sieht sich selbst frei von allen Bindungen und Beschränkungen, moralische Hemmungen miteingeschlossen. Die Konsequenzen ihres Weltbildes sind die vollkommene Rücksichtslosigkeit und Respektlosigkeit gegenüber ihren Mitmenschen und die Sucht, zu beherrschen und zu erniedrigen. Auch diese ihr zugeschriebenen Eigenschaften erinnern an das Stereotyp vom bindungs- und wurzellosen assimilierten Juden, der auf Grund seiner Nichteinschätzbarkeit als weitaus größere Gefahr empfunden wird als sein der Tradition verhafteter Glaubensgenosse. Stellenweise scheint es, als kehre der Erzähler die antisemitischen Mythen um und projiziere sie auf die Protagonistin seines Romans. Wenn die Baronin von perverser sadistischer Lust gepackt sich auf ihr Opfer stürzt, um dieses zu quälen, könnte die drastische Schilderung oft direkt dem *Stürmer* entnommen sein, und die dämonisierte Schickse erscheint somit als Gegenbild zur dämonisierten Jüdin.

Mit dem Tod der bösen Verführerin endet auch der jiddische Film *Jisker*, der 1924 von Maurice Schwartz' Jüdischem Kunsttheater in Wien gedreht wurde. Der Film geht auf ein Theaterstück von Harry Seckler zurück und stellt eine moderne Version der biblischen Geschichte von Joseph und der Frau Potiphar dar: Die schöne Tochter eines polnischen Grafen verliebt sich in ihren jüdischen Leibwächter, doch dieser widersteht ihren Verführungsversuchen und wird von ihr aus Rache beschuldigt, sie vergewaltigt zu haben. Zwar gelingt es ihm, zu fliehen und seine jüdische Verlobte zu heiraten, doch der Graf nimmt das gesamte jüdische Schtetl als Geisel, und so ergibt sich der Leibwächter schließlich und wird öffentlich gedemütigt und bei lebendigem Leib verbrannt. Die Tochter des Grafen bricht schließlich unter ihrer Schuld zusammen und begeht Selbstmord.[24] Ähnlich wie in David Vogels Roman *Eine Ehe in Wien* wird auch im Film *Jisker* die »schöne Schickse« als berechnende Femme fatale geschildert, die skrupellos ihre Ziele verfolgt und ihre körperliche Attraktivität benützt, um ihre Opfer zu vernichten. Die »schönen Schicksen« haben die gleichen Eigenschaften wie die »schönen Jüdinnen«. Sie sind dämonisch, vampirhaft, im Besitz magischer Kräfte, und sie sind für die Männer im höchsten Maße existenzbedrohend.

Eine schöne blonde Schickse, hinter deren Engelsgesicht sich eine Teufelsfratze verbirgt, zeigt das Bild *Unity Mitford* des amerikanischen Malers Ron Kitaj.[25] Der Gesichtsausdruck der Porträtierten ist beinahe jungfräulich-unschuldig. Mit ihren schwärmerisch in die Ferne gerichteten hellblauen Augen erinnert sie an eine blonde Madonna, ein Ein-

Ron B. Kitaj: Unitiy Mitford, Gemälde, 1968

117

spricht verbotene Gelüste, die zugleich anziehend und abstoßend sind. Sie lockt den Mann mit ihren weiblichen Reizen und droht ihn gleichzeitig mit ihrer Sinnlichkeit zu verschlingen.

Eine reale »schöne und gute Schickse«, deren Leben jedoch bereits zu Lebzeiten von den Medien zum Mythos stilisiert wurde, ähnlich wie das Leben der Bühnenschauspielerin Sarah Bernhardt[26], war Marilyn Monroe. Äußerlich die perfekte Verkörperung der »schönen Schickse« – blond, blauäugig, stupsnäsig, sanft und sexy – erregte sie große Aufmerksamkeit, als sie anläßlich ihrer Heirat mit Arthur Miller zum Judentum übertrat. In der *New York Post* erschien ein Interview mit der Mutter Arthur Millers, in dem diese sich überschwenglich über ihre zukünftige Schwiegertochter äußerte und meinte, Marilyn lerne gefillte Fisch, Borscht, Hühnersuppe mit Matzeklößen, gehackte Leber, Tsimis und Kartoffelpiroggen zu machen. Bezeichnenderweise betitelte Norman Mailer das Kapitel über Marilyn Monroes Beziehung mit Arthur Miller als »Die jüdische Prinzessin«.[27]

Im Roman des israelischen Schriftstellers David Grossman *Stichwort: Liebe* beschäftigt sich der kleine Momik in seinen Träumen mit der angebeteten Monroe. Angesichts der zerrütteten Welt der Erwachsenen um ihn herum erscheint sie ihm wie ein guter Engel, mit dessen Hilfe er dem von Ängsten geprägten Alltag entkommen kann. In seiner selbstgezeichneten Briefmarkensammlung vom Lande »Dort« bewahrt er auch ein Porträt von Marilyn Monroe mit der Aufschrift »Marilyn Monroe redst jiddisch« auf, denn diese hat bei ihrer Hochzeit versprochen, jeden Tag drei Worte Jiddisch zu lernen. Jiddisch ist für Momik eine Geheimsprache, die seine Eltern, sein Großvater und die alten Nachbarn sprechen und die sie immun machen gegen den Hohn der Schulkinder, die ihre Spottlieder natürlich auf hebräisch singen. Marilyn ist für ihn eine Art messianische Verbündete, die, wenn sie erst ganz dazugehört, alle Brüche kitten und die Wunden heilen wird. Selbst die verrückte alte Chana Zitrin wird in seiner Phantasie schön, da sie eine blonde

druck, der durch das Hakenkreuzabzeichen am Revers ihres Jacketts jäh gebrochen wird. Das Hakenkreuz und die damit assoziierten Verbrechen verfremden ihren naiv-mädchenhaften Ausdruck. Die *Unity Mitford* Ron Kitajs hat die eiskalte sexuelle Ausstrahlung eines Todesengels, und das Hakenkreuzabzeichen symbolisiert ihre Verderben bringende sexuelle Macht. Ihre sexuelle Ausstrahlung steht in unmittelbarem Zusammenhang mit ihrer verwerflichen politischen Anschauung, und ihre unzugängliche, puppenhafte Schönheit hat einen ambivalenten – zugleich nonnenhaften und verruchten – Beigeschmack.

Mit dem Motiv der Femme fatale in Nonnentracht spielt der israelische Künstler Nir Hod. Er verfremdet die Attribute der »schönen Schickse«, indem er das strenge Ordenskleid mit Strapsen und das überdimensionale Kreuz mit einem Penis, den die Nonne in ihren »gefährlich« manikürten Händen hält, kontrastiert. Durch den zur Schau getragenen Katholizismus und den Nimbus des Keuschheitsgelübdes erhält die »schöne Schickse« einen zusätzlichen sexuellen Reiz. Sie ver-

Perücke trägt, die ihn an die Haare Marilyn Monroes erinnert.[28]

Marilyn Monroe verkörpert zweifelsohne eine idealisierte »schöne Schickse«, idealisiert vielleicht auch deswegen, weil ihr Sexappeal nichts Gefährliches an sich hatte und »mit der Sauberkeit aller sauberen amerikanischen Vorgärten« assoziiert werden konnte. So beschreibt Norman Mailer die Harmlosigkeit und Faszination ihrer »Blondinenerotik«: »Sie hatte nichts von dem dunklen Sich-Verkaufen an jene leidenschaftlichen brünetten Tiefen, die nach Blut riechen, nach lebenslangen Schwüren und nach Furien der Rache, die losgelassen werden, wenn man der Tiefe dieser Leidenschaft einmal untreu wird – nein, was Marilyn verhieß, war, daß Sex zwar schwierig und gefährlich sein könne – mit anderen, aber mit ihr, da sei es das reine Eisschlecken.«[29]

Mit den Leiden der amerikanisch-jüdischen »upper class« beschäftigt sich der niederländische Schriftsteller Leon de Winter in seinem Roman *Zionoco*. Eine attraktive Schickse ist schuld daran, daß der Rabbiner Sol Meyer aus den Bahnen seines geordneten, aber eher langweiligen Lebens geworfen wird. Für eine Liebesgeschichte mit der Sängerin, die er im Flugzeug von Boston nach New York kennengelernt hat – »Sie setzte sich in der Boeing neben ihn, und er fragte sich, ob er das als Geschenk oder als Fluch betrachten sollte«[30] –, riskiert er seine Ehe mit einer der reichsten Frauen Amerikas und seinen Job als Rabbiner einer großen Reformsynagoge. In der Folge nimmt das Schicksal seinen fatalen Lauf, und er verliert alles: seinen Beruf, seine reiche Frau, seine Reputation und auf Grund einer Intrige seiner gekränkten Frau schließlich auch noch die Geliebte. Durch diese ungewollte Zerstörung seiner bürgerlichen Existenz ergeben sich für Sol Meyer allerdings ganz ungeahnte neue Möglichkeiten: Er wird Indianer und ein gläubiger Mensch, und er findet seinen totgeglaubten Vater und tritt dessen Stelle als Rabbiner des Indianerstammes an. Angesichts dieser metaphysischen Wandlung, die der Held in Leon de Winters Roman durch-

machen muß, ist die Begegnung mit der »schönen Schickse« für ihn letzten Endes doch eher als »Geschenk« zu betrachten. Zwar fehlen ihr der Mut und das Vertrauen, die spirituelle Reise ihres jüdischen Geliebten mitzumachen – sie rettet sich durch eine überschnelle Heirat mit einem katholischen Schweizer –, doch ihre Rolle als Katalysator seiner mystischen Grenzüberschreitung ist unumstritten. Mit subtiler Ironie zeichnet Leon de Winter die »Männerphantasien« der amerikanisch-jüdischen »upper« und »upper middle class«. Auch der Schwager Sol Meyers betrügt seine reiche, frigide jüdische Frau – bezeichnenderweise mit Maria, der super-erotischen Tochter der puertoricanischen Haushälterin. Als seine Frau das Verhältnis entdeckt, stößt sie ihn aus dem materiellen Paradies in den sozialen Ruin, und auch Maria verläßt ihn, weil sie einen Burschen mit ihrem »ethnischen Background« heiraten will. Die Schicksen in Leon de Winters Roman verkörpern erotische Freuden und existentielle Bedrohung, wohingegen die jüdischen Ehefrauen materielle Sicherheit und soziales Prestige, jedoch ohne Leidenschaft bieten. Aber auch die Schicksen springen nicht über ihre eigenen Schatten und lassen ihre Liebhaber im Stich. Von allen Frauen enttäuscht, müssen diese ihren Weg als einsame Hagestolze alleine gehen.

Wie die erwähnten Beispiele zeigen, ist das Bild der »schönen Schickse« nicht denkbar ohne das Bild der »schönen Jüdin«. Im Lauf der Zeit bringen Stereotype ständig neue Variationen hervor. Ab den siebziger Jahren wurde in Amerika das Bild der »JAP« populär, der »Jewish American Princess«, die gewissermaßen eine innerjüdische Variation des Bildes von der »belle juive« darstellt, allerdings ohne deren wesentlichstes Merkmal »Lust auf Sex«. Die »JAP« ist zwar schön und begehrenswert, aber passiv und frigid, und sie verweigert ihrem jüdischen Mann die Sexualität. Sie ist ein anspruchsvolles Luxusweibchen, beutet ihren Mann finanziell aus und läßt ihn sich abrackern. Somit ist sie die komplementäre Ergänzung zur »Jewish mother«, die ihren Sohn kontrolliert und mit

Gabriele Kohlbauer-Fritz

ihrer mütterlichen Fürsorge erstickt. Auch das Bild von der allzeit bereiten, supererotischen Schickse ist nur ein Gegenentwurf zum Bild der sich verweigernden »JAP«.[31] Für den Mann sind sowohl die überfürsorgliche »Jewish mother« als auch die frigide »JAP« als auch die erotische Schickse bedrohlich, die eine auf Grund ihrer allgegenwärtigen Kontrollfunktion, die andere auf Grund ihrer unersättlichen Gier nach Konsum und ihrer sexuellen Verweigerung und die dritte wegen ihrer unersättlichen Gier nach Sex.

Gemeinsam sind allen diesen Frauenbildern die Konstruiertheit und Reduziertheit auf Stereotype. Die Frauen werden ihrer persönlichen Attribute beraubt und sie erscheinen als monströse Wesen, die den Mann vampirhaft aussaugen. Beide Bilder schüren seine Angst vor Potenzverlust: die »JAP« durch ihre sexuelle Verweigerung und Frigidität, die »Schickse« durch ihre sexuelle Zügellosigkeit. Interessant scheint auch die Beobachtung Susan Krays, daß die ambivalenten Bilder der »JAP« oder der »Jewish mother« die Klischees verkörpern, die im traditionellen antisemitischen Diskurs das Feindbild »Jude« charakterisierten: »The Jewish woman is sensuous and frigid, motherly and destructively over-maternal, clever and stupid, nurturing and materialistic, self-sacrificing but also hyper-feminine: over-made-up, overdressed, overwrought, shrill, shallow, and self-absorbed. She is, in a sense, the female counterpart of the traditional European and American anti-Semitic stereotype of the Jew – greedy, materialistic, ostentatious, pushy, conniving, shallow, unmanly, ungentlemanly. Jewish women have thus fallen heir to a feminized version of anti-Semitic imagery no longer considered acceptable when applied to men.«[32]

Somit zeigt sich im Bild der jüdischen Frau die Internalisierung von antisemitischen Stereotypen, und sie dient als Auffangbecken für nicht aufgearbeitete Komplexe.

Evident ist die Beliebigkeit und Austauschbarkeit, aber auch die gegenseitige Beeinflussung von Stereotypen. Ob »belle juive« oder »schöne Schickse«, »JAP« oder »Jewish mother«, sie ergänzen einander wie Bilder und Gegenbilder. Frauenfeindlichkeit ist ihre gemeinsame Basis. Die dualistische Repräsentation der Frau als Madonna (Mutter) und Hure, ein in seinem Ursprung christliches Phänomen, ist prägend für die gesamte westliche Kultur. Durch den Aspekt der ethnischen Identität – die Aufspaltung in das »Eigene« und in das »Fremde« – wird die Polarität in diesem ambivalenten Frauenbild verstärkt beziehungsweise um eine pikante Facette erweitert. Rassistische und sexistische Frauenbilder sind Ausdruck ökonomischer und sozialer Strukturen und der verzerrten Machtverhältnisse in einer vom Patriarchat geprägten Gesellschaft. Deren Aggressionen richten sich letzten Endes aber nicht nur gegen die Frauen, die zu entpersönlichten Objekten der Begierde und des Hasses degradiert oder zu asexuellen, mehr oder weniger guten Müttern erhöht werden, sondern auch gegen die Männer selbst, die, soviel gesellschaftliche und politische Macht sie auch anhäufen mögen, in der Rolle von infantilen Versagern steckenbleiben.

Anmerkungen

1 Florian Krobb: Die schöne Jüdin. Jüdische Frauengestalten in der deutschsprachigen Erzählliteratur vom 17. Jahrhundert bis zum Ersten Weltkrieg. Tübingen 1993, S. 259.

2 Klaus Hödl: Die Pathologisierung des jüdischen Körpers. Antisemitismus, Geschlecht und Medizin im Fin de Siècle. Wien 1997, S. 190–193.

3 Bezeichnenderweise setzen sich keine zeitgenössischen soziologischen Studien mit »christlicher Prostitution« als separatem Phänomen auseinander.

4 Rozanov mischte sich auch in die Dikussion um den Beilisprozeß ein, wobei er sich auf die Seite der Ritualmordbefürworter stellte und mit abstrusen Theorien den Ritualmord zu beweisen versuchte.

5 Sander Gilman: Salome, Syphilis, Sarah Bernhardt and the Modern Jewess. In: Linda Nochlin, Tamar Garb: The Jew in the Text. London 1995, S. 98.

6 Ebd., S. 100–110.

7 Jean Paul Sartre: Betrachtungen zur Judenfrage. In: ders.: Drei Essays. Zürich 1962, S. 132. Zur Feststellung Sartres, die »schöne Jüdin« sei keinesfalls mit der »schönen Rumänin«, der »schönen Griechin« oder der »schönen Amerikanerin« zu vergleichen, möchte ich anmerken, daß man sie sehr wohl mit dem Bild der »schönen Schwarzen«, der »schönen Kreolin« oder der »schönen Zigeu-

nerin« vergleichen könnte, deren Bilder im Unterschied zur Rumänin, Griechin oder Amerikanerin mit rassischer und sozialer Diskriminierung assoziiert werden.

8 Vgl. dazu auch Klaus Theweleit: Männerphantasien. Frankfurt am Main 1977. Theweleit analysiert die verunsicherte Haltung des »soldatischen Mannes« gegenüber der erotischen Frau, der diese aus Angst vor Kontrollverlust erniedrigen und vernichten muß.

9 Franz Grillparzer: Die Jüdin von Toledo. Historisches Trauerspiel in fünf Aufzügen. Stuttgart 1970, S. 29.

10 Eine völlig andere und nicht sexistische Interpretation der Figur der Rahel findet man zum Beispiel in Lion Feuchtwangers Roman *Die Jüdin von Toledo*.

11 Joseph Roth: Tarabas. Ein Gast auf dieser Erde. Frankfurt am Main 1987, S. 33.

12 Karl Kraus: Der Hexenprozeß von Leoben. In: Die Fackel. Nr. 168. Wien 1904, S. 3.

13 Zu den Hintergründen und den Pressereaktionen um den Prozeß Hervay vgl. Edward Timms: Karl Kraus. Satiriker der Apokalypse. Leben und Werk 1874–1918. Wien 1995, S. 102–106.

14 Im Mittelpunkt dieser »Rassenschandeprozesse« standen allerdings nicht gefährliche schöne Frauen, sondern jüdische Männer, die es wagten, »arische« Frauen und Mädchen zu »verführen«. Diese Prozesse waren Ausdruck männlichen Potenzneides, der aber letztendlich derselben Quelle entspringt wie die männliche Angst vor sexuell attraktiven und aktiven Frauen. Gestraft wurden in solchen Fällen nicht nur die Männer, sondern auch die nichtjüdischen Frauen, die man öffentlich demütigte, indem man ihnen zum Beispiel die Haare schor und sie der gaffenden Menge vorführte.

15 Claude Lanzmann: Schoah. Düsseldorf 1986, S. 123–124. Daß sich selbst betont antifaschistische Autoren nicht vom Stereotyp der »belle juive« befreien konnten, zeigt der Aufsatz von Ursula Heukenkamp: Die schöne junge Jüdin. Beobachtungen an antifaschistischen Mädchenbüchern der Nachkriegsjahre. In: Inge Stephan, Sabine Schilling, Sigrid Weigel (Hrsg.): Jüdische Kultur und Weiblichkeit in der Moderne. Köln, Weimar, Wien 1994, S. 199–212. In ihrem Essay zeigt Heukenkamp, daß die »schöne Jüdin« zwar als schön und intelligent, aber auf Grund ihrer Intelligenz als zu wenig gefühlsbetont und weiblich dargestellt wird.

16 Zur Interpretation von Kiefers Zyklus zur *Todesfuge* vgl. auch Ziva Amishai Maisels: Depiction and Interpretation. The Influence of the Holocaust on the Visual Arts. Oxford 1993, S. 362–366.

17 Vgl. dazu den Essay von Hildegard Frübis: Die schöne Jüdin. Bilder vom Eigenen und vom Fremden. In: Annegret Friedrich, Birgit Haehnel, Viktoria Schmidt-Linsenhoff, Christine Threuter: Projektionen. Rassismus und Sexismus in der visuellen Kultur. Marburg 1997, S. 112–130. Frübis analysiert in ihrem Aufsatz insbesondere Buchumschläge deutscher Verlage zum Thema »Jüdische Frauenliteratur«. Sie analysiert beispielsweise die Rezeption von Anne Frank, deren Tagebuch im Deutschland der Nachkriegszeit eine wesentliche Rolle in einer der ersten Phasen der Auseinandersetzung mit Nazismus, Rassismus, Verfolgung und Vernichtung spielte: »Ihre immer wieder in Film- und Buchproduktionen eingesetzten Gesichtszüge werden durch das ständige Zitieren zu einer weiblichen Ikone, die stellvertretend für die Leiden des jüdischen Volkes stehen.« S. 116.

18 Die Verführerin Marie in Jitzchak Lejb Perets' 1888 auf jiddisch erschienenem Epos *Monisch* hat zwar auch die »Schicksen«-Attribute (lange blonde Locken und blitzende blaue Augen), doch wird sie nicht als Christin, sondern als Tochter eines »Datsch«, eines Aufklärers, beschrieben.

19 Philipp Roth: Portnoys Beschwerden. Hamburg 1974, S. 104.

20 Jitzchak Lejb Perets: an opkumenisch. Erzählung. In: ders.: Gesammelte Werke. Bd. 1. Warschau 1909, S. 27–38, hier S. 34.

21 David Vogel: Eine Ehe in Wien. Übersetzt aus dem Hebräischen von Ruth Achlama. Frankfurt a. M. 1994.

22 Ebd., S. 25–26.

23 Ebd., S. 48.

24 J. Hoberman: Bridge of Light. Yiddish Film between the Wars. New York 1992.

25 Die Engländerin Unity Mitford war eine begeisterte Anhängerin des Nationalsozialismus. Sie ging nach Deutschland, wo sie sich dem engsten Kreis um Adolf Hitler anschloß. Ihre ältere Schwester Diana Mitford war mit dem britischen Faschistenführer Oswald Mosley liiert. Die jüngere Schwester Jessica Mitford engagierte sich für die Kommunisten. Nach der Kriegserklärung Deutschlands an England, versuchte Unity Mitford Selbstmord zu begehen, infolgedessen sie bis zu ihrem Tod im Jahr 1948 invalid blieb.

26 Vgl. Gilman, Salome (Anm. 5). Während jedoch das Bild der Sarah Bernhardt mit dem Stereotyp einer gefährlich intelligenten Frau behaftet war, wird das Bild der Marilyn Monroe bis heute zu Unrecht mit den Attributen blond, sexy und dumm in Verbindung gebracht.

27 Zit. nach Norman Mailer: Marilyn Monroe. München, Zürich 1973, S. 157.

28 David Grossman: Stichwort: Liebe. München 1994.

29 Mailer, Marilyn (Anm. 27), S. 15

30 Leon de Winter: Zionoco. Zürich 1997, S. 11.

31 Zur Konstruktion der »JAP« vgl. Riv Ellen Prell: Why Jewish Princesses Don't Sweat. Desire and Consumption in Postwar American Jewish Culture. In: Too Jewish? Challenging Traditional Identities. New York 1996, S. 74–92.

32 Susan Kray: Orientalization of an »Almost White« Woman. A Multidisciplinary Approach to the Interlocking Effects of Race, Class, Gender, and Ethnicity in American Mass Media. The Case of the Missing Jewish Woman. In: Angharad N. Valdivia: Feminism, Multiculturalism and the Media. Global Diversities. London 1995.

Der nackte und der bekleidete Körper

Joachim Schlör

Magnus Hirschfeld erhielt im November 1930 aus New York »die telegraphische Anfrage, ob ich bereit sein würde, am 1. Dezember dort vor der deutsch-amerikanischen Ärzteschaft einen Vortrag *Über den gegenwärtigen Stand der Sexualpathologie* zu halten«. Er »kabelte Einverständnis« und verließ Berlin 14 Tage später mit der »Co- lumbus« des Norddeutschen Lloyd. Erst einige Zeit nach diesem Vortrag, an den sich weitere Einladungen anschlossen, in San Francisco, faßte er den Entschluß, von dort aus »durch Asien nach Europa zurückzukehren«, also das zu unternehmen, was wir mit dem sehnsuchtsvollen Wort Weltreise bezeichnen – einmal um den Globus, von Deutschland nach Amerika nach Asien und zurück. »Bei der Abfahrt von meiner Berliner Wirkungsstätte hatte ich eine Reise um die Welt weder beabsichtigt noch geplant«, aber die Kunde »der von mir vertretenen Forschung über das menschliche Liebes- und Sexualleben« war doch weit gedrungen, und so warteten auf allen Stationen der Reise nicht nur neue Forschungsfelder, sondern auch interessierte Hörer, die Hirschfeld in insgesamt 176 Vorträgen während 500 Tagen (!) mit Informationen über seine merkwürdige Wissenschaft versorgte.[1]

Die Sexualwissenschaft entstand in Deutschland aus Studien, die traditionell den Bereichen der Biologie, der Medizin, der Rechtswissenschaft, der Geschichte und der Ethnologie zuzurechnen waren. Als ein Pionier der Verbindung dieser Einzeldisziplinen kann Richard von Krafft-Ebing angesehen werden, aber es war wohl Iwan Bloch, der 1906 – in Berlin – als erster das Konzept einer Sexologie vorlegte. In der Vorrede zu seiner Studie *Die Prostitution* schrieb Bloch, daß alle medizinische Forschung nur den Kern einer Untersuchung darstellen könne und keinesfalls imstande wäre, »to do justice to the whole importance of love in the life of the individual and in that of society«.[2] Der erste Herausgeber der *Zeitschrift für Sexualwissenschaft*, die den Versuch unternahm, die Interdisziplinarität von Studien zur Sexologie sowohl zu dokumentieren wie zu befördern, war der Berliner Arzt Magnus Hirschfeld. Als monatliche Publikation geplant, erschien die Zeitschrift zuerst 1908 in zwölf Ausgaben, danach wurde sie von Max Marcuse thematisch großzügig redigiert – bis zum Beginn der nationalsozialistischen Herrschaft in Deutschland.

Erwin J. Haeberle, der sich wie kein anderer um die Rekonstruktion dieser frühen Phase der Sexualwissenschaft verdient gemacht hat, hat die Tatsache, daß viele der frühen und führenden Sexualwissenschaftler Juden waren, zurückhaltend interpretiert: »It may or may not be a coincidence (and I myself attach no ulterior significance to it), but it so happens that the overwhelming majority of the sexological pioneers were Jews.«[3] In den Augen der Gegner der neuen Wissenschaft spielte das natürlich eine Rolle, und wenn auch hier nicht der Ort ist, darauf ausführlicher einzugehen, soll doch festgehalten sein, daß es Berliner Juden waren, die die Landkarte unserer Kenntnis von der Sexualität bedeutend erweitert haben.[4] Nicht zuletzt war es eben Magnus Hirschfeld, Mitglied der Ärztlichen Gesellschaft für Sexualwissenschaft und Eugenik und Verfasser der Studie *Die Homosexualität des Mannes und des Weibes* (1914), Gründer schließlich des Instituts für Sexualwissenschaft in den Zelten im Berliner Bezirk Tiergarten, wo ihm erst vor kurzem ein Denkmal gesetzt wurde, der durch Eheberatung, durch Vorträge, Diskussionen und einen »medico-legal service« modernsten Zuschnitts zum Repräsentanten der neuen Wissenschaft wurde. Am 6. Mai 1933 wurde sein Institut von SA-Horden zerstört, geplündert, die Papiere und Dokumente öffentlich verbrannt. Hirschfeld selbst sah die Zerstörung in einem Pariser Kino in der Wochenschau – denn er war von seiner Reise nicht mehr nach Deutschland zurückgekehrt.

Das Vorwort zur *Weltreise eines Sexualforschers* wurde bereits in Zürich abgefaßt. Kurz zuvor hielt er sich fünf Wochen in einem seltsamen Land auf: Palästina. Von dort berichtet Hirschfeld Ungewöhnliches: »Schon um seiner Jugend willen führt Tel Aviv seinen Namen, der in wörtlicher Übersetzung ›Frühlingshügel‹ bedeutet, mit Recht. Tel Aviv war der erste Ort, an dem ich in Palästina Aufenthalt nahm. Das hatte zwei Gründe. Der eine war, daß ich früher wiederholt von Kennern den Ausspruch gehört hatte, daß von den drei größeren Städten des Landes Jerusalem die Vergangenheit, Tel Aviv die Gegenwart und Haifa die Zukunft verkörpere. Die Gegenwart aber war es, die mich anzog. Der zweite Grund war, daß in Tel Aviv Dr. Chaim Berlin, einer der treuesten Schüler unseres Instituts für Sexualwissenschaft, praktizierte, mit dem ich, als er das letzte Mal in Deutschland war, bereits meinen Besuch in Palästina verabredet hatte (...).«[5]

Der dritte Grund schließlich führt uns zum Thema vom nackten und vom bekleideten Körper, das ich durchaus unter dem Aspekt behandeln will, den mir Hirschfelds Palästinareise vorgibt. Er begründet seinen Aufenthalt in dieser Stadt drittens mit dem Umstand, daß es im Februar für einen Besuch in Jerusalem ganz einfach zu kalt gewesen wäre: »Das dicht an der Mittelmeerküste zwischen den Orangenhainen der Saronaebene unmittelbar im Norden der biblischen

Stadt Jaffa (Jaffa heißt schön) gelegene Tel Aviv hat ein ungleich milderes Klima als Jerusalem, so daß es der Bevölkerung möglich ist, acht Monate im Jahre See- und Luftbäder zu nehmen, eine Begünstigung, von der, wie ich mich im Februar 1932 überzeugen konnte, reichlich Gebrauch gemacht wird.«[6]

Hirschfeld zeichnet mit seinen speziell geschulten Augen ein teilweise anderes Bild vom jüdischen Palästina, als wir es etwa aus Berichten von politisch voreingenommenen – zionistischen oder antizionistischen – Reisenden kennen.[7] Sein Blick ist der des Arztes. Er sieht nicht – »nur ganz selten, seltener jedenfalls als etwa in Karlsbad oder Marienbad« – die karikaturhafte Figur des gebeugten Ghettojuden, »wie sie in meiner Jugend Sichel malte«, er sieht kaum die »sogenannte Judennase«, sieht vor allem im zionistischen Experiment, dem er sich nun öffnet, den Beweis für die Wirkung einer »Erziehungs- und Schicksalsgemeinschaft« und den Einfluß der »Umweltfaktoren« auf Aussehen, Sprache, Kleidung, Anschauung und Bildung der Menschen. »Das Leben knetet den Teig.« Die Sichtweise bleibt europäisch eingeschränkt, so spricht sich Hirschfeld gegen die Neubelebung der hebräischen Sprache aus – »auch mir wäre das ein wesentlicher Hinderungsgrund, in Palästina meinen Alterswohnsitz zu nehmen« – und plädiert für die Universalität des Englischen. Aber in einem anderen Bereich sieht er das Neue gewinnen: »So wurde Tel Aviv für eine jetzt etwa 50.000 zählende Menge von Juden, die der Verfolgung und Verachtung ihrer Geburtsländer müde waren, ein Ort seelischer Entspannung und Befreiung, ihr ›Platz an der Sonne‹. Ganz großartig ist der weite, weiße Badestrand von Tel Aviv, wie geschaffen für einen internationalen Weltkurort, ein palästinensisches Seitenstück zu Ostende, Biarritz und Miami. Als ich in der zweiten Hälfte des Februar dort weilte, war das Strandbild bereits ein sehr bewegtes, belebt von Hunderten von Schwimmern und Schwimmerinnen, von gebräunten Sportlern und Sportlerinnen, die munter zwischen ausgedehnten Reihen von Strandkörben ihre Kräfte maßen.«[8] Einiges schließt sich noch

an, die Erfahrung des Gemeinschaftslebens im Kibbuz, dann auch, bei wärmerer Temperatur, die Erfahrung Jerusalem. Aber prägend bleibt doch, als neu und unerwartet, die Ansicht der Badenden von Tel Aviv. Körperbilder, Bilder vom wenig bekleideten Körper, von offensiver und bewußter (Halb-)Nacktheit finden sich immer wieder in den Beschreibungen von Palästinaaufenthalten, sie stehen in den Texten der Reisenden symbolisch für die Veränderung, die sich – körperlich – an den Juden Palästinas vollzogen habe, und damit, im Rückgriff auf die jüdische Geschichte, auch für Vorstellungen vom jüdischen Körper insgesamt.

Die zionistische Bewegung stellt, im Prozeß der Verwirklichung ihrer Idee bei der Besiedlung Palästinas, die gesamte Geschichte der Juden in der Diaspora auf den Prüfstand. Bialiks Äußerung, dies sei wertvoller als zweitausend Jahre Exilgeschichte, kann hier exemplarisch für den Optimismus genommen werden, mit dem die Beteiligten selbst das Experiment unternahmen: »Wo immer möglich, beginnen wir von vorne. Bei der Sprache. Bei der militärischen Ausbildung, die sich bald als nötig erweisen sollte. Bei der Verteilung von Besitz und Arbeit. Und eben auch beim Umgang mit Körperlichkeit. Die bewußte Absage hat in den genannten Bereichen ihr Gegenstück, im Jiddischen als der Ghettosprache, im duckerischen Pazifismus, in der ungleichgewichtigen Berufsstruktur. Aber natürlich auch bei den Körpervorstellungen.«

Als Beleg für die Außenwirkung des Experiments zitiere ich aus einem Aufsatz, der 1926 »zur Errichtung des Pavillons ›Hygiene der Juden‹ auf der großen Ausstellung für Gesundheitspflege/Soziale Fürsorge und Leibesübungen« in Düsseldorf verfaßt wurde und in dem von Rabbiner Dr. Max Eschelbacher herausgegebenen Band *Zur Hygiene der Juden* erschien. Der Mitherausgeber Adolf Sindler schreibt hier über »Palästina und die Jüdische Erneuerung«. Zunächst der Rückblick: Zur Zeit ihrer »heroischen Geschichte« waren die Juden »ein soziologisch normal gegliedertes Volk«, Ackerbau und Viehzucht ihre Beschäftigung, »die Verwurzelung mit dem Boden muß eine außerordentliche gewesen sein«. Im Zuge der Exilgeschichte »wurde immer mehr und mehr aus dem Volk der Bauern das Volk der Händler, aus den stolzen, bodenständigen Menschen das Volk der Lückenbüßer«. Angesichts dieser Geschichte bedeutet die Rückkehr einen »Selbstheilungsprozeß der durch die Anomalie der Lebensführung bedingten jüdischen Krankheit«.[9] Die »rüstige Jugend« bereitet in praktischer Arbeit den Weg der Erneuerung, gar »Läuterung« durch die Arbeit. »Die Schwierigkeiten, Stadtmenschen, die zum großen Teil von geistigen Berufen herkommen, zu echten Bauern zu machen, sind ungeheuer.« Sie werden aber gerechtfertigt durch die ungeheure Leistung des »Wurzelfassens«, die bedeutet, daß man sich »gewissermaßen organisch in die Arbeit der Natur selbst einarbeitet, in ihr Schaffen hineinwächst«, so daß es dem Menschen »vorkommt, als ob auch er Wurzeln in die Erde schlüge, die er gräbt«. Da sind, wollen wir es einmal ganz vorsichtig andeuten, Widerstände zu überwinden. In der harten zionistischen Ideologie wird da der Kleinbürger identifiziert, der Warschauer Straßenhändler ebenso wie der Berliner Rechtsanwalt, die sich alle beide vom Leben etwas anderes versprochen haben, als mit bloßen Füßen und nacktem Oberkörper »Sümpfe in malariaverseuchten Gegenden« trockenzulegen oder »Siedlungen in noch nicht völlig sanierten Gebieten« aufzubauen. Auf dem Gebiet der medizinischen Versorgung und der allgemeinen Gesundung von Volk und Land ist viel zu tun, »körperliche Ertüchtigung« ist dafür ebenso nötig wie »Licht und Sonne und Freude«, um letztmals Sindler zu zitieren. Die »Selbstregeneration« jedenfalls fordert den Körper.

»Diesen zu erhalten und ihn bis an die unabänderliche Grenze möglichst intakt zu bewahren, das ist nicht bloß ein Gebot der Humanität, das ist auch in ihrem eigenen Interesse die Aufgabe aller Gemeinwesen.« Schöne Worte, gesprochen vom Kronprinzen Rudolf anläßlich der Eröffnung des XI. internationalen hygienischen Kongresses in Wien, und zitiert von S. Funk in einem Text »Die Hygiene des Talmuds«, der in dem Sammelband *Die Hygiene der Juden* im Anschluß an die Internationale Hygiene-Ausstellung Dresden 1911, herausgegeben von Max Grunwald, erschien.[10]

Traditionelle Einstellungen zum bekleideten und zum nackten Körper

Es ist wenig erstaunlich, daß Nacktheit in solchen Texten in der Regel eher implizit als explizit erwähnt wird. Sie ist hier wenig mehr als unausgesprochene Voraussetzung oder Begleitumstand (mit »g«!) von Körperlichkeit, die Aufmerksamkeit der Gesetzgeber und Interpretatoren gilt dem Zustand des Körpers, nicht – oder nur selten – seiner konkreten Blöße. Interpretationsraster, die einen Begriff wie »Nacktheit« und »Kleidung« beispielsweise als »sozial vermitteltes Zeichensystem« oder, etwas zurückhaltender formuliert, als »Verhaltens- und Wertsystem (...), dessen Elemente aber mögliche Inhalte verbaler, visueller oder gestueller Kommunikation sind«, darstellen, eignen sich meiner Meinung nach eher für die Beschreibung von Körperbildern anderer *über* die Juden; nicht zufällig trägt der Aufsatz von Robert Jütte, dem dieses Zitat entnommen wurde, den Titel *Der anstößige Körper*.[11] Noch deutlicher ist in einem zweiten Aufsatz der Begriff »Stigma-Symbole«, der »Kleidung als identitätsstiftendes Merkmal bei mittelalterlichen und frühneuzeitlichen Randgruppen (Juden, Dirnen, Aussätzigen, Bettlern)« thematisiert, die Vorgabe des fremden – mehrheitlichen oder sogar herrschaftlichen – Blicks *der anderen* auf den Körper der Minderheit, etwa der Juden, im Fokus.[12] Zurück zur Auslegung der »Hygiene des Talmuds« bei Funk, der eben im Gegensatz dazu die traditionell-innerjüdische Bedeutung des Umgangs mit dem Körper im Blick hat. Die »Verkünder und Überlieferer« legten besonderes Gewicht auf jene Lebensregeln, »die ihnen zur Gesundheit des menschlichen Körpers als notwendig oder auch nur als zuträglich erschienen«. Dabei ist der einzelne Körper nur in zweiter Linie gemeint, Überlegungen zur »Kommunal-Hygiene« rangieren also vor denen der »Spezialhygiene«. Das öffentliche Sanitätswesen erfordert Regelungen zur Reinhaltung der Luft, des Wassers, des Bodens, aber auch der gesamten städtischen Anlage, der Straßen, der Häuser und hier vor allem der Gotteshäuser, der Schulen und der rituellen Bäder und Badeanstalten als unverzichtbaren, »allernötigsten Einrichtungen der Städte«. Fleischbeschau und »öffentliche Anstandsorte« werden ebenso bedacht wie die Armenpflege.

Der nackte und der bekleidete Körper

125

Geburt und Beschneidung, auch Säuglingsfürsorge haben es direkt mit dem Menschen in seiner ursprünglichen Blöße zu tun. Häufiges Baden und Salben des Säuglings wird als förderlich für das Wachstum empfohlen; weder die Nacktheit des Kindes selbst noch der Anblick seines unbedeckten Körpers erscheint als ungehörig. Erst im Zusammenhang mit der »Jugenderziehung« – bei der nach Funk übrigens die Unterweisung in sportlicher Tätigkeit, zu der »nach manchen Lehrern auch das Schwimmen« gehörte, eine wichtige Rolle spielen sollte – richtet sich das Augenmerk auf »die geschlechtliche Bewahrung der Kinder«. »Die Kinder keusch zu erziehen, war die vornehmste Aufgabe der israelitischen Eltern.« Die Betrachtung des anderen Geschlechts, selbst des Haars oder des kleinen Fingers, galt als sündhaft, weil daraus das »Sinnen über die Sünde« entstehen könnte, das als schädlicher galt als die Sünde selbst. Weder Töchter noch Söhne sollten zusammen auf einer Lagerstätte schlafen.

Pflege des erwachsenen und des unbeobachteten Körpers dagegen – Pflege der Haut etwa als Schutz vor Seuchen – war gewollt und gestattet. »Hütet Euch vor der Unreinheit«, lautete eine Botschaft, die von Palästina aus an die im Exil Lebenden übermittelt wurde (Nedarim 81 a), und das Baden oder Waschen gefährdeter Körperteile, des Kopfes, der Hände und Füße wurde als so notwendig betrachtet, »daß man eine Unterlassung für lebensgefährlich erklärte« und gesundheitsfördernde Dampfbäder, wo sie möglich waren, sogar unter Umgehung der Schabbatgesetze empfahl. Wie gesagt, implizit läßt sich aus all diesen Darstellungen schließen, daß die Entblößung einzelner Körperteile oder sogar – wie im Dampfbad – des ganzen Körpers keiner Restriktion unterlag. Der wichtigste Bereich freilich, in dem zwangsläufig zwei Körper einander begegnen müssen, ist der der geschlechtlichen Beziehung, die so frühzeitig wie möglich in der Ehe organisiert werden sollte. Gesund sollten beide Partner sein, im Alter einander nahe, und selbst Zahl und Stellung der »Cohabitati-

on« werden detailliert geregelt. Dazu später mehr.

»Die Kleidung gehört zu den notwendigsten Bedürfnissen des Lebens«, schreibt Funk, und zitiert aus Beza 32 a: »Wer nur ein Hemd besitzt, gehört zu denen, deren Leben kein Leben ist.« Besonders wichtig war erstaunlicherweise Schuhwerk. »Man verkaufe selbst die Balken des Hauses, um sich die nötige Fußbekleidung zu verschaffen.« (Pesachim 113 b). Die Kleidung war das Gegebene, erst und nur im Badehaus entledigte man sich ihrer – der Schuhe zuerst, dann der Kopfbekleidung, des Gürtels, des Oberkleides, schließlich des Unterkleides –, worauf das Einreiben mit Ölen, Massagen, gymnastische Übungen folgen mochten. Die Selbstverständlichkeit der Kleidung gegenüber der Nacktheit wird in aller Regel bis auf den Anfang menschlicher Existenz zurückgeführt.

»Nach Genesis 3,7 ist die Einführung der Kleidung eine Folge des Sündenfalles, da das erste Menschenpaar sich seiner Nacktheit zu schämen begann«, heißt es bündig in der *Encyclopedia Judaica* von 1934. Weiter wird nicht argumentiert, was folgt, sind Beispiele: der Lendenschurz und der Hemdrock für Männer, Hemd oder Mantel, auch Kopftuch oder Schleier für Frauen. Der Satz »Gelobt sei, der die Nackten kleidet«, figuriert noch heute in den Morgen-Berachot. Der so bekleidete Körper ist vielfältigen Variationen unterworfen, zwischen Sommer- und Winterkleidung, Alltags- und Festtagsgewand, alters-, schicht- oder berufsspezifischer Kleidung (Land- oder Feldkleider im Gegensatz zu denen der »verweichlichten Stadt« etwa); zusätzliche Abzeichen verstärkten die Erkennbarkeit der Ausdruckskraft von Kleidung. Zwischen dem gelehrten und dem *Am ha-Arez* mochten Unterschiede bestehen, aber »ohne daß sich dadurch das Wesen der Gewandung änderte«. Und das Wesen der Gewandung ist nun einmal zunächst – alle Semiotik beiseite gestellt – die Verhüllung des nackten Körpers. Ich verzichte deshalb auf eine Darstellung der Varianz, die ja nachzulesen ist: von Kopf bis

Fuß, von Region zu Region und von Zeitalter zu Zeitalter. Was sich nicht ändert, trotz aller Veränderung, aller Einflüsse durch Wanderung, aller klimatischen Bedingtheit, auch trotz aller von außen gegebenen Vorschriften, die den »Zwang zur Sonderart« schon in der muslimischen Welt, erst recht aber in der christlichen des Mittelalters heraufbeschwören, »um jüdische Personen beiderlei Geschlechts als solche zu kennzeichnen« – was sich nicht ändert, ist das Prinzip der Verhüllung.

Beim Thema der Kleidungsvorschriften ist also streng zwischen solchen (relativ seltenen), die aus rituellen Bestimmungen entstanden sind, und solchen, die von äußeren Obrigkeiten auferlegt wurden, zu unterscheiden. Das Gebot (Num. 15, 38 ff.), an den vier Ecken der Gewänder Schaufäden (*Zizit*) zu tragen, ist hier ebenso zu nennen wie das Verbot der Mischung von Wolle und Leinen. Im Mittelalter erscheinen Abweichungen von der je üblichen Tracht der Umgebung erst, »als Islam und Kirche den Juden besondere Kennzeichen in der Kleidung zum Zwecke der Brandmarkung und der Trennung von den Gläubigen auferlegten«. Um Gefahren abzuwehren, durften Frauen Männerkleidung tragen, Männer falsche Bärte oder sogar Mönchskleidung anlegen.

»Aus dem Zwange, sich in der Tracht von der nichtjüdischen Umgebung zu unterscheiden«, schreibt das *Jüdische Lexikon* (Berlin 1930), und »zugleich unter dem Einflusse des Wunsches, auch in der Tracht nicht die *Chukkot hagojim* nachzuahmen, hat sich im Laufe der Zeit bei Juden ein Bestreben entwickelt, sich in Kleidung und Sitte von der Umgebung abzuheben. Hierbei ist charakteristisch, daß die Juden vielfach Trachten, die sie von der Umgebung übernommen hatten, noch als diese bereits längst von anderen Moden abgelöst waren, beibehielten und dadurch zu besonderen jüdischen Trachten stempelten.«[13] Diese Beobachtung gilt in erster Linie für die aus dem polnisch-litauischen Bereich von den chassidischen Gruppen überlieferten Gewänder Kaftan und Pelzmütze. Immer wieder finden

*Jude aus Warschau,
Photo, zwanziger Jahre*

sich Vorschriften, die zur Vermeidung von äußerlichem Luxus in der Kleidung auffordern. Die »Juden-Kleidung« wurde auf beiden Seiten zum Thema: bei den Vertretern der Mehrheitsgesellschaft bis hin zum Extrem der Antisemiten, die – mit graduellen Unterschieden – vor allem Erkennbarkeit durch Kleidung einforderten, aber auch bei den Vertretern der Minderheit, die besonders in ihrer so leichthin als »orthodox« bezeichneten Ausprägung immer wieder in Momenten drohender Veränderung ein Festhalten am Überlieferten verlangten, so etwa der Rabbiner Tia Weil in Karlsruhe, den die Enzyklopädie mit seiner Forderung zitiert, der Jude habe sich »wie ein Jude« zu tragen und den Verlockungen der Modernisierung, die der Berliner Mendelssohn angestiftet hat, auch sichtbar zu widerstehen.

Joachim Schlör

Traditionalität in der Moderne

Ein Ergebnis dieser Modernisierung ist die Aufspaltung des Judentums in verschiedene Richtungen. Ich bin dafür kein Experte, lese aber mit wachsendem Interesse – da hilft die Ausbildung zum Volkskundler – Texte, in denen vor allem amerikanische Autorinnen und Autoren, geschult am Vokabular der feministischen Theologie ebenso wie an dem der Kulturanthropologie und des französischen Strukturalismus, die alten Texte einer neuen Überprüfung unterziehen. »My purpose in this chapter«, schreibt Daniel Boyarin in seinem Buch *Carnal Israel – Reading Sex in Talmudic Culture*, »is to begin the charting of the operations of power over and within the forms of pleasure and desire in the talmudic culture, the power of the rabbinic classes over the sexual practice of married couples, and the power of men over women in sexual life.«[14] Ziel dieser Überlegungen ist es, Texte, die »until now« als Belege für Repression gelesen wurden, nunmehr neu und in ihrer »actual function« zu interpretieren. Die »practices of married couples in the bedroom« wurden, so der Autor, über die Jahrhunderte und im Filter der zahllosen Interpretationen, unsichtbar gemacht; dabei bilden sie den tatsächlichen Hintergrund der talmudischen Debatten. Das eigentliche Interesse der Rabbiner, die über die intimsten Gegenstände diskutieren, war es, die Kontrolle über »the emotional, affective state of relations between the husband and the wife at the time of sexual contact, which they codify as requiring intimacy, harmony of desires, and mutual arousal and pleasure«[15], zu behalten. Boyarin unternimmt nun den Versuch, anhand der Debatten, die Männer führen, die verborgene Stimme der Frauen herauszuhören, oder in den Festlegungen dessen, was als zulässig bezeichnet wird, die abweichende Praxis als immerhin existent herauszulesen. Mir scheint in dieser Form der Lektüre, die das Gespräch der Rabbiner nicht nur in seiner direkten Faktizität nimmt, sondern die Subtexte mitliest, Erkenntnisgewinn möglich.

Das wird deutlich an den Gesprächen, die die Therapeutin Hannah Rockman mit »ultra-orthodoxen« Patientinnen führte. In ihrer gesamten Lebensauffassung und Lebensführung richteten sich diese Frauen nach den alten Überlieferungen, die Beschreibungen der einzelnen Fälle lesen sich nicht anders als die Fallbeispiele, die in den von Boyarin erfaßten und befragten talmudischen Debatten erscheinen. Über allem steht das Thema der »Unreinheit« und der Versuch, die allgemeine Anforderung, sie wo immer möglich zu vermeiden, mit den Gegebenheiten eines Lebens unter modernen Umständen in Einklang zu bringen. Ich zitiere: »While the wife is in *niddah*, a husband should not look at the parts of her body that are normally covered. However, he may look at her clothed and take pleasure in doing so. Since relations will be permitted at a later date, it is considered that mere gazing will not arouse him. Among the areas that are normally covered are the woman's arms and calves. She must cover her hair at all times even when sleeping. The sages taught that a woman's voice is considered ›nakedness‹, as implied by the verse in the *Song of Songs*: ›Your voice is sweet and your appearance attractive‹. A husband may not, therefore, listen to his wife singing during her period.«[16]

Der Geschlechtsverkehr selbst, der einvernehmlich gewünscht werden soll, ist Restriktionen unterworfen. Die Position »with the man on top of the woman« wird empfohlen, weil so beide Partner den Punkt sehen, von dem sie erschaffen wurden: der Mann die Erde, die Frau den Mann. Der Vollzug soll nicht in einem beleuchteten Raum und nicht vor Zeugen geschehen. Wenn ein Paar sexuelle Bedürfnisse mitten am Tage empfindet, soll der Raum verdunkelt werden, vor allem des Mannes wegen, »in case the very nakedness of his wife might cause him to consider his wife loathsome«. Das ist ein interessanter Punkt, der im Sinne Boyarins durchaus als positiv bezeichnet werden könnte; der Mann soll nicht den Eindruck gewinnen, seine Frau verhalte sich hurenhaft, indem sie ihm ihre Nacktheit zeigt. Andererseits ist gerade hier eine Rationalisierung männlich-dominierter Vorstellungen sowohl im Ursprungstext wie in der vielleicht allzu freundlichen Interpretation des Forschers recht offensichtlich. Wie immer: »Although the couple are required to darken the room and keep themselves covered for the sake of modesty, they are expected to remove all their clothing. The Talmud explains that as an expression of love and closeness sexual relations should be carried out while both parties are naked. If one of the pair consistently objects to this, his or her behaviour can be considered grounds for divorce.«[17]

Religiöse Gegenstände im Raum müssen doppelt bedeckt, heilige Bücher entfernt werden. Ihre Blöße gegenüber der körperlichen erscheint unerträglich, aber die körperliche Blöße selbst und allein ist es nicht. Nun ist die Psychotherapeuten-Couch in New York vielleicht nicht der richtige Ort, um etwas über das Judentum in seiner ganzen Vielfalt zu erfahren; andererseits wird wohl nirgendwo sonst der Versuch unternommen, so fest und wörtlich wie möglich an den Überlieferungen festzuhalten *und zugleich* ein Leben im Heute zu führen. Unter diesem Gesichtspunkt ist diese spezielle kulturelle Situation – oder dieser ethnologische Ort, ich bin ja hier in der Nähe meiner wissenschaftlichen Heimat – doch gut dafür geeignet, Verwerfungen zwischen Tradition und Modernität aufzuzeichnen, wie Hannah Rockman das getan hat. Die traditionellen Vorschriften und Usancen lassen sich ja rekonstruieren, Tamar Somogyi hat dies in ihrem an Sorgfalt und Detailtreue unübertrefflichen *Die Schejnen und die Prosten* getan.[18] Nacktheit selbst wird hier, wenn ich das Buch richtig gelesen habe, nicht thematisiert, das ist schon interessant; sie erscheint einzig als Gegenstück zur Kleidung, als das zu Verhüllende. Beide Geschlechter kleiden sich so, daß sie beim je anderen Geschlecht »keine sexuellen Gefühle hervorrufen«, die »erotischen Reize« werden auf ein Minimum reduziert – und zugleich durch eine hier nicht zitierbare Anzahl von Bändchen und Schleifchen und Schmuckstücken ins Folkloristische hinüber-

gerettet. Das ist alles nachzulesen; aber vom Körper selbst ist keine Rede.

Nacktheit überhaupt zu thematisieren, erscheint immer wieder, auch außerhalb des Judentums, als Wagnis. Waldemar Zude ist der – wohl nichtjüdische – Verfasser zweier Folgen zum Thema, die unter dem Titel *Nacktkultur und Vita Sexualis* 1916/17 in der *Zeitschrift für Sexualwissenschaft* erscheinen. »Die Philister«, so mutig setzt Zude nach einem vorangestellten Nietzsche-Wort ein, »die bekanntlich kurzerhand alles Neue verrückt schimpfen und sich jedem Fortschritt spottend widersetzen, kriegen eine Gänsehaut, wenn sie das Wort Nacktkultur nur hören.«[19] Wer sich schon gegen den Begriff des Nackten wehre, wer die medizinische Bedeutung der »Heliotherapie« ablehne, wer das Schamgefühl als oberste Instanz vor allen anderen Emotionen und gesellschaftlichen Anforderungen situiere, mache sich bloß lächerlich. Das »über den ganzen Menschenleib gewachsene« Feigenblatt zeige den zivilisierten Menschen in seiner ganzen Unnatürlichkeit; der Vorwurf der sexuellen Erregung durch Nacktheit falle auf diejenigen zurück, die ihn erheben, denn gerade bei ihnen, die in höchster moralischer Empörung das Natürlichste, den bloßen Körper, so ihn Gott erschaffen, ablehnen, wuchere nur der »Gehirnkitzel geiler Neugierde«, um eine Formulierung von Sacher-Masoch zu gebrauchen. »Prüderie ist aber weiter nichts als solch ein Anschauen des Nackten mit versteckter Begierde«, schreibt Iwan Bloch, einer der Pioniere der Berliner Sexualwissenschaft.[20] Und diese Pioniere waren davon überzeugt, sie könnten sowohl die versteckte wie die offene Begierde durch Gewöhnung an Nacktheit überwinden. Das Zitat von Zude stammt, wie erwähnt, von 1916: Hochzeit der Jugendbewegung, auch der jüdischen. Der Glaube an den nackten Menschen als den unschuldigen ist der Glaube an den guten Menschen oder doch an seine mögliche Existenz. »Tierische Wollust und krankhafte Perversität« werden weichen und Platz schaffen für ein neues Geschlecht, das sich des Geschlechtlichen als des Natürlichen

129

nicht mehr schämt. Da liegt der Gedanke an die Jugendbewegung nahe und eben auch der an die zionistische.

»Schon vor dem Ersten Weltkrieg hatten sich die deutsche Jugendbewegung, der Wandervogel, und die angelsächsischen boyscouts und girl-guides der jüdischen Jugend bemächtigt«, schreibt Arnold Zweig in seinem erst kürzlich veröffentlichten Rechenschaftsbericht *Warum wir nach Palästina gingen*. »Produktive Arbeit an Grund und Boden« stand da im Vordergrund, das Handwerkertum, aber auch der Ehrgeiz, »zu zeigen, daß es der Jude auch in diesen Berufen mit jedem Nichtjuden aufnehmen könne«.[21] Der »neue Jude«, von dem Zweig da – noch 1948, nach der politischen Absage an den Staat Israel, schon in Prag und auf dem Weg nach Ostberlin – so schwärmt, das ist, wenn wir den Reiseberichten glauben wollen, in seiner ganzen Körperlichkeit auch: der mit dem bloßen Oberkörper. Der alle Restriktionen der Vergangenheit abgeworfen hat – und mit ihnen die hinderlichen Kleider.

Der neue Jude

Die Geschichte des »neuen Menschen« ist eine der »great stories« der Geistesgeschichte, in allen kolonialen Situationen zu finden, in allen Utopien, die sich unversehens realisieren müssen: Gründungsmythos auch der Gesellschaft des neuen Landes Israel. Gegenstück zu dem »alten« Bild des Juden in der Diaspora. Nicht mehr gebeugt, sondern aufrecht. Nicht mehr ängstlich, sondern stark. »Mach unsere Rücken wieder gerade!«, war der Titel eines der Aufsätze in einer Reihe der *Jüdischen Rundschau*, die gesammelt unter dem Titel *Ja-Sagen zum Judentum* 1933 in Berlin erschien. In der prinzipiellen Absage an die Assimilation des deutschen Judentums, in der grundlegenden Verweigerung zugleich der traditionell-orthopraktischen Variante jüdischen Lebens ist die Metapher der Körperlichkeit vorherrschend. Die »Behandlung der Judenfrage«, um die man jetzt, 1933, nicht mehr »herumkommt« angesichts der Erfolge

des Nationalsozialismus, ist von innen her zu führen. »Herr der Welt, mach unsere Rücken wieder gerade!« – mit dem verzweifelt-mutigen Appell endet der Beitrag.

Reiseberichte aus Palästina machen diese Forderung und ihre Aussicht auf Verwirklichung zum Thema. Kaum einer der Reisenden will darauf verzichten, Bilder von den entblößten, den freien, den aufgerichteten Körpern der Pioniere zu liefern. Neben den Bildern vom Tel Aviver Strand, die aufgrund des üblichen Reiseverlaufs, der seinen Anfang meist in Jaffa nahm, oft am Anfang stehen, sind es vor allem Darstellungen aus den Kibbuzim, in denen wir Körperbilder finden – oft mit dem Ziel formuliert, die angestrebte Verschmelzung mit der Erde des Landes zu symbolisieren. Richard Beer-Hofmann äußert sich in einem Interview zur Aufbauleistung in Palästina: »In diesem verrufenen, wasserarmen Lande wandelt der Wille jüdischer Menschen Wasserkräfte zu Energien, die dem neuen Typ des Bauern dienen. Land, verrufen, verödet, das noch bis vor kurzem die Kraft besaß, Siechtum den Siedlern zu geben, nährt nun in den drei großen Tälern Emek Jisrael, Sebulon, Chefer Tausende. Was hier geschehen ist, was noch geschehen könnte, ist unausdenkbar.«[22]

Als Gegenbild zum moralisch verkommenen Stutzer und Dandy der Großstädte, als Gegenbild aber auch zu dem »zum tiefsten Grunde menschlichen Elends niedergedrückten Juden Halbasiens« steht der Erbauer des altneuen Landes da.[23] »Hat man ihm«, dem Juden, »in aller Welt die Berührung mit der Mutter Erde versagt«, so nimmt er sie sich jetzt wieder – mit einer Gewalt, die sich viel weniger gegen andere als gegen das selbstgezeichnete Bild von sich selbst richtet.

Auch die Kibbuzim wiederholen, so beobachtet es der Sozialist Kurt Stechert, die Kinderkrankheiten der Jugendbewegung, stellen das Gemeinschaftserlebnis und die Kultur des Verzichts über alles, besonders über das Individuum. Herzlia, schreibt Stechert, »geht sogar bis zur gemeinsamen Kleidung«, was selbst den überzeugten Mitgliedern nicht leicht fällt. »Im Anfang war es nicht schön, daß ein anderer Genosse meine Hose anzog, aber jetzt habe ich mich daran gewöhnt.«[24] Im Kibbuz Gesher erwartete Josef Tal, den *Sohn des Rabbiners*, folgende Situation: »Meine Kleidung wurde in die Commune gegeben, statt dessen erhielt jeder seine Bekleidung zugeteilt, die jede Woche frisch gewaschen, repariert und neu ausgeteilt wurde. Niemand besaß *eigene* Kleidung. Was nicht richtig paßte, wurde von der Näherin angepaßt. Waschsachen, alles zum täglichen Leben, einschließlich Zigaretten, wurde einmal wöchentlich verteilt.«[25]

Kleidung gilt im neuen Bezugssystem des Kibbuz, oder anfangs der Kwuza, als zweifach belastetes Zeichen; sie repräsentiert einerseits die – von »außen« übernommene – westliche Zivilisation, die überwunden werden soll, andererseits aber auch das innere Ordnungs- und Erkennungsmodell des traditionellen Judentums, dem man gleichfalls zu entkommen sucht. Sonne, Klima und Boden von Palästina geben den möglichen Rahmen für eine Veränderung ab, die sich auch in Begriffen von Nacktheit und Kleidung ausdrückt. Die alte Kleidung wird abgelegt, einheitliche Kleidung wird zur Verfügung gestellt. Die Mitglieder der Siedlung gliedern sich der neuen Körperlichkeit ein, zur großen Verwunderung von Besuchern; einer sei noch zitiert, Joseph Kessel: »Ich konnte eine überraschte Bewegung nicht unterdrücken. Was da erschien – war das wirklich eine Frau? Schultern wie ein Ringkämpfer, schwere muskulöse Arme, bloße Beine, solide wie Pfosten. Geschlechtslose Kleider: eine Sackbluse und Hosen, alles aus braunem, dickem und grobem Tuch. Die Haar waren vollkommen abgeschoren, Sonnenbrand hatte die Wangen gebräunt und ledern gemacht. Nur das Wippen der Brüste unter dem brüchigen Stoff und eine gewisse Weichheit des Mundes erklärten die Tatsache, daß zu diesem athletischen Körper eine so kindliche Stimme gehörte. Die junge Frau blieb auf der Schwelle der Stalltür mit einer Harke in der Hand stehen. Ihre nackten Füße kneteten nervös Stroh und Mist. Ihre Verlegenheit war offensichtlich.«

Die junge Frau führt die Besucher durch ihre Kwuza, in der sie seit zweieinhalb Jahren lebt und in der sie vor allem für die Hühnerzucht zuständig ist. »Und das ist ihr ganzes Leben. Ehe sie einwanderte, studierte dieses Mädchen aus wohlhabender Familie Medizin!«[26] Dieses *Zurück zur Erde* könnte als ein *Zurück vor die paradiesische Situation des Sündenfalls* interpretiert werden So wie die praktisch-zionistische Bewegung im Moment der Verwirklichung ihrer Sehnsüchte alle bisherige Geschichte der Diaspora über den Haufen wirft, so soll auch die lange Geschichte der zeichenhaften Bedeutung von Nacktsein und Bekleidetsein, von Zuweisung und Selbstverständnis, die beide über die Zeichen »Kleidung« und »Nacktheit« mit bestimmt wurden, mit einem radikalen Schnitt erledigt werden. Das ist freilich nicht gelungen. In den letzten Jahren hat sich allerdings mit dem Erstarken der Ultraorthodoxie eine Diskussion neu entfacht, die überwunden schien. Bilder von knapp bekleideten Frauen an Bushaltestellen oder anderen öffentlichen Orten sind Ziel von Attacken, und nicht mehr allein in den Wohnvierteln der Haredim werden »unzüchtig Bekleidete« gelegentlich angegriffen.

In einem Kommentar in der ultraorthodoxen Tageszeitung *Hamodia* schreibt ein Herr A. Margalit, der jüdische Genius sei durchaus für Höchstleistungen im körperlichen Bereich nicht erschaffen: »Der jüdische Fuß, seit Jahrtausenden den Gang zum Tempel und den Wettlauf um die Vollbringung frommer Taten gewöhnt, wird sich niemals durch Elfmeterschießen auf internationalem Niveau auszeichnen. Das jüdische Streben, von jeher gen Himmel gerichtet, wird die Sehnsucht nach den höchsten Sphären niemals gegen den Stabhochsprung austauschen können. Wer schon immer die fernen Ziele des Geistes angestrebt hat, wird im Marathon stets als letzter durchs Ziel kriechen.«[27]

Es scheint, als wären die Debatten über die Bedeutung der Körperlichkeit – und über die Rolle von Nacktheit und Kleidung darin – noch nicht ausgestanden.

Joachim Schlör   **Anmerkungen**

1 Dr. Magnus Hirschfeld: Die Weltreise eine Sexualforschers. Mit 47 Abbildungen. Brugg 1933, S. V.

2 Zit. nach Erwin J. Haeberle: The Jewish Contribution to the Development of Sexology. In: The Journal of Sex Research. Vol. 18, No. (4. November 1982), S. 305–323, hier S. 307.

3 Ebd., S. 306.

4 In der Zeitschrift *Exilforschung*, die sich in ihrem Jahresband 1998 dem Thema der »Avantgarde im Exil« widmet, erscheint der Aufsatz »Wenn ich eines richtig gemacht habe ...« Berliner Sexualwissenschaftler in Palästina/Israel.

5 Hirschfeld, Weltreise (Anm. 1), S. 356.

6 Ebd., S. 357.

7 Zur Palästinareise insgesamt vgl. Wolf Kaiser: Palästina – Erez Israel. Deutschsprachige Reisebeschreibungen jüdischer Autoren von der Jahrhundertwende bis zum Zweiten Weltkrieg. Hildesheim, Zürich, New York 1992. Zu Tel Aviv im besonderen siehe Joachim Schlör: Tel-Aviv. Vom Traum zur Stadt. Gerlingen 1996.

8 Hirschfeld, Weltreise (Anm. 1), S. 363.

9 Adolf Sindler: Palästina/Jüdische Erneuerung. In: V. Rabb, Dr. Max Eschelbacher u. Dr. med. et phil. Adolf Sindler (Hrsg.): Zur Hygiene der Juden. Düsseldorf 1926, S. 394–402; hier S. 397.

10 S. Funk: Die Hygiene des Talmuds. In: Max Grünwald (Hrsg.): Die Hygiene der Juden. Im Anschluß an die Internationale Hygiene-Ausstellung Dresden 1911. Dresden 1911, S. 189–231.

11 Robert Jütte: Der anstößige Körper. Anmerkungen zu einer Semiotik der Nacktheit. In: Klaus Schreiner, Norbert Schnitzler (Hrsg.): Gepeinigt, begehrt, vergessen. Symbolik und Sozialbezug des Körpers im späten Mittelalter und in der frühen Neuzeit. München 1992, S. 109–129.

12 Robert Jütte: Stigma-Symbole. Kleidung als identitätsstiftendes Merkmal bei mittelalterlichen und frühneuzeitlichen Randgruppen (Juden, Dirnen, Aussätzige, Bettler). In: Saeculum, Band 44, Jg. 1993, H. 1: Zwischen Sein und Schein. Kleidung und Identität in der ständischen Gesellschaft. Freiburg, München 1993, S. 65–89.

13 Jüdisches Lexikon. Band IV/2. Berlin 1930, S. 1011.

14 Daniel Boyarin: Carnal Israel. Reading Sex in Talmudic Culture. Berkeley, Los Angeles 1995, S. 107.

15 Ebd., S. 108.

16 Hannah Rockman: Sexual Behaviour among ultraorthodox Jews. A Review of Laws and Guidelines. In: Jewish Explorations of Sexuality. Ed. by Jonathan Magonet. Providence, Oxford 1995, S. 191–204; hier S. 197 f.

17 Ebd., S. 200.

18 Tamar Somogyi: Die Schejnen und die Prosten. Untersuchungen zum Schönheitsideal der Ostjuden in bezug auf Körper und Kleidung unter besonderer Berücksichtigung des Chassidismus. Kölner Ethnologische Studien, Band 2. Berlin 1982.

19 Waldemar Zude (in Biadki): Nacktkultur und Vita Sexualis. In: Zeitschrift für Sexualwissenschaft. Hrsg. v. A. Eulenburg u. Iwan Bloch. Bd. III, April 1916–März 1917. Bonn 1917, S. 37–45 u. 80–89; hier S. 37.

20 Iwan Bloch: Das Sexualleben unserer Zeit, S. 175.

21 Arnold Zweig: Emigrationsbericht oder Warum wir nach Palästina gingen. 1948, S. 332.

22 Interview mit Dr. Richard Beer-Hofmann, in: Sarah Fraiman: Richard Beer-Hofmanns Palästina-Tagebuch (2. April – 22. April 1916). Jüdischer Almanach 1996/5756 des Leo Baeck Instituts. Hrsg. v. Jakob Hessing. Frankfurt/M. 1996, S. 36–51; hier S. 50.

23 Franz Oppenheimer in den Verhandlungen des I. Zionistenkongresses in Basel am 23.–28. August 1933. Protokoll, S. 182–195.

24 Kurt Stechert: Palästina-Bericht eines Nichtjuden. Leipzig, Wien 1934, S. 216 f.

25 Josef Tal: Der Sohn des Rabbiners. Ein Weg von Berlin nach Jerusalem. München 1987, S. 169.

26 Joseph Kessel: Glühendes Land. Land der Verheißung. Israel 1924 – 1948 – 1961. München 1966. Einige sprachliche Merkwürdigkeiten sind wohl der Übersetzung zuzuschreiben, deshalb sei zur Lektüre das Original *Terre d'amour et de feu* (Paris 1965) empfohlen.

27 wst/mjw: No sports! In: Allgemeine Jüdische Wochenzeitung, 10. Juli 1997.

Der kranke und der gesunde Körper

Gleichheit von Juden und Christen vor Krankheit und Tod

Robert Jütte

»Hat nicht ein Jude Hände, Gliedmaßen, Werkzeuge, Sinne, Neigungen, Leidenschaften? mit derselben Speise genährt, mit denselben Waffen verletzt, denselben Krankheiten unterworfen, mit denselben Mitteln geheilt, gewärmt und gekältet von eben dem Winter und Sommer als ein Christ?«[1] – so beschwört Shylock in Shakespeares *Der Kaufmann von Venedig* die Gleichheit von Christen und Juden vor den Gesetzen der Natur, denen die menschliche Physis und Psyche unterworfen sind. Doch nicht nur in dem im großen und ganzen eher judenfeindlichen Elisabethanischen England dominierte die Ansicht, daß sich der Jude körperlich und geistig von seiner Umwelt unterschied. Bestimmte, meist negativ konnotierte körperliche Eigenschaften und Charakterzüge, die man den Juden zuschrieb, haben als antijüdische beziehungsweise antisemitische Stereotype eine lange Tradition. Dazu gehören zum Beispiel der angebliche Gestank, den Juden ausströmen (foetor judaicus), physiognomische Besonderheiten (Klumpfuß, Hakennase) und charakterlich bedingte und vererbte Verhaltensweisen wie Geldgier, Geiz und Betrug.[2]

Krankheiten und jüdische Lebensweise

Bis heute wird immer wieder behauptet oder der Nachweis zu führen versucht, daß Juden zu bestimmten Krankheiten neigen oder – umgekehrt – seltener erkranken als Nichtjuden. Noch 1995 wartet die *Allgemeine Jüdische Wochenzeitung* (Bonn) mit der Schlag-

zeile auf: »Jüdische Männer leiden häufiger an Depressionen – aber dafür saufen sie nicht.«[3] Ihren Höhepunkt erreichte die Diskussion um die geringere beziehungsweise höhere Morbidität der jüdischen Bevölkerung vor dem Ersten Weltkrieg. Zwischen 1901 und 1910 erschienen allein über 170 Schriften, die sich mit dieser Frage befassen. Das waren fast soviele wie in dem gesamten Zeitraum vor 1900. Auch in der Weimarer Republik und im Dritten Reich ebbte die Diskussion um die Krankheitshäufigkeit bei den Juden aus den bekannten Gründen nicht ab. Nach dem Zweiten Weltkrieg verlor die »rassenbiologische« Ausrichtung dieser Forschung aus leicht nachvollziehbaren Gründen ihren ideologischen Nährboden und vor allem ihre politische Legitimation.[4] Fortan sind es neben Medizinsoziologen und Kulturanthropologen vor allem Genetiker, die sich für die größere oder geringere Verbreitung bestimmter Krankheiten, insbesondere Erbkrankheiten, (nicht nur) in der jüdischen Bevölkerung interessieren. Bezeichnenderweise haben deutsche Forscher an diesem wissenschaftlichen Diskurs so gut wie keinen Anteil mehr. Die Mehrzahl der Studien stammt von amerikanischen oder israelischen Forschern.[5]

Der bislang früheste Beleg für die Auffassung, daß Juden für bestimmte Krankheiten anfälliger seien als Nichtjuden, findet sich in einer spätmittelalterlichen medizinischen Handschrift mit dem Titel *Lilium medicinae*. Verfasser ist ein gewisser Bernardus Gordonius, der gegen Ende des 13. Jahrhunderts an der Universität Montpellier lehrt. In diesem

Traktat aus dem Jahr 1305 wird behauptet, daß die Juden aus drei Gründen häufiger unter Hämorrhoiden litten als Christen: Erstens »(...)«, weil sie im allgemeinen keinen Beruf ausüben und deshalb sich melancholische Säfte im Übermaß ansammeln. Zweitens, weil sie generell in Furcht und Angst leben und deshalb melancholisches Blut sich vermehrt gemäß dem Satz des Hippokrates, wonach Furcht und Zaghaftigkeit, wenn sie lange Zeit anhalten, melancholisches Blut erzeugen. Drittens, weil es auf göttlicher Rache beruht, gemäß jener (Bibelstelle): ›Und er schlug sie auf das Hinterteil (in posterioria dorsi) und gab sie ewiger Schande preis (Psalm, 78,66)‹.«[6] Jekutiel ben Solomon von Narbonne, der diese medizinische Abhandlung 1387 ins Hebräische übersetzte, zweifelte zwar nicht an dem hier geschilderten Sachverhalt, wollte aber die dritte Ursachenhypothese des Autors aus verständlichen Gründen nicht akzeptieren und kommentierte sie deshalb mit dem Satz: »Was da geschrieben steht, ist Lüge, und die daran glauben, lügen.«[7] Die Unterstellung, daß Gott die Juden an ihrem »Allerwertesten« gestraft habe, beruht im übrigen auf einer falschen lateinischen Übersetzung des betreffenden Psalms, die sich erstmals in der Vulgata findet und die auch heute noch gelegentlich durch die wissenschaftliche Literatur geistert. Sie gibt immer noch Anlaß für wilde Spekulationen über jüdisches Sexualverhalten, wie Hans Peter Duerrs Fehlinterpretation im dritten Band seiner Kritik am *Mythos vom Zivilisationsprozeß* (1993) belegt.[8] Doch wird immerhin die betreffende Stelle in den meisten deutschsprachigen Bibelübersetzungen inzwischen richtig mit der Redewendung »und er schlug die Feinde zurück« übersetzt.

Daß Juden häufiger als andere Bevölkerungsgruppen an einer Krankheit leiden, von der man ungern spricht und die man mit allerlei Umschreibungen oder Euphemismen belegt, wird auch später von jüdischen Gelehrten und Ärzten immer wieder behauptet. Zu ihnen zählen zum Beispiel Elcan Isaac Wolf, der 1777 in seinem bekannten Werk *Von den Krankheiten der Juden* den exzessiven Kaffee- und Teegenuß in jüdischen Haushalten dafür verantwortlich macht, daß diese »mit der Zeit von den Haemorrhoiden heimgesuchet und geplaget werden.«[9] Gegen Ende des 19. und zu Beginn des 20. Jahrhunderts machte man dagegen eine andere »Unsitte«, die man vor allem den Ostjuden vorwarf, nämlich das stundenlange Sitzen auf den harten Schul- und Synagogenbänken, für das häufigere Auftreten von Hämorrhoiden verantwortlich.[10] Als Beweise für die Prävalenz dieser häufig tabuisierten Krankheit unter Juden führte man unter anderem auch jüdische Sprichwörter (»Wus jarsch'enen jüden? Zurojss ün meriden!« – »Was erben Juden? Nichts als Ärger und Hämorrhoiden!«[11]) an.

Außer an Hämorrhoiden litten Juden, so der berühmte jüdische Gelehrte Isaak Abravanel (1437–1508) in seinem Kommentar zum fünften Buch Moses, häufiger als andere Völker an Fieber und Pest.[12] Da man vor dem bakteriologischen Zeitalter unter beiden Bezeichnungen eine Vielzahl unterschiedlicher Infektionskrankheiten verstand, ist es müßig, darüber zu spekulieren, welche spezifischen Krankheiten damit gemeint sind. Bedenkenswert ist nur, daß die christlichen Zeitgenossen des berühmten portugiesischen Rabbiners gerade von der weitgehenden Immunität der Juden gegenüber Seuchen jeglicher Art überzeugt waren. So behauptete zum Beispiel der italienische Arzt Girolamo Fracostoro (ca. 1478–1553) in seinem Traktat von den ansteckenden Krankheiten (1545), daß nur wenige Frauen und Greise und fast keine Juden in den Jahren 1505 und 1528 an einer bestimmten Art des Fiebers gestorben seien.[13] Erhebliche Breitenwirkung wie auch katastrophale Konsequenzen hatte dagegen die seit dem späten Mittelalter immer wiederholte Behauptung, daß die Juden, da sie gegen die Pest weniger anfällig seien, Schuld am Ausbruch dieser gefürchteten Seuche sein müßten. Grausame Judenpogrome waren die Folge. Erinnert sei in diesem Zusammenhang auch an die vollständige Sperrung des Prager Ghettos im Jahr 1713, als in der Stadt an der Moldau die Pest grassierte, was den jüdischen Gelehrten Jacob

Reischer (ca. 1670-1733) zu dem Kommentar veranlaßte, daß Juden in Zeiten der Pest doppelt bestraft würden, indem sie auch noch unter dem Vorwurf, Verursacher von Gottes Strafgericht über die sündige Menschheit zu sein, leiden müßten.[14]

Wurde bis ins 18. Jahrhundert hinein die Krankheitshäufigkeit unter Juden eher beiläufig erwähnt, so finden wir fast zeitgleich mit dem Beginn der Aufklärung auch Studien, die sich ganz speziell mit dieser Frage befassen. Neben der erst seit kurzem bekannten Abhandlung des französischen Arztes Le Jau aus dem Jahr 1781[15], ist hier das Werk des jüdischen Arztes Elcan Isaac Wolf zu nennen. Dieser handelt in seinem Buch *Von den Krankheiten der Juden* (1777) insbesondere jene Krankheiten im einzelnen ab, »welche, da sie zum Theil Abstaemmlinge unseres Geschickes, aber Folgen unserer Misbraeuche, auch nur meines Bundsgenossen mehrentheils eigen sind.«[16] So führt er zum Beispiel das häufige Auftreten von Hautausschlägen bei jüdischen Kindern darauf zurück, daß die Jungen von klein auf angehalten werden, eine Kopfbedeckung zu tragen. Nur wenige Jahre später erschien ein Pamphlet eines Nichtjuden, das der später so populären Gleichsetzung von Judentum und Krankheit Vorschub leistete. Gemeint ist die Abhandlung von Leopold La Fontaine *Über die polnischen Juden, ihre Lebensart und gewöhnlichen Krankheiten*, die 1792 in Breslau und Leipzig verlegt wurde. Darin heißt es pauschal über die Juden: »(…) kein Volk ist hier mehreren Krankheiten unterworfen, als dieses.«[17] An Gründen für die Krankheitshäufigkeit führt er unter anderem »ihre Religion, ihre Schulen, ihr Fasten, ihr übernatürliches Schreyen und Singen, ihre verschiedenen Biegungen des Körpers, ihr zur Unzeit angebrachtes Baden«[18] ins Feld.

Judentum als Krankheit

Die Gleichsetzung von Judentum mit dem gesellschaftlichen Leiden oder auch dem Leiden an der Gesellschaft klingt im 19.

Jahrhundert erstmals in dem Gedicht von Heinrich Heine anläßlich der Einweihung des Israelitischen Krankenhauses in Hamburg (1841) an, in dem von den drei »Gebresten« der Insassen die Rede ist: »Armut, Körperschmerz und Judentum«.[19] Wenn Heine das Verhältnis zwischen Juden und Christen zu einer Zeit, in der die Emanzipation noch nicht überall verwirklicht oder von Rückschlägen bedroht war, als pathologisch bezeichnet, dann verweist er damit auf einen noch weitgehend offenen politischen und sozialen Prozeß, den man im ausgehenden 19. und frühen 20. Jahrhundert als die »Judenfrage« bezeichnete.

Was zunächst eine symbolische Abstraktion war, wurde unter dem Einfluß des Sozialdarwinismus zu einem realen Forschungsgegenstand. Führte man bis weit in die Zeit

R. B. Kitaj:
Bad Hearing,
Gemälde, 1996

Robert Jütte

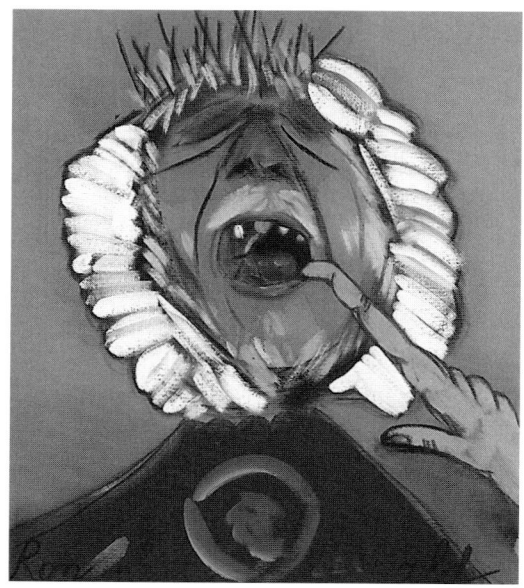

R. B. Kitaj:
Bad Teeth,
Gemälde, 1996

der Aufklärung hinein (und zum Teil auch noch darüber hinaus) die Krankheiten der Juden meist auf ihre besondere Lebensweise zurück, so richtete sich fortan das Interesse stärker auf den Faktor der Vererbung. Auch ging es nicht mehr wie in der Emanzipationszeit ganz allgemein um Judentum und Krankheit als Metapher für soziale und politische Mißstände. Seit der Mitte des 19. Jahrhunderts wetteiferten Spezialisten (Ärzte, Demographen, Anthropologen) darin, »wirkliche Krankheiten bei lebenden Menschen zu diagnostizieren«[20], das heißt empirisch zu belegen, welche Krankheiten unter Juden häufiger oder seltener vorkommen als bei Nichtjuden, woraus dann weitreichende sozialhygienische und politische Schlüsse gezogen wurden. Diese Debatte, an der sich auch jüdische Wissenschaftler beteiligten, lieferte den pseudowissenschaftlichen Unterbau für ein antisemitisches Stereotyp, das seit dem ausgehenden 19. Jahrhundert größere Verbreitung fand, nämlich die gedankliche Verbindung von Judentum, Krankheit, Perversion und Degeneration. Dieses Stereotyp beruht auf einer Dichotomisierung von Eigenschaften und Merkmalen wie gut, gesund und stark einerseits und schlecht, krank und schwach andererseits. Zu den Widersprüch-

lichkeiten, die jedem Stereotyp anhaften, gehört es, daß die Juden zwar mit den obengenannten negativen Attributen versehen wurden, man sich aber gleichzeitig vor ihrer angeblichen Macht, ihrem offenkundigen Talent und ihrer vielfach unter Beweis gestellten Lebenskraft fürchtete.

Vor allem die nationalsozialistische Propaganda assoziierte auf perfide Art und Weise Krankheit und Degeneration mit Erscheinungsformen des Judentums. Das Vokabular der Parasitologie[21] (darunter ein solch unheilvolles Wort wie »Ausrottung«, das zunächst lediglich eine Bezeichnung für Maßnahmen war, die sich gegen Rattenpopulationen und anderes Ungeziefer richteten) fand alsbald Anwendung auf die Juden, und man weckte so in der Bevölkerung die Angst vor einer Ansteckung im ganz konkreten, aber auch im übertragenen Sinn. Und als man die Juden schließlich in Ghettos umsiedelte und in Konzentrationslager schickte, wurde aus der eingebildeten Gefahr für die Gesundheit des Volkskörpers eine ganz reale Gefährdung durch Seuchen, wie sie überall da anzutreffen ist, wo Menschen schlecht ernährt sind und unter äußerst primitiven sanitären und hygienischen Bedingungen zusammenleben müssen. Typhus, an dem auch Anne Frank starb, wurde zur Lagerkrankheit schlechthin und damit zu einer Art Kennzeichen jüdischer Existenz unter der nationalsozialistischen Terrorherrschaft.

Paradoxerweise bediente sich auch die zionistische Propaganda seit Theodor Herzl der Krankheitsmetapher, allerdings mit anderer Zielsetzung. Ihr ging es darum zu zeigen, daß die Assimilation ein historischer Holzweg für die Juden war. In einem Leitartikel für die *Jüdische Rundschau* vom 5. Mai 1933 konstatierte Robert Weltsch bei den Juden sowohl eine gesunde Selbstkritik als auch einen krankhaften Selbsthaß. Als »gesund« bezeichnet er eine geänderte Einstellung, die zur jüdischen Identität zurückführt, als »krank« dagegen das Streben nach kultureller Anpassung.[22] Während Weltsch hier Krankheit als Metapher für ein gesellschaftliches Übel verwendet, zeigt die Debatte um die »Judenfrage in der Psychotherapie«, die in derselben Zeitschrift ein Jahr später ausgetragen wurde, den Dissens, ob die von Sigmund Freud und anderen jüdischen Ärzten und Psychiatern entwickelten Therapien die Juden auch ganz konkret von ihrem kollektiven Selbsthaß befreien konnten oder nicht.[23] In diesem Zusammenhang ist auch Hans Blüher (1888–1955) zu nennen, der ursprünglich ein Anhänger Freuds war und der nach 1926 die Psychoanalyse als undeutsche Heilweise diffamierte.[24]

Wenngleich die Vertreter rassenbiologischer Ansichten nicht die zahlreichen statistischen Untersuchungen jüdischer und nichtjüdischer Forscher leugnen konnten, die mit mehr oder weniger problematischen Statistiken belegen, daß zum Beispiel die Juden von den großen Volksseuchen (Tuberkulose, Syphilis und anderen) weitgehend verschont blieben und auch andere Krankheiten, wie zum Beispiel Krebs, bei ihnen seltener auftraten, so blieb ihnen als Trumpfkarte die auch von jüdischen Autoren meist nicht bestrittene Prävalenz von Geistes- und Gemütskrankheiten unter Juden.[25] So bemerkte zum Beispiel der Rassenforscher Georg Buschan (1863–1942), daß in Hinblick auf somatische Krankheiten die Juden im Unterschied zur »arischen« Rasse zwar begünstigt seien, ihre »psycho-pathische Minderwertigkeit« sie aber für Nerven- und Geisteskrankheit empfänglicher mache.[26] Die Assoziation von Judentum und Psychopathologie war spätestens seit den 1880er Jahren fester Bestandteil des Diskurses in anthropologischen Zirkeln, an dem auch jüdische »Rassenforscher« teilnahmen.[27]

Insbesondere die Hysterie und die Neurasthenie wurden als »typisch« jüdische Krankheiten angesehen, wobei man sich sogar auf den Lehrer Freuds, Jean-Martin Charcot (1825–1893), berufen konnte, der apodiktisch feststellt hatte, daß Nervenkrankheiten aller Art bei Juden häufiger auftreten als bei Angehörigen anderer Bevölkerungsgruppen. Als Ursache vermutet er jahrhundertelange Inzucht.[28] Der deutsche Psychiater Richard von Krafft-Ebing (1840–1902),

*R. B. Kitaj:
Bad Eyes,
Gemälde, 1996*

der die Bezeichnungen »Neurastheniker« und »Jude« gleichsetzte, ging sogar noch einen Schritt weiter und verwies neben der Endogamie auf den jüdischen Mystizismus als Ursache. Er behauptete unter anderem, daß sich hinter dem religiösen Enthusiasmus, wie man ihn vor allem bei den Ostjuden noch finde, häufig eine »abnorm gesteigerte Sinnlichkeit« verberge, die zu sexuellen Exzessen und in der Folge zu psychischen Erkrankungen führe.[29] Von jüdischer Seite wurden dagegen – was kaum überraschen dürfte – andere Ursachen ins Feld geführt. Der jüdische Arzt Rafael Becker hielt 1918 vor einer Zürcher zionistischen Akademikervereinigung einen Vortrag über die »Jüdische Nervosität«, in dem er Inzucht als Ursache ausschloß und statt dessen auf den geistig-moralischen Verfall des Judentums in Folge von Emanzipation und Assimilation abhebt.[30] Die damit einhergehenden Veränderungen der Sozialstruktur hätten zu psychopathologischen Erscheinungen geführt, die nur durch angemessene Beschäftigungen für Juden beseitigt werden könnten. Solange dieser Zustand, also die erwünschte Berufsumschichtung, noch nicht erreicht sei, gab er den Zuhörern den Rat, die Sexualität zu zügeln, indem man auf Stimulanzien, wie zum Beispiel auf Alkoholgenuß und die in der jüdischen Küche beliebten scharfen Gewürze, verzichte. Außerdem empfahl er gegen die schädliche Libido körperliche Bewegung.

Judentum und Salubrität

Fast gleichzeitig zu diesem Diskurs über die größere Morbidität oder bestimmte pathologische Erscheinungen im Judentum fand unter Juden und Nichtjuden eine Debatte statt, in der man Beweise dafür suchte, daß der Gesundheitszustand bei den Juden besser ist oder daß die Juden zumindest in vieler Hinsicht gesünder leben. Den Anfang machte der evangelische Theologe Johannes Buxtdorf d. Ä. (1564–1629), der in seinem Werk *Synagoga Judaica* behauptete, ohne dies allerdings im einzelnen zu belegen oder näher zu begründen, daß die Juden länger lebten als Christen und im Unterschied zu den zuletztgenannten auch immun gegen alle möglichen Krankheiten seien.[31] Erst zu Beginn des 19. Jahrhunderts gehen einzelne, dem Judentum mehr oder weniger wohlgesonnene Ärzte der Frage nach, warum bei Juden trotz vielfältiger gesellschaftlicher und wirtschaftlicher Benachteiligung häufig nicht nur eine geringere Sterblichkeit, sondern auch ein besserer Gesundheitszustand zu beobachten ist. Einer der ersten, der diesem Phänomen aufgrund empirischer Beobachtungen nachspürt, ist der württembergische Oberamtsarzt Dr. zum Tobel, der sich zu dem folgenden Lob durchringt: »Für Erhaltung der Gesundheit sind die Juden sehr besorgt, wozu sie zum Theil auch durch ihren religiösen Kultus angehalten werden. Sie erfreuen sich mancher Anordnungen, welche, wenn sie auf eine zweckgemässe, die Salubrität mehr im Auge habende Weise angewendet würden, auch für andere Konfessionen nachahmungswürdig wären.«[32] Zu diesen hygienischen Errungenschaften des Judentums zählt der Physikus aus Laupheim insbesondere die Mikwe, das jüdische Ritualbad, und die Speisegesetze. Daß die Juden dennoch nicht so gesund sind, wie man in Anbetracht einer so vorbildlichen Gesundheitsfürsorge vielleicht erwarten könnte, führt er auf ihr »mit Armuth und Beschwerden verschiedener Art kämpfendes Leben«[33] zurück.

Gerade an dem hier ausdrücklich als Beispiel genannten jüdischen Ritualbad kann man festmachen, welchen Wandel der Hygiene-Diskurs im 19. Jahrhundert erfahren hat.[34] Zu den Hauptstreitpunkten der Jüdischen Aufklärung, der »Haskala«, gehört die Hinterfragung religiöser Bräuche vor dem Hintergrund angestrebter gesellschaftlicher Veränderungen (Stichwort: Emanzipation), politischer Erfordernisse und neuerer wissenschaftlicher Erkenntnisse. Neben dem Streit um die frühe Beerdigung ist vor allem die Debatte um die Mikwe in hygienischer Sicht zu nennen, die in den zwanziger und dreißiger Jahren des 19. Jahrhunderts ihren Höhepunkt erreichte. Die damals von jüdischen und christlichen Ärzten geübte Kritik an dem schlechten hygienischen Zustand der meisten »Kellerquellenbäder«, wie diese Einrichtungen der jüdischen Gemeinde in der zeitgenössischen Terminologie hießen, paßte sehr gut in die Bestrebungen der Reformer, der Maskilim, die ein zeitgemäßes Judentum propagierten. Einer der bedeutendsten Protagonisten ist der Kasseler Arzt Moritz Mombert (1800–1859), der in den schmutzigen und dumpfigen Mikwen, auf die er bei einer Inspektionsreise gestoßen war, eine gefährliche Ansteckungsquelle sah. Für diese Zustände machte er nicht zuletzt »fanatische Rabbiner« beziehungsweise den »Rabbinismus«[35] verantwortlich. Und indem er die Gegner der Reform in einem Atemzug mit Tripper, Krätze und Schwindsucht nennt, legt er, wie Thomas Schlich nachgewiesen hat, die Assoziation von Krankheit, Schmutz, Unmoral mit der jüdischen Orthodoxie nahe.[36] Die Reformer hatten Erfolg. Zwischen 1810 und 1850 wurden behördlicherseits einschlägige Verordnungen erlassen. Mikwen wurden geschlossen oder entsprechend den zeitgenössischen hygienischen Vorstellungen umgebaut, und zwar gemäß Momberts Devise: »Ein Universalmittel zur Reformation (der Juden, R. J.) hat nur der Arzt in seiner

Gewalt, vermöge dessen er schneller und er-
folgreicher wirken kann.«[37] Die Autorität des
Rabbiners wurde bestritten und sollte durch
die des Arztes ersetzt werden – ein Ablö-
sungsprozeß, der sich im 19. Jahrhundert
auch in der Haltung christlicher Konfessionen zur Wissenschaft und zu medizinischen
Fragen in ähnlicher Form (Stichwort: Wun-
derheilungen, Pastoralmedizin) zeigt.

In der zweiten Hälfte des 19. Jahrhunderts schlägt der Diskurs über die Mikwe
dann um. Nicht nur jüdische Autoren bemühten sich darum, die Fortschrittlichkeit des Judentums damit zu belegen, daß dieses bereits
sehr früh solche lobenswerten hygienischen
Einrichtungen gekannt hat. So wird zum Beispiel im *Encyclopädischen Wörterbuch der
Staatsarzneikunde* (1872) ausdrücklich festgestellt, daß im Falle der jüdischen Ritualbäder zwar in der Vergangenheit gewisse Mißstände zu beklagen gewesen seien, daß man
aber die zeitgenössischen Mikwen aus ärztlicher Sicht nur begrüßen könne.[38] Die unein-
geschränkt positive Bewertung der Mikwe
kommt am deutlichsten in dem Katalog zur
Dresdener Hygiene-Ausstellung (1911) zum
Ausdruck, wo das rituelle Bad der Juden als
ein bewunderungswürdiges Beispiel für den
hohen Stand der Hygiene im Judentum, und
zwar bereits seit biblisch-talmudischen Zeiten, erscheint.[39] Auch das inzwischen wieder
nachgedruckte *Jüdische Lexikon* (1927)
schloß sich dieser positiven Beurteilung an
und sprach der Mikwe »eine nicht hoch
genug zu schätzende hygienische Bedeutung
zu.«[40]

Doch nicht nur die rituellen Waschungen
bei den verschiedensten Anlässen (vor dem
Morgengebet und Synagogenbesuch, nach
dem Stuhlgang etc.), auch andere religiöse
Vorschriften mit langer Tradition wurden auf
der Dresdener Hygiene-Ausstellung von 1911
und der Gesolei-Ausstellung in den zwanziger Jahren im Sinne einer modernen und
fortschrittlichen Hygiene interpretiert oder
umgedeutet.[41] Das gleiche läßt sich auch für
die Sexualmoral und die Speisegesetze feststellen. Aus der Vielzahl der zeitgenössischen Stimmen, die kurz vor oder nach der

Jahrhundertwende die spezifische Diätetik
des Judentums als Krankheitsprophylaxe
würdigten, war keiner geringerer als Rudolf
Virchow (1821–1902), der auf der 58. Versammlung der Naturforscher und Ärzte
(1885) die Frage stellte, »inwieweit die son-
derbare Immunität, welche die Juden unter
den verschiedensten Umständen (…) gezeigt
haben, basiert auf der Besonderheit ihres Lebens, auf der strengeren hygienischen Haltung des Hauses, auf der größeren Sorgfalt
der Speisegesetze, auf dem mehr häuslichen
Leben und dergleichen.«[42] Virchow ließ die
Frage offen, doch machte er zumindest durch
eine Nachbemerkung deutlich, daß er im Unterschied zu zahlreichen Zeitgenossen wenig

*Tobias Cohen:
Ma'aseh Tuvah
(Medizinisches Lehrbuch),
Venedig 1708*

von rassenbiologischen Erklärungen hielt, wenn er sie auch nicht gänzlich ausschließen wollte. Sein amerikanischer Kollege Ephraim M. Epstein, der in Wien und in Rußland praktiziert hatte, bevor er sich in Cincinnati (Ohio) als Arzt niederließ, akzeptierte dagegen den Hinweis auf religiöse Speisegesetze nicht als Begründung für die geringere Morbidität der Juden. Er machte statt dessen andere Faktoren (starke Familienbande und Solidarität sowie eine hochentwickelte Sozialfürsorge) für den meist besseren Gesundheitszustand der jüdischen Bevölkerung verantwortlich.[43] Fast zur gleichen Zeit vertrat ein amerikanischer Reformrabbiner dagegen die These, daß die vergleichsweise geringe Morbidität unter den Juden vor allem dem Umstand zu verdanken sei, daß diese ihre religiösen Reinheitsgebote streng einhielten.[44] Selbst in der neueren medizinischen Literatur findet sich ein Reflex dieser Diskussion um Judentum und Hygiene, wenn bei der Erklärung niedriger Krebsraten (in diesem Falle Penis- beziehungsweise Cervixkarzinom) unter Juden auf das religiöse Beschneidungsgebot verwiesen wird.[45]

Die bessere Medizin: Jüdische Ärzte und ihr Ruf

Daß Juden angeblich seltener krank und schneller wieder gesund wurden, hat man nicht nur genetisch beziehungsweise »rassenbiologisch« oder mit Hinweis auf Sitten und Gebräuche (einschließlich Diätetik und Hygiene) zu erklären versucht. Von Anfang an trifft man auch auf das Argument, daß die Juden die besseren Ärzte haben und sich mehr um ihre Kranken kümmern, wobei meist auf die Pflicht zum Krankenbesuch (Chevrat Bikur Cholim) und die talmudische Vorschrift, einen Arzt für die Gemeinde anzustellen, hingewiesen wird. Erstmals findet sich diese Erklärung in der um 1570 entstandenen *Schweizer Chronik* des Aegidius Tschudi. Darin versucht der Verfasser die These, daß die Juden die Brunnen vergiftet und damit die Pest von 1344/50 verursacht

hätten, mit dem Einwand zu entkräften, daß die Juden, da sie »merteil artzt und naturkündiger« gehabt hätten, sehr früh bereits die Gefahren, die aus den mit Miasmen verunreinigten Brunnen kamen, erkannten und deshalb diese Ansteckungsherde mehr oder weniger bewußt mieden.[46] Die außergewöhnliche Hochschätzung des Arztberufes im Judentum läßt sich von der Bibel bis in die jüngste Gegenwart vielfach belegen.[47] Es gab nur wenige jüdische Gelehrte, die von ärztlicher Hilfe im Krankheitsfall abrieten und allein auf die Kraft des Gebetes vertrauten.[48] »Wer Schmerzen hat, gehe zum Arzt«, heißt es beispielsweise im Talmud (Traktat Bâbâ qâmmâ 46b). Daß Juden in aller Welt und zu allen Zeiten diesen Rat beherzigt haben, belegen nicht nur jüdische Sprichwörter und Witze, sondern auch empirische Untersuchungen aus Israel und den USA, die in den sechziger Jahren durchgeführt wurden und zeigen, daß jüdische Patienten angeblich häufiger den Arzt aufsuchen. Auch wird mit Zahlen zu belegen versucht, daß sie ihre Krankheiten als sehr viel gravierender einschätzen, als diese es in den Augen des untersuchenden Arztes »tatsächlich« sind.[49] Laut einer anderen wissenschaftlichen Studie, die gleichwohl nicht frei von Stereotypen ist, neigen jüdische Patienten dazu, im Krankheitsfall zu übertreiben. Ihnen wird weiterhin nachgesagt, daß sie ihre Krankenrolle intensiv ausnutzen, indem sie an ihre Umgebung zahlreiche Forderungen stellen und gebührende Aufmerksamkeit erwarten.[50] Diese Behauptung ist keineswegs neu. Bereits 1781 beklagte sich der französische Arzt Le Jau darüber, daß seine jüdischen Patienten samt ihren Angehörigen nicht nur seine Geduld häufig überstrapazieren würden, indem sie stark lamentierten, sondern außerdem äußerst mißtrauisch seien und häufig den Arzt wechselten. Sie würden ebenfalls nicht zögern, sich von obskuren Heilern behandeln zu lassen.[51] Auch von jüdischer Seite wird dieses auffällige Verhalten im Krankheitsfall gelegentlich kritisiert, wie eine Persiflage aus dem Jahr 1914 beweist, die in der zionistischen Presse erschienen ist.[52] Aufschlußreich

*Krankenbesuch,
Teil eines Gemäldezyklus
im Versammlungssal
der Prager
Beerdigungsbruderschaft
(Chevra Kaddischa), 1780*

ist in diesem Zusammenhang auch ein jiddischer Witz, in dem die Wehleidigkeit und die Erwartungshaltung einer jüdischen Patientin karikiert werden. Er wurde 1911 in New York in einer Sammlung jüdischer Witze erstmals abgedruckt:

»Die Kranke: ›herr doktor! Es thut ve, ich vajs nit [vo]!‹

Doktor: ›ich vel ajch ferschrajben *ich vajs nit vas,* vet ihr ajch culejgen *ich vajs nit vo,* vet ihr geholfen vern *ich vajs nit ven*‹.«[53]

Im Krankheitsfall war jedenfalls den meisten jüdischen Patienten und deren Angehörigen fast jedes Mittel recht. Bewährte Therapien, die dem jeweiligen Stand der medizinischen Wissenschaft entsprachen, wurden durch magisch-religiöse Heilkünste, für die jüdische Ärzte und Rabbiner sowie insbesondere die Baal Schemot, die jüdischen Wunderheiler, bekannt waren, ergänzt und manchmal auch substituiert.[54] Und dann gab es natürlich noch die sprichwörtliche »Jüdische Hühnersuppe« als Panazee oder universell einsetzbares Heilmittel, wovon nicht zuletzt das jüdische Sprichwort zeugt: »Us an urem man esst a hihn, is er krank, oder die hihn« (»Wenn ein armer Mann ein Huhn auf dem Teller hat, ist entweder er oder das Huhn krank«).[55]

Trotz der im Mittelalter und in der frühen Neuzeit geltenden kirchlichen Verbote mach-

ten auch zahlreiche Christen, darunter nicht wenige hochgestellte Kleriker und weltliche Amtsträger, von diesem breitgefächerten Therapieangebot Gebrauch und setzten häufig ihre letzte Hoffnung auf die einschlägigen und vielgerühmten Fähigkeiten jüdischer Ärzte und Heiler.[56] Das weckte natürlich Neidgefühle und führte bereits sehr früh zu einer üblen Hetzkampagne gegen jüdische Ärzte, die im 17. und 18. Jahrhundert ihren ersten Höhepunkt erreichte. Jüdische Ärzte, die lange Zeit nicht an deutschen Universitäten studieren durften, wurden als ungelehrt und gewinnsüchtig diffamiert. Ihre Heilmethoden wurden angeprangert oder lächerlich gemacht.[57] Unter anderem wurde ihnen vorgeworfen, daß sie ihre Heilerfolge entweder dem Zufall oder okkulten, kabbalistischen Praktiken (Amulette, Segenssprüche, Beschwörungen) verdankten.

Als jüdische Ärzte dann im 19. Jahrhundert zu Pionieren auf zahlreichen Gebieten der naturwissenschaftlichen Medizin wurden, bahnbrechende Entdeckungen machten und ungeahnte Behandlungserfolge erzielten (man denke nur an Namen wie Paul Ehrlich, Ludwig Traube, August Wassermann), wandelte sich die Argumentation. Hermann Ahlwardt erhob 1890 den Vorwurf, daß jede echte Kunst und jede echte Wissenschaft verloren sei, »sobald das Judentum in ihnen

Robert Jütte

Links und rechts:
Adelsdiplom von
Alexander III. für den
jüdischen Arzt
David Rosenthal 1881

massenhaft seinen Einzug hält.«[58] Den jüdischen Ärzten warf er vor, den Umstand sich zunutze zu machen, daß die damalige Medizin noch keine festen therapeutischen Regeln kannte, was dem »jüdischen Schwindelgeist« Tür und Tor öffne. Als es angesichts der Fülle der Nobelpreise für Medizin, die jüdische Ärzte und Forscher in den ersten drei Jahrzehnten des vergangenen Jahrhunderts eingeheimst hatten, der antisemitischen Propaganda schwerfiel, Juden ihre medizinischen Fähigkeiten abzusprechen, griff man sich die Psychoanalyse und die Sexualwissenschaft als Beispiel für den »zersetzenden« Einfluß jüdischer Wissenschaftler und Ärzte heraus. In diesen beiden Spezialgebieten, die von Sigmund Freud (1856–1939) beziehungsweise von Magnus Hirschfeld (1868–1935) begründet worden waren, sah der Verfasser des *Handbuchs der Judenfrage* (45. Aufl. 1939) die »Hauptgefahr des Judentums in der Medizin«. Und es wird dort die rhetorische Frage gestellt: »Was nützt es uns, wenn eine Anzahl von Kranken von einem jüdischen Arzt gerettet werden, und dafür die Seelen unserer Kinder zugrunde gehen?«[59]

Wurde den jüdischen Ärzten in der Vormoderne von ihren christlichen Standeskollegen und Konkurrenten Magie und Empirismus vorgeworfen, so war es im ausgehenden 19. und frühen 20. Jahrhundert genau umgekehrt. Die Nationalsozialisten bezichtigten die jüdischen Ärzte des Rationalismus, der Gefühlskälte und des reinen Geschäftssinns und stellten dieser »herzlosen« und »materialistischen« Medizin die auf die Volksgesundheit bedachte »Neue Deutsche Heilkunde« entgegen.

Als die jüdischen Ärzte nach 1933 systematisch aus Deutschland vertrieben wurden und den verbliebenen Ärzten schließlich auch die Behandlung nichtjüdischer Patienten verboten wurde, entstand eine Situation, wie sie das jüdische Volk nicht einmal im mittelalterlichen und frühneuzeitlichen Ghetto gekannt hatte. Man war nun so gut wie ausschließlich auf die Hilfe jüdischer Ärzte angewiesen, die das schreckliche Schicksal (Ghettoisierung und Deportation in Arbeits- und Konzentrationslager) mit ihren Patienten teilten und unter extremen Bedingungen Bewunderungswürdiges leisteten und zahlreichen Juden das Leben retteten. Eindrucksvollstes Zeugnis dieses stillen Heldentums ist die im Jahr 1943 aus Familienschmuck gefertigte Dankesbezeugung einer Frau aus dem Ghetto in Lodz für den Arzt Dr. Epsztain, der ihr durch eine Behandlung das Leben gerettet hatte.[60]

Anmerkungen

1 William Shakespeare: Der Kaufmann von Venedig. Übersetzung Schlegel/Tieck. III. Akt, 1. Szene. Zu Shylock vgl. Anat Feinberg: Shylock. In: Julius Schoeps und Joachim Schlör (Hrsg.): Antisemitismus. Vorurteile und Mythen. München 1995, S. 119–126.

2 Vgl. dazu Sander L. Gilman: Der jüdische Körper. Gedanken zum physischen Anderssein der Juden. In: Die Macht der Bilder. Antisemitische Vorurteile und Mythen. Wien 1995, S. 168–179. Vgl. auch die einschlägigen Beiträge in: J. H. Schoeps und J. Schlör (Hrsg): Antisemitismus. München 1995; Sander L. Gilman: The Jew's Body. New York, London 1991; Klaus Hödl: Der »jüdische Körper« als Stigma. In: Österreichische Zeitschrift für Geschichtswissenschaft 8 (1997), S. 212–230.

3 AJW 13.7.95, S. 16.

4 Vgl. dazu Michael Tschoetschel: Die Diskussion über die Häufigkeit von Krankheiten bei den Juden bis 1920. Med. Diss. Mainz 1990, S. 1 f.

5 Vgl. u. a. Richard M. Goodman, Arno G. Motulusky: Genetic Disorders among the Jewish People. Baltimore, London 1979.

6 Bernardus Gordonius: Lilium medicinae inscriptum. o. O. 1585, S. 522.

7 Zitiert nach Harry Friedenwald: Jews and Medicine. Essays. Bd. II. Baltimore 1944, S. 527.

8 Hans Peter Duerr: Der Mythos vom Zivilisationsprozeß. Bd. 3: Obszönität und Gewalt. Frankfurt am Main 1993. Vgl. dazu meine kritische Besprechung in der FAZ (13. 9. 93), S. 13.

9 Elcan Isaac Wolf: Von den Krankheiten der Juden. Mannheim 1770, S. 50.

10 Vgl. Sander L. Gilman: The Case of Sigmund Freud. Medicine and Identity at the Fin de Siècle. Baltimore, London 1993, S. 155.

11 Ignaz Bernstein: Jüdische Sprichwörter und Redensarten. Frankfurt am Main 1908, S. 126 (Nr. 41).

12 R. Isaac Abravanel: Mirkeret ha-Mishneh (1496). Amsterdam 1768, S. 98c. Vgl. auch H. J. Zimmels: Magicians, Theologians, Doctors. Studies in Folkmedicine and Folk-lore as reflected in the Rabbinical Responsa (12th–19th Centuries). London 1952, S. 92.

13 Girolamo Fracostoro: Drei Bücher von den Kontagien, den kontagiösen Krankheiten und deren Behandlung (1546). Übersetzt und eingeleitet von Viktor Fossel. Leipzig 1910, Lib. ii, cap. 6.

14 Vgl. Zimmels, Magicians (Anm. 12), S. 104; Jacob Reischer: Shebuth Yaacob. Lemberg 1860, II, Nr. 84.

15 Harvey Mitchell, Samuel Kottek: An Eighteenth-Century Medical View of the Diseases of the Jews in Northeastern France. Medical Anthropology and the Politics of Jewish Emancipation. In: Bulletin of the History of Medicine 67 (1993), S. 248–281.

16 Wolf, Krankheiten (Anm. 9), S. 7.

17 Leopold La Fontaine: Über die polnischen Juden, ihre Lebensart und gewöhnlich Krankheiten. In: ders.: Chirurgisch-medicinische Abhandlungen verschiedenen Inhalts Polen betreffend. Breslau, Leipzig 1792, S. 145–155, hier S. 147.

18 Ebd., S. 151.

19 Zit. nach Mary Lindemann: 140 Jahre Israelitisches Krankenhaus in Hamburg. Vorgeschichte und Entwicklung. Hamburg 1981, S. 95. Vgl. dazu auch Shmuel Almog: Judentum als Krankheit. Antisemitisches Stereotyp und Selbstdarstellung. In: Tel Aviver Jahrbuch für Deutsche Geschichte 20 (1991), S. 215–235, hier S. 215.

20 Almog, Stereotyp (Anm. 19), S. 227.

21 Vgl. dazu Christoph Gradmann: »Auf Collegen, zum fröhlichen Krieg«. Popularisierte Bakteriologie im Wilhelminischen Zeitalter. In: Medizin, Gesellschaft und Geschichte 13 (1995), S. 35–54, speziell S. 51.

22 Robert Weltsch: Selbstkritik, trotz allem! In: Jasagen zum Judentum. Berlin 1993, S. 59–66. Vgl. Sander L. Gilman: Jüdischer Selbsthaß. Antisemitismus und die verborgene Sprache der Juden. Frankfurt am Main 1993, S. 232.

23 Vgl. Jüdische Rundschau vom 5. Mai 1934, S. 11, vom 15. Juni 1934, S. 10, vom 22. Juni 1934, S. 14. Vgl. dazu Gilman, Selbsthaß (Anm. 22), S. 232.

24 Vgl. Sander L. Gilman: Franz Kafka. The Jewish Patient. New York, London 1995, S. 158.

25 Vgl. u. a. Sander L. Gilman: Jews and Mental Illness. Medical Metaphors, anti-Semitism and the Jewish Response. In: Journal of the History of the Behavioral Sciences 20 (1984), S. 150–159.

26 Georg Buschan: Einfluß der Rasse auf die Formen der Geistes- und Nervenkrankheiten. In: Allgemeine medicinische Central-Zeitung 9 (1897), S. 104 f, 117 f, 131, 141–143, 156 f.

27 John Efron: Defenders of the Race. Jewish Doctors and Race Science in Fin-de-Siècle Europe. New Haven, London 1994.

28 J.-M. Charcot: Leçons du mardi à la Salpêtrière. Bd. 2. Paris 1887/89, S. 11 f. Vgl. Gilman, Selbsthaß (Anm. 22), S. 213.

29 Zit. nach Gilman, Selbsthaß (Anm. 22), S. 214. Vgl. auch Tschoetschel, Diskussion (Anm. 4), S. 302.

30 Rafael Becker: Die jüdische Nervosität. Ihre Art, Entstehung und Bekämpfung. Zürich 1918.

31 Johannis Buxtdorf: Synagoga Judaica. Das ist Juden-schul. Basel 1643, S. 620.

32 Dr. zum Tobel: Mittheilungen über einige unter den hiesigen Israeliten häufiger vorkommende Krankheiten. In: Medicinisches Correspondenzblatt für Württemberg 6 (1836), S. 8–11, hier S. 8.

Robert Jütte

33 Ebd., S. 9.

34 Vgl. Thomas Schlich: Die Medizin und der Wandel der jüdischen Gemeinde. Das jüdische rituelle Bad im Hygienediskurs des 19. Jahrhunderts. In: Robert Jütte und Abraham P. Kustermann (Hrsg.): Jüdische Gemeinden und Organisationsformen von der Antike bis zur Gegenwart. Wien 1996, S. 173-194. Zur Bau- und Kulturgeschichte der Mikwe vgl. auch Georg Heuberger (Hrsg.): Mikwe. Geschichte und Architektur jüdischer Ritualbäder in Deutschland. Frankfurt am Main 1992.

35 Moritz Mombert: Das gemeinschaftliche Bad der jüdischen Frauen in Kellern, ein Gegenstand für die medicinische Polizei und für practische Ärzte. In: Zeitschrift für Staatsarzneikunde 10 (1830), 274–294, hier S. 286. Ders.: Das gesetzlich verordnete Kellerquellenbad der Israelitinnen. Dient es zur Gesundheit und Reinigung des Körpers oder ist es als eine bis jetzt unbekannt gebliebene Quelle unzähliger Krankheiten zu betrachten, etc. Mühlhausen 1828, S. 53.

36 Vgl. Schlich, Medizin (Anm. 34), S. 180.

37 Mombert, Bad (Anm. 35), S. 277.

38 Gottlieb Kraus u. W. Pichler (Hrsg.): Encyclopädisches Wörterbuch der Staatsarzneikunde. Erlangen 1872, Bd. 1, S. 209.

39 Vgl. S. Weissenberg: Hygiene in Brauch und Sitte der Juden. In: Max Grunwald (Hrsg.): Die Hygiene der Juden. Im Anschluß an die Internationale Hygiene-Ausstellung Dresden 1911. Dresden 1911, S. 29–43, bes. S. 38 f.

40 Bruno Kirchner: Jüdisches Lexikon. Berlin 1927, Bd. 4/1, S. 178.

41 Vgl. B. Baneth: Das jüdische Ritualgesetz in hygienischer Beleuchtung. In: Max Grunwald, Hygiene der Juden (Anm. 39), S. 43–102, bes. S. 83 ff. Vgl. auch Falk Wiesemann: »Hygiene der Juden« auf der Düsseldorfer Gesolei 1926. In: Geschichte im Westen 8 (1993), S. 24–37. Vgl. auch Julius Preuss: Biblisch-Talmudische Medizin. Berlin 1911 (ND Wiesbaden 1992), S. 617 ff.

42 Zitiert in: Max Grunwald, Hygiene der Juden (Anm. 39), S. 299.

43 Vgl. Ephraim M. Epstein: Have the Jews any Immunity from Certain Diseases? In: The Medical and Surgical Reporter 30 (1874), S. 342–44. Vgl. Sander L. Gilman: Picturing Health and Illness. Images of Identity and Difference. Baltimore, London 1995, S. 110.

44 Samuel Krauskopf: Sanitary Science. A Sunday Lecture. Philadelphia 1889, S. 7. Vgl. Gilman, Picturing (Anm. 43), S. 109.

45 Vgl. u. a. M. W. Susser und W. Watson: Sociology in Medicine. 2. Aufl. New York 1972, S. 75.

46 Aegidius Tschudi: Chronicon Helveticum. 4. Teil. Bearb. von Bernhard Stettler. Basel 1983, S. 347.

47 Vgl. dazu die Beiträge in Natalia Berger (Hrsg.): Jews and Medicine. Religion, Culture, Science. Tel Aviv 1995.

48 Vgl. Zimmels, Magicians (Anm. 12), S. 6, 20. Vgl. auch Elliot N. Dorff: The Jewish Tradition. In: Ronald L. Numbers u. Darrel W. Amundsen (Hrsg.): Caring and Curing. Health and Medicine in the Western Religious Tradition. New York, London 1986, S. 5–39, bes. S. 14 ff.; Joseph Shatzmiller: Jews, Medicine and Medieval Society. Berkeley 1994, S. 56 ff.

49 Vgl. Susser/Walton, Sociology (Anm. 45), S. 64.

50 Mark Zborowski: Cultural Components in Responses to Pain. In: E. Gartly Jaco, Glencoe (Hrsg.): Patients, Physcians and Illness. Sourcebook in Behavioral Science and Medicine. Illinois 1958, S. 256–268, bes. S. 263.

51 Vgl. Mitchell/Kottek, View (Anm. 15), S. 255.

52 Der jüdische Patient. In: Selbstwehr 8 (6. 3. 1914), S. 3–4. Vgl. Sander L. Gilman: Franz Kafka. The Jewish Patient. New York, London 1995, S. 64.

53 A. Nudnik: Arbajter vicen. New York 1911, o. Paginierung.

54 Vgl. dazu Zimmels, Magicians (Anm. 12), S. 135 ff.; Karl E. Grözinger: Jüdische Wundermänner in Deutschland. In: ders. (Hrsg.): Judentum im deutschen Sprachraum. Frankfurt am Main 1991, S. 190–221; Herman Pollack: Jewish Folkways in Germanic Lands (1648–1806). Studies in Aspects of Daily Life. Cambridge/Mass. 1971, S. 113 ff. Zur innerjüdischen Kritik an der Volksmedizin vgl. John M. Efron: Images of the Jewish Body. Three Medical Views from the Jewish Enlightenment. In: Bulletin for the History of Medicine 69 (1995), S. 349–366, bes. S. 360.

55 Bernstein, Sprichwörter (Anm. 11), S. 22, Nr. 3. Der therapeutische Einsatz der »Goldenen Jauch«, der Hühnersuppe, läßt sich bis Maimonides zurückverfolgen. Vgl. John Cooper: Eat and be satisfied. A social history of Jewish Food. Northvale/N.J., London 1993, S. 110. »Chicken soup« ist auch der Name einer beliebten amerikanischen Vorabendsendung, vgl. Gilman, Jew's Body (Anm. 2), S. 26, 29.

56 Vgl. u. a. Robert Jütte: Contacts at the bedside. Jewish physicians and their Christian patients. In: Hartmut Lehmann und Ronie Po-Chia Hsia (Hrsg.): In and Out of the Ghetto. Jewish-Gentile Relations in Late Medieval and Early Modern Germany. New York 1995, S. 137–150; ders.: Zur Funktion und sozialen Stellung jüdischer »gelehrter« Ärzte im spätmittelalterlichen und frühneuzeitlichen Deutschland. In: Rainer C. Schwinges (Hrsg.): Gelehrte im Alten Reich. Zur Sozial- und Wirkungsgeschichte akademischer Eliten des 14. bis 16. Jahrhunderts. Berlin 1996, S. 159–179.

57 Vgl. dazu Nicoline Hortzitz: Der »Judenarzt«. Historische und sprachliche Untersuchungen zur Diskriminierung eines Berufsstands in der frühen Neuzeit. Heidelberg 1994.

58 Hermann Ahlwardt: Der Verzweiflungskampf der arischen Völker mit dem Judentum. Berlin 1890, S. 192 ff.

59 Theodor Fritsch: Das Handbuch der Judenfrage. Die wichtigsten Tatsachen zur Beurteilung des jüdischen Volkes, 45. Aufl. Leipzig 1943, S. 408 ff.

60 Vgl. Berger, Jews and Medicine (Anm. 47), S. 213.

Der lebende und der tote Körper

Thomas Schlich

Geburt und Tod sind die existentiellen Bezugspunkte des individuellen Lebens. Anfang und Ende des Lebens werden darüber hinaus aber auch in besonderer Weise mit der Zugehörigkeit zu einer Gemeinschaft wie der des Judentums verbunden. Sie bieten Gelegenheit, dem einzelnen Körper mittels bestimmter Aktivitäten eine jüdische Identität zuzuschreiben und damit auch der Gemeinschaft insgesamt Identität zu verleihen. Geburt und Tod ihrer Mitglieder erfordern es immer wieder neu, die Kontinuität und die Existenz einer Gemeinschaft zu sichern. Daher knüpften sich in der Geschichte Selbst- und Fremdbild des Judentums in besonderer Weise sowohl an den neu ins Leben getretenen Körper als auch an den toten Körper. Im folgenden Beitrag soll es vor allem darum gehen, wie der Umgang mit dem Körper an den beiden existentiellen Bezugspunkten des individuellen Lebens sowohl dem einzelnen als auch der Gemeinschaft eine spezifisch jüdische Identität verlieh.

Beginn des Lebens

Gewöhnlich wird man als Jude geboren. Seit der Zerstörung des Tempels in Jerusalem hat sich das Prinzip durchgesetzt, daß die Zugehörigkeit der Mutter zum Judentum darüber entscheidet, ob ein Kind jüdisch ist oder nicht. Allerdings ist auch ein Übertritt zum Judentum möglich, ebenso wie es umgekehrt immer wieder Juden gab, die zum Christentum übertraten. Die Geschichte vieler, zum Teil spektakulärer Konversionen in beide

Richtungen zeigt, daß das Judentum nur bedingt als eine Abstammungsgemeinschaft bezeichnet werden kann.[1] Dennoch setzte sich seit dem ausgehenden Mittelalter eine ethnische Auffassung vom Judentum mehr und mehr durch. Charakteristisch für den Endpunkt dieser Entwicklung ist die Äußerung des Rabbiners S. Ph. de Vries aus dem Jahr 1927, der zufolge der geborene Jude seine Zugehörigkeit zum jüdischen Volk so wenig verleugnen kann, wie er seine Geburt verleugnen kann. Beides seien Tatsachen, unabhängig davon, ob man sie nun akzeptiere oder nicht. Der Tatbestand der Geburt als Jude könne nicht rückgängig gemacht werden, es sei denn durch den Tod.[2] Vom Konzept der Volkszugehörigkeit ist es nur ein kleiner Schritt zu einer biologisch-anthropologischen Redefinition des Judentums als »Rasse« – eine Vorstellung, die die kulturellen Wahrnehmungsmuster im Positiven wie im Negativen zutiefst geprägt hat. Einerseits entstand ein neues, ethnisch definiertes Selbstbewußtsein, das sich auf die »physische Eigentümlichkeit« berief und dazu führte, daß Juden im 19. und 20. Jahrhundert die »Reinheit« und Stärke ihrer »Rasse« verteidigten.[3] Auf der anderen Seite richteten sich gerade die mörderischsten Judenverfolgungen der Geschichte gegen die »jüdische Rasse«.

Die Kontinuität in der Kette der Generationen ist für das Judentum von größter Bedeutung. Die Aufforderung der Bibel – »seid fruchtbar und mehret euch« (Gen. 1,28) – wird als Gebot Gottes verstanden, jeder Mensch ist nach göttlichem Willen zur Fort-

Thomas Schlich

pflanzung verpflichtet. Wer sich entzieht, gleicht einem Mörder. Vier Menschen, heißt es im Talmud, sind schon bei Lebzeiten wie Tote: der Arme, der Blinde, der Aussätzige und der Kinderlose.[4]

Als jüdische Ärzte im Mittelalter Teile des antiken medizinischen Schrifttums übernahmen, ließen sie Textstellen über Kontrazeption und Abtreibung aus oder fügten ablehnende Kommentare ein.[5] Allerdings besitzt das ungeborene Leben nach talmudischer Auffassung bis zum 40. Tag nach der Konzeption noch keine definierte Form. Erst von diesem Zeitpunkt an wird die Frau als Schwangere betrachtet. In der Frage der Beseelung des Ungeborenen gibt es keinen spezifisch jüdischen Konsens.[6] Gilt es, zwischen dem werdenden Leben des Kindes und dem bereits vorhandenen Leben der Mutter abzuwägen, so steht das mütterliche Leben im Vordergrund. Wenn etwa die Mutter vor der Geburt eines Kindes nicht anders zu retten ist, so darf man das Kind in ihrem Leibe zerschneiden und es gliedweise herausholen (Embryotomie). Ist aber der größere Teil des Kindes oder der Kopf bereits geboren, so darf es nicht mehr angerührt werden, denn es ist nicht erlaubt, ein Leben um des anderen willen zu vernichten. Zur Datierung des Geburtstages und Festlegung des Beschneidungstermins dient der Augenblick, wenn der Kopf des Kindes aus dem Geburtskanal tritt.[7]

Die Tätigkeit von Hebammen während der Geburt war Anlaß zur Abgrenzung zwischen Juden und Nichtjuden: Juden strebten die Betreuung durch eine jüdische Hebamme an und organisierten deren Anstellung durch die Gemeinde, zumal es – wie etwa im Jahr 1514 in Frankfurt am Main – vorkam, daß sich christliche Hebammen weigerten, den jüdischen Frauen bei der Geburt zu helfen.[8] Umgekehrt verbot die Posener jüdische Gemeinde 1677 jüdischen Hebammen die Betreuung von Geburten bei Christen, in Hamburg wurde dies 1729 den jüdischen Hebammen von christlicher Seite untersagt.[9] Eine Entbundene ist, wie die menstruierende Frau, für eine bestimmte Zeit nach der Geburt rituell unrein. Wie in anderen Kulturen

galten Mutter und Kind auch bei den Juden in der ersten Zeit zudem als besonders gefährdet, und man versuchte, sie mit verschiedensten Mitteln, zum Beispiel magischen Amuletten, zu schützen.[10]

Die Zugehörigkeit zum Heiligen Volk wird beim männlichen Kind am achten Tage nach der Geburt mit der Beschneidung besiegelt. Zu diesem Anlaß erhält der Knabe einen biblischen Namen, der von da an bei allen religiösen Anlässen dient, von der Bar Mizwa über die Aufrufung zur Toralesung bis zur Hochzeit und zur Grabsteininschrift. Mädchen erhalten ihren Namen gewöhnlich am Schabbat nach der Geburt oder wenn die Mutter zum ersten Mal wieder zur Synagoge kommt.[11] In der biblisch-jüdischen Tradition ist die Beschneidung das Zeichen des Bundes mit Gott, Berit Mila, und damit das grundlegende Symbol der Zugehörigkeit zum Judentum. Darauf zu verzichten, galt schon in der Zeit der Makkabäer als Abfall vom Judentum. Daß es hier um ein wertendes Abgrenzungsmerkmal hinsichtlich der Zugehörigkeit zu einer als Volk aufgefaßten Gemeinschaft geht, wird etwa daran deutlich, daß die Bezeichnung »unbeschnitten« schon in der Bibel als abfällige Charakterisierung von Nichtjuden auftaucht. Mit dem Aufstieg des Christentums wurde die Beschneidung zu einem speziellen Unterscheidungsmerkmal zwischen Christen und Juden.[12] Beschneidung und Taufe entwickelten sich in gewisser Hinsicht zu Äquivalenten: Die ursprünglich den Erwachsenen vorbehaltene Taufe der Christen wurde im Laufe der Zeit zu einem frühkindlichen Initiationsritus und darin der Beschneidung vergleichbar. Umgekehrt übernahmen die aschkenasischen Juden von der Taufe die Institution des Paten, den es seit dem frühen Mittelalter auch für die Berit Mila gibt.[13]

Anders als etwa ein Glaubensbekenntnis oder eine Geisteshaltung wird das Judesein damit zu einem unauslöschbaren Körpermerkmal. Allerdings betrifft es nur den Mann: Die jüdische Identität ist dem Körper des jüdischen Mannes mit dem Messer des Mohel eingeschrieben. Interessanterweise erweist sich gerade dieser körperlich manifestierte Teil der jüdischen Identität als besonders resistent gegen Veränderungen: In der modernen Zeit stellt das Festhalten an der Beschneidung des Knaben nicht selten das letzte überhaupt noch verbliebene Zeichen der Verbindung zum Judentum dar.[14] Dazu kommt die Tatsache, daß das körperliche Identitätszeichen des Beschnittenseins seit jeher die Vorstellungen der Nichtjuden vom Juden formt. Besonders zu der Zeit, als die Juden Westeuropas in Kleidung, Haartracht und weiteren äußeren Merkmalen nicht mehr von anderen Westeuropäern zu unterscheiden waren, konzentrierte sich die Wahrnehmung der jüdischen Identität auf das Beschnittensein. Dieses Körpermerkmal rückte so sehr in den Vordergrund, daß Wissenschaftler annahmen, das Fehlen der Vorhaut würde sich bei Juden in überdurchschnittlichem Ausmaß als vererbtes Merkmal zeigen. Die Beschneidung wurde damit als eine Art Rassenmerkmal in die Vorstellungswelt der Zeit integriert.

Als ein Eingriff in die Unversehrtheit des Körpers war die Beschneidung im 19. Jahrhundert aber auch Anlaß zu Kritik. Diejenigen, die das Judentum der sich wandelnden Welt anpassen wollten, betrachteten diese Art der Initiation als ein primitives Ritual der Selbstverstümmelung. So diskutierten zum Beispiel die Reformrabbiner auf ihrer Versammlung in Frankfurt am Main im Jahr 1843 über die Abschaffung der Beschneidung. Daß dabei auch medizinische Argumente eine Rolle spielten, zeigt eine allgemeine Tendenz zur Autoritätsverschiebung: Indem die Beschneidung als ein medizinisches Problem betrachtet wurde, machten Ärzte und Behörden den bisher allein zuständigen religiösen Instanzen die Autorität streitig.[15]

Die Beschneidung wurde von ihren Kritikern als für die Religion unnötig und vom medizinisch-wissenschaftlichen Standpunkt aus als irrational beurteilt. Überhaupt stellte das Beschnittensein einen Fokus antisemitischer Stereotypbildung dar. Das Festhalten daran wurde den Juden als Halsstarrigkeit

und Irrationalität angekreidet. Entlang dieser Leitlinien weckt die Beschneidung bis heute immer wieder gegensätzliche Assoziationen: Zum Vorwurf der unsinnigen und primitiven Verstümmelung kommt der eines – angeblich typisch jüdischen – Exklusivitätsstrebens, das sich im Festhalten an der Beschneidung äußere. Auf der anderen Seite findet die Beschneidung positive Beachtung als medizinisch fortschrittliche und nachahmenswerte Hygienemaßnahme, als vermeintliches Zeugnis für das schon früh hochentwickelte Gesundheitsbewußtsein der Juden.[16]

Peter Paul Rubens:
Die Beschneidung Christi,
Modell für das
Hochaltarblatt von
San Ambrogio,
Genua, 1605

Die Beschneidung, bei der der jüdische Knabe in der aschkenasischen Tradition gewöhnlich den spezifisch jüdischen Namen eines verstorbenen Verwandten erhält, symbolisiert die nicht abreißende Kette der Generationen, die Kontinuität der Gemeinschaft über den Tod und die Geburt von Nachkommen hinaus. Die Verbindung von Lebenden und Toten in der gemeinsamen jüdischen Identität wird dadurch betont.

Überhaupt werden Geburt und Tod in Talmud und Mischna als parallele Vorgänge verstanden: So, wie der Mensch mit einem Schrei, Tränen und einem Seufzer geboren wird, so stirbt er auch. Geboren wird er mit geballter Faust, als ob er sagt: »Die ganze Welt gehört mir.« Der Tod findet ihn mit offenen Händen, wie um anzudeuten, daß der Mensch nichts von dieser Welt mitnimmt.[17]

Ungefähr seit dem ersten vorchristlichen Jahrhundert versteht die jüdische Anthropologie den Menschen als zusammengesetzt aus Leib und Seele. Nach dieser Lehre wird die Seele des Menschen beim Zeugungsakt der Materie einverleibt, und sie verläßt den Körper wieder beim Tod.

Ende des Lebens

Was nach dem Tod mit dem Menschen geschieht, wurde im Judentum unterschiedlich gesehen. Die Bibel läßt verschiedene Auffassungen zu. So ist dort einerseits die Rede davon, daß der Mensch zu Staub wird, andererseits gibt es die Vorstellung von einem Totenreich oder einer Wiederauferstehung. In der jüdischen Tradition finden sich daher die verschiedensten Vorstellungen über die Seele und deren Schicksal nach dem Tod: Häufig wird die Seele in unterschiedliche Anteile gegliedert, manchmal sieht man sie nach dem Tod in eine Art kollektiver Seele des jüdischen Volkes eingehen. Das Spektrum der Wiederauferstehungsvorstellungen reicht bis hin zu kabbalistischen Reinkarnationslehren. Auf der anderen Seite wird die Existenz einer vom Körper separat zu betrachtenden Seele gelegentlich auch ganz abgestritten.

Der Talmud geht von der Existenz einer unsterblichen Seele aus, hinsichtlich deren Natur besteht jedoch Uneinigkeit. Da Gott Adam die Seele eingehaucht hat, ist sie für die talmudischen Rabbiner klar vom Körper zu trennen. Mit dem Tod verläßt die Seele den Körper, um sich bei der Auferstehung wieder mit ihm zu vereinigen. Über den Verbleib der Seele nach dem Tod finden sich im Talmud unterschiedliche Meinungen. Es wird angenommen, die Seele halte in den ersten zwölf Monaten noch eine vorübergehende Beziehung zum Körper aufrecht, indem sie ihn bis zu seinem Zerfall immer wieder aufsucht und verläßt. Zum Teil wird den Toten eine gewisse Bewußtseinsfähigkeit zugesprochen, sie könnten etwa hören und verstehen, was in ihrer Umgebung geredet wird, oder den Schmerz ihres körperlichen Verfalls spüren. Nach dieser Tradition bleiben die Toten in ihren Gräbern also in gewisser Weise in den Kontext des irdischen Lebens einbezogen.[18]

Einfluß auf die Bestattungssitten hatte vor allem die Erwartung einer Wiederauferstehung. Auf der Basis dieser Erwartung wurde eine sorgfältige Bestattung des vollständigen Körpers und der Schutz der Leiche vor Beschädigung sehr ernst genommen. Körper und Seele bilden demnach eine notwendige Einheit, die selbst nach dem Tod intakt bleiben muß. Der Körper des Menschen wird mit dem Tod nicht aufgegeben. Das Grab, so hat es der Judaist Karl E. Grözinger formuliert, vertritt nach dem Tod die physische Präsenz des Menschen selbst, in dem zu Lebzeiten Geist und Materie vereint waren und die auch noch im Grab ihren Berührungspunkt behalten.[19]

Im Judentum ist daher die Grabstätte unverletzlich, ein »Haus der Ewigkeit«. Eine zeitliche Beschränkung hinsichtlich der Aufrechterhaltung von Grabstätten, wie sie für christliche Friedhöfe üblich ist, kennt das jüdische Gesetz nicht. Die jüdischen Anschauungen über den Tod sind geprägt vom Beharren auf der Würde und der Bedeutung der Leiblichkeit des Menschseins. Die Ehre, die Würde und die wohlverdiente Ruhe des Verstorbenen sind die leitenden Prinzipien für den Umgang mit Grabstätten. Dieses Prinzip der Ehre und Ruhe der Toten verbietet sogar die Umbettung der Toten in ein würdevolleres Grab. Die Umbettung bereitet dem Toten Pein und bringt ihm Schmach; es sei denn, die Umbettung erfolgt in das Familiengrab oder ins Heilige Land.

Bereits den Protagonisten der Bibel lag ein anständiges Begräbnis am Herzen. Wie Jakob wünschten sich die alten Israeliten, bei den Vätern begraben zu werden. Die Bibel erzählt, wie Abraham die Höhle von Machpela in Hebron als Familiengrab erwirbt. Höhlengräber für ganze Familien waren typisch, aber keineswegs spezifisch für Juden. Von einer Weiterentwicklung dieser Bestattungsart zeugen die Katakomben in Rom und andernorts, die von Juden und Christen gleichermaßen benutzt wurden.

Die Art der Totenbestattung spiegelt auch die Beziehungen der Lebenden in verschiedenen Zeiten wider. So kennzeichneten streng getrennte Judenfriedhöfe und spezifische Totenbräuche die Juden als scharf definierte Bevölkerungsgruppe erst seit dem 11. und 12. Jahrhundert. Auf diese Weise manifestierte sich die allgemein veränderte Stellung der Juden in der damaligen Gesellschaft. Umgekehrt zeigen das Aufweichen der Separation der Begräbnisstätten und die unterschiedliche Haltung zur traditionellen Bestattung im 19. und 20. Jahrhundert die gegenteilige Tendenz an.

Der eigene Friedhof gehörte seit dem Mittelalter essentiell zur jüdischen Gemeinde. Die Pflicht der jüdischen Gemeinde, für einen Friedhof zu sorgen, hatte Vorrang selbst gegenüber der Errichtung einer Synagoge. Die Lebenden konnten ja einen gewöhnlichen Raum für ihr Gebet nutzen. Die Toten dagegen waren darauf angewiesen, an einer Stelle zu bleiben. Seit dem 11. Jahrhundert war es selbstverständlich, den Juden, wenn sie in einer Stadt willkommen waren, einen dauerhaften eigenen Friedhof zuzusichern. Häufig befanden sich die Judenfriedhöfe des Mittelalters in der Nähe des jüdischen Viertels, allerdings mindestens fünfzig

Schritte vom nächsten Haus entfernt. Typischerweise waren sie von einer hohen Mauer umgeben und mit Bäumen und Büschen bepflanzt.[20]

Der Respekt vor den Toten ist im traditionellen Judentum sehr ausgeprägt. Jeder körperliche Eingriff am Verstorbenen wird abgelehnt. Im Talmud wird zum Beispiel nicht einmal die Exhumierung und Besichtigung einer Leiche als Beweismittel in Streitfällen gestattet. Die Leichenöffnung kam aus jüdischer Sicht einer Leichenschändung gleich. Daraus resultierten zunächst keine größeren Probleme. Erst unter dem Druck gesetzlicher Vorschriften der nichtjüdischen Umwelt, der systematischen Anwendung der Anatomie in der medizinischen Forschung und der zunehmenden Anzahl jüdischer Medizinstudenten tauchte die Frage seit dem 18. Jahrhundert zunehmend als Gegenstand halachischer Responsen auf. Die Meinungen der Rabbiner spiegeln die unterschiedlichen Haltungen gegenüber der Frage der Akkulturation wider: Von orthodoxer Seite waren Autopsien aus medizinischen Gründen in der Regel inakzeptabel. Beispielgebend war das Gutachten des Prager Rabbiners Esekiel Landau aus dem 18. Jahrhundert, der die Zulässigkeit einer Leichenöffnung an einen unmittelbaren Nutzen zur konkreten Lebensrettung eines bestimmten Menschen knüpfte – eine Bedingung, die man in den seltensten Fällen nachweislich erfüllen kann.[21]

Im Jahr 1870 wandten sich orthodoxe Rabbiner in Preußen hilfesuchend an die Regierung, um die Sektion jüdischer Leichen in Krankenhäusern zu verhindern. Daß selbst das jüdische Krankenhaus in Berlin sezierte, rief wiederholt Stürme der Entrüstung hervor. In Israel gab es noch 1965 einen erbitterten öffentlichen Streit zur Frage der Autopsie, bei dem die Frontlinien ganz ähnlich verliefen.[22]

Respekt kennzeichnet auch das Verhalten während und nach dem Sterbeprozeß. Ein Sterbender darf nicht allein gelassen werden. Es bedeutet ein hohes rituelles Verdienst, beim Weggang der Seele zugegen zu sein. Jeder Versuch, den Eintritt des Todes zu be-

Thomas Schlich

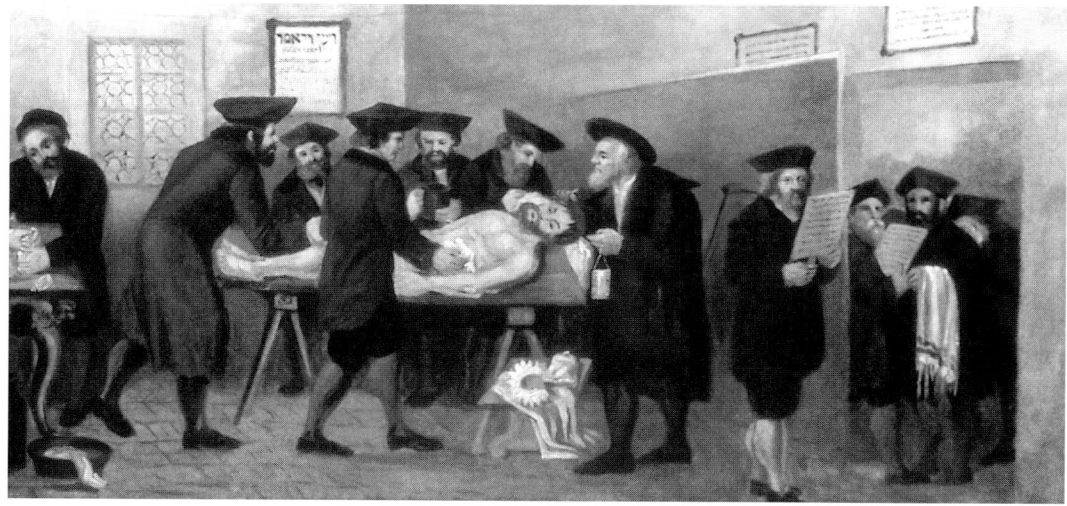

Waschung des Toten,
Teil eines Gemäldezyklus
im Versammlungssaal
der Prager
Beerdigungsbruderschaft
(Chevra Kaddischa), 1780

schleunigen, kommt einem Mord gleich. Die halachischen Zeichen des Todes kann man aus der biblischen Anthropologie ableiten: Der Mensch wird dadurch lebendig, daß Gott ihm seinen Atem einhaucht. Er stirbt, wenn der Lebensodem für immer entweicht. Als Todeszeichen gilt daher der Atemstillstand. Er kann zum Beispiel dadurch festgestellt werden, daß eine leichte Feder, an Mund oder Nase gelegt, keine Bewegung zeigt. Der Körper bleibt acht Minuten lang unberührt, und die Anwesenden achten genauestens auf das schwächste Zeichen einer Bewegung. Sobald der Tod festgestellt ist, werden Augen und Mund sanft vom ältesten Sohn oder nächstem Verwandten des Verstorbenen geschlossen. Arme und Hände werden längs zum Körper gelegt, der Unterkiefer geschlossen und gebunden, bevor die Totenstarre einsetzt. Man legt den Körper auf den Boden, mit den Füßen zu Tür, und bedeckt ihn mit einem Tuch. Nahe des Kopfes des Verstorbenen wird eine angezündete Kerze aufgestellt. Alles Wasser, das in der Nähe des Toten steht, ist unrein und wird ausgegossen. Das Wasserausgießen hat sich zu einem Zeichen des eingetretenen Todes entwickelt, an dem diejenigen, die nicht direkt im Sterbezimmer dabei sind, erkennen können, daß der Tod eingetreten ist. Wie der Sterbende wird auch der Tote nicht allein gelassen. Er muß bis

zum Begräbnis unablässig bewacht werden, und in frommen Kreisen wird dabei aus den Psalmen rezitiert. Die Totenwache ist ein Zeichen des Respekts für den Verstorbenen, den man nicht wehrlos und unbeachtet liegen läßt. Die Beschäftigung mit einer Totenwache befreit während dieser Zeit von anderen rituellen Pflichten.[23]

Der tote Körper ist im höchsten Grade rituell unrein. Das äußert sich unter anderem in der Vorschrift, daß in Jerusalem keine Leiche über Nacht liegen und keine Grabmäler errichtet werden durften. Personen und Utensilien, die mit Toten in Berührung gekommen sind, werden ebenso wie die Stelle, wo ein Toter lag, unrein.[24]

Vor der Beerdigung erfolgt die rituelle Reinigung des toten Körpers – die Tahara. Bei männlichen Verstorbenen übernehmen Männer diese Aufgabe, bei weiblichen sind es Frauen. Der Tote wird auf eine spezielle Taharabahre gelegt, er wird entkleidet, in Laken gehüllt und sorgfältig mit lauwarmem Wasser gereinigt. Jede Geste hat ihren Sinn und ist von einer festgelegten Liturgie biblischer Verse begleitet. Kein Körnchen Schmutz oder Unreinheit darf am toten Körper haften bleiben. Auch das Haar wird gewaschen und sorgfältig gekämmt, die Nägel werden geschnitten. Nach der Reinigung wird der Verstorbene in einfache Leichen-

Der Tote wird zu Grabe getragen, Teil eines Gemäldezyklus im Versammlungssaal der Prager Beerdigungsbruderschaft (Chevra Kaddischa), 1780

kleider aus Leinen gehüllt. Auf traditionellen Friedhöfen gibt es ein spezielles Gebäude für die Reinigung, Bet Tahara genannt.[25]

In einer Reihe von Gemeinden war es üblich, die Totenbahre oder den Sarg vor der Beerdigung siebenmal zu umschreiten und dabei entsprechende Verse zu rezitieren.[26]

Bei offenem Grab wird das Kaddisch rezitiert. Das Kaddisch ist eine Lobpreisung Gottes in aramäischer Sprache und ein traditioneller Bestandteil der Bestattungsliturgie. In den elf Monaten nach dem Tod eines Elternteils rezitiert es der Sohn täglich, später jeweils zu den Jahrestagen. Da das Kaddisch Teil des Gemeindegottesdienstes ist, besucht man dazu die Synagoge. Diese Praktik hat sich seit der Zeit der Verfolgungen durch die Kreuzfahrer im 13. Jahrhundert eingebürgert. Das Kaddisch wird so sehr als Totengebet betrachtet und an die Person des Sohnes gebunden, daß ein Sohn im Jiddischen oft als »ein Kaddisch« bezeichnet wird. Und man sagt, daß jemand gestorben sei, »ohne einen Kaddisch zu hinterlassen.« In diesem Sinne übernimmt der männliche Nachkomme, der das Gebet für seine Eltern rezitiert, die Verantwortung für deren Wohlergehen im Totenreich und für die spätere Wiederauferstehung.[27]

Es ist üblich, als eine Art Ersatz für die Bestattung im Land der Väter, Erde aus Erez Israel auf Kopf und Gesicht der Verstorbenen zu verstreuen. Diese Sitte zeigt noch einmal ganz deutlich, daß der Umgang mit dem toten Körper genauso eine Manifestation kultureller Identität ist wie die Praktiken mit dem neu ins Leben getretenen Körper. Auch wenn sich ein Jude aus der Diaspora, wie es nicht selten geschieht, seine letzte Ruhestätte im Heiligen Land wählt, drückt er damit aus, wo er seine Wurzeln sieht.

Sobald die Totengräber das Grab gefüllt haben, ist die Beerdigung vollendet. Der Weg zum Friedhofstor wird je nach lokaler Sitte drei- oder siebenmal unterbrochen, indem sich die Anwesenden niedersetzen und Gebete sprechen. Am Tor muß man sich dreimal die Hände waschen, ohne sie zu trocknen.

Hinsichtlich der Trauerzeit unterscheiden die Rabbiner traditionell vier Phasen: Die Periode zwischen Todeseintritt und Beerdigung, die ersten sieben Tage nach dem Begräbnis, die Zeit bis zum dreißigsten Tag nach der Bestattung und das erste Jahr. Jeder dieser Zeiträume erfordert von den Trauernden die Einhaltung bestimmter Regeln und Rituale. Unmittelbar nach der Beerdigung beginnt die Trauerwoche, in der man zu Hause bleibt. Körperliche Arbeit, Geschäftsabschlüsse, Baden, Kosmetik und das Tragen von Lederschuhen sind nur mit Einschränkungen erlaubt. Im Trauerhaus brennt sieben Tage lang ununterbrochen eine Kerze. In der folgenden Phase kehren die Trauernden nach und nach in ihre normalen Lebenszusammenhänge zurück. Bis zum Ablauf von dreißig Tagen nach dem Begräbnis, im Fall der Trauer um Vater und Mutter ein ganzes Jahr, meidet man Hochzeiten, Tanzveranstaltungen und Theater. Nach einem Jahr ist die Trauerzeit schließlich beendet.[28]

Die Ehrfurcht vor den Toten und die Auffassung, daß niemand aus der Beerdigung eines Toten einen materiellen Gewinn ziehen darf, waren die Grundlage für die Schaffung einer der wichtigsten Organisationen des Judentums: die Chevra Kaddischa, die »heilige Bruderschaft«.[29] Als Bruderschaft, die die Pflicht auf sich nahm, für die rituell einwandfreie Bestattung der Gemeindemitglieder zu sorgen, existierte die Chevra Kaddischa seit dem 16. Jahrhundert. Im Jahr 1564 wurde die erste derartige Vereinigung in Prag gegründet. Die Einrichtung breitete sich bald auf die aschkenasischen Gemeinden aus: 1597 entstand zum Beispiel die Chevra Kaddischa in Frankfurt am Main, 1609 jene in Worms, 1621 jene in Metz.

Als wichtigste Aufgabe kam der Chevra Kaddischa die der Tradition entsprechende Vorbereitung der Leichen zum Begräbnis zu. Sie übernahm das Ausheben der Gräber, das Aufstellen von Grabsteinen und führte die rituelle Reinigung der Toten durch. Jeder Jude, der sich an einem Ort ansiedelte, mußte sich gemäß seinen finanziellen Möglichkeiten am Gemeinschaftsfonds der Bruderschaft beteiligen. Für einen Juden des 17. Jahrhunderts war die Nichtteilnahme an der Chevra Kaddischa undenkbar. Das wäre einer Exkommunikation gleich gekommen und hätte eine weitgehende soziale Isolation bedeutet. Die Chevra Kaddischa regelte nämlich nicht nur den Zugang zum Friedhof, das ganze Gemeindeleben richtete sich nach dem Rhythmus ihrer Tätigkeit. Die Beteiligung an der Chevra Kaddischa konnte unterschiedlich aussehen. In den meisten Fällen waren die regelmäßige Beitragszahlung und das Recht auf die Dienste der Bruderschaft nicht

gleichbedeutend mit der Mitgliedschaft: Zum Mitglied berufen zu werden war eine besondere Ehre, die nur sehr angesehenen und verdienstvollen Gemeindemitgliedern zuteil wurde. Die Mitglieder sahen sich als eine Art soziale und ethische Elite. Bei allen Parallelen zu den Beerdigungsbruderschaften der mittelalterlichen und frühneuzeitlichen Zünfte der Christen war die Chevra Kaddischa weit mächtiger als diese. Schließlich unterstanden alle Mitglieder der jüdischen Gemeinde der Autorität dieser oligarchischen Institution. Basis der Autorität war letztlich die Drohung, von den Diensten der Bruderschaft ausgeschlossen zu werden. Der Verantwortungsbereich der Chevra Kaddischa ging über das Monopol auf den Totenkult, die Beerdigungpraktiken und die Trägerschaft der Friedhöfe hinaus und erstreckte sich im 18. Jahrhundert schließlich auf eine ganze Reihe von Bereichen. Er schloß die Aufsicht über Beschneidungen, die Versorgung von Waisen mit einer Mitgift, die Organisation religiöser Studien, die geistliche und medizinische Versorgung von Kranken bis hin zur Einrichtung von Hospitälern ein.[30]

Die Chevra Kaddischa sorgte auch dafür, daß das Begräbnis nicht hinausgezögert wurde. Denn zu den jüdischen Eigentümlichkeiten des Umgangs mit dem toten Körper gehörte die rasche Beerdigung: Ein Toter sollte möglichst nicht über Nacht unbeerdigt bleiben. Trat der Tod abends ein, wurde am nächsten Morgen beerdigt. Eine Ausnahme bildete nur der Schabbat. Hintergrund dieses Vorgehens war zum einen der Respekt vor der körperlichen Integrität des Toten: die Sichtbarkeit der Verwesung verletzt die Würde des Menschen. Dazu kam die Sorge der rituellen Verunreinigung der Umgebung durch die Unreinheit der Leiche. Zudem wurde vielfach geglaubt, daß die Seele nicht zu Gott zurückkehren könne, solange der Tote nicht mit Erde bedeckt ist. Die frühe Beerdigung ist vom jüdischen Standpunkt also ein wohlbegründetes Gebot der Menschlichkeit, der Würde und der Reinheit.[31]

Genau an diesem Punkt, an der frühzeitigen Beerdigung, entzündete sich seit den

1770er Jahren der sogenannte Beerdigungsstreit.[32] Wie man zu dieser Frage stand, zeigte damals gleichzeitig an, welcher Denkrichtung innerhalb des Judentums man angehörte. Hintergrund ist die im 18. Jahrhundert ausgebrochene und bald allgemein verbreitete Furcht, daß Scheintote versehentlich lebendig begraben würden. In der zweiten Jahrhunderthälfte entwickelte sich dieses Problem zu einem regelrechten Modethema in einem vom aufklärerischen Impetus getragenen Diskurs. Für die Aufklärer, inklusive der jüdischen Aufklärer, stand der Aspekt, daß die Toten und die Lebenden einer spirituellen Gemeinschaft angehörten, jetzt im Hintergrund. Ihre Aufmerksamkeit war vielmehr auf die Begrenztheit ihres individuellen Lebens gerichtet, und sie setzten alles daran, dieses nicht unnötig früh zu verlieren.

Aufklärer außerhalb und innerhalb des Judentums wollten verhindert wissen, daß die Juden durch ihre althergebrachte Beerdigungspraxis lebende Menschen begraben, und forderten die staatlichen Behörden auf, die frühe Beerdigung zu verbieten. Das bedeutete einen Bruch: War der Umgang mit den Toten bis dahin weitgehend Sache der Juden und ihrer religiösen Autoritäten gewesen, so kam es jetzt zu einer massiven Einmischung von außerhalb. Autorität und Kompetenz hinsichtlich dieses wichtigen Teils der traditionellen jüdischen Lebensweise sollten an den weltlichen Staat und die säkulare Medizin übertragen werden. So wurde beispielsweise die Todesbestimmung aus den Händen der Chevra Kaddischa genommen und der Expertenkompetenz der Ärzte übergeben. In diesem Sinne verbat sich der berühmte jüdische Arzt und Kant-Schüler Marcus Herz, der im Beerdigungsstreit gegen die frühzeitige Bestattung kämpfte, daß die Chevra Kaddischa ihm ins ärztliche Handwerk pfusche. Dies steht im Gegensatz zur vorausgegangenen Stellungnahme Moses Mendelssohns, die ebenfalls gegen die frühe Beerdigung gerichtet war. Mendelssohn hatte seinen Standpunkt noch im Medium des rabbinischen Diskurses artikuliert und sich im gleichen Koordinatensystem wie seine gelehrten jüdischen Korrespondenzpartner bewegt. Marcus Herz dagegen bezog sich auf eine allgemeingültige medizinische Vernunft und zielte damit de facto auf eine Entmachtung der religiösen Eliten. Dieselbe Entwicklung eines Autoritätstransfers auf weltliche Instanzen ist zu dieser Zeit auch in der nichtjüdischen Welt zu verzeichnen: Auch die christlichen Kirchen hatten die Kontrolle über das Begräbniswesen an staatliche Instanzen abgegeben. Viele Nichtjuden sowie die jüdischen Aufklärer forderten, daß den Juden angesichts dieser Säkularisierungs- und Medikalisierungsbewegung keine Sonderstellung zukommen dürfe. Nur wenn sie sich der neuen Rationalität öffneten, sollten die Juden als gleichberechtigte Bürger anerkannt werden: Diese Verknüpfung findet man auch in den Diskussionen um andere Bereiche der traditionellen jüdischen Lebensweise, etwa in den Kontroversen um die rituellen Bäder, die Speisegesetze oder, wie erwähnt, die Beschneidung.[33] Dies wurde als um so drängender empfunden, als auch die frühzeitige Beerdigung ebenso wie die Beschneidung einen Fokus für antijüdische Stereotypenbildung darstellte. Irrationalität und Starrsinn waren dabei noch die geringeren Vorwürfe, denn manche Schriften unterstellten den Juden sogar die gezielte Tötung Sterbender.

Den Hütern der Tradition mußten die Angriffe auf ihre Beerdigungssitten als Eingriff in den empfindlichsten und intimsten Bereich der Religion erscheinen. Im Verlauf der Auseinandersetzung wurde die frühzeitige Beerdigung für sie zu einem Symbol jüdischer Identität, ebenso wie sich der Kampf gegen sie zu einer Erkennungsmarke der jüdischen Aufklärungsbewegung, der Haskala, herausbildete. Die Frage der raschen Beerdigung gehörte daher zu den umstrittensten Themen im Judentum dieser Zeit. Es kam zu einer tiefen Spaltung, bei der die Vertreter der Haskala, die gleichzeitig für die Emanzipation der Juden eintraten, den traditionsorientierten Juden gegenüberstanden, die ihre jüdische Identität mit der Einhaltung der traditionellen Regeln zur Lebensweise verbanden und notfalls lieber auf die Emanzipation verzichte ten, als die Treue zum Gesetz der Väter aufzukündigen.

Mit der Pluralität in religiösen Dingen ging das Machtmonopol der Beerdigungsbruderschaften verloren: Es wurden konkurrierende Vereinigungen gegründet, die Bestattungen erst nach einer zwei- oder dreitägigen Wartezeit durchführten. Viele von ihnen führten zudem noch weitere Neuerungen im Ablauf der Bestattung ein. Spannungen blieben da nicht aus: Die erste neue Beerdigungsgesellschaft in Breslau suchte um Polizeischutz an, damit sie die neugestalteten Begräbnisse gegen den erbitterten Widerstand der alten Chevra Kaddischa überhaupt durchführen konnte.

Die ersten obrigkeitlichen Zwangsmaßnahmen gegen die frühe Beerdigung reichen bis in die letzten drei Jahrzehnte des 18. Jahrhunderts zurück. Um 1820 hatten dann alle deutschen Staaten Regularien erlassen, die eine Beerdigung erst zwei oder drei Tage nach Todeseintritt erlaubten. Proteste von jüdischer Seite blieben ohne Erfolg. Die Übertretung der Regeln wurde streng verfolgt. Damit wurde die Wartezeit im Laufe des 19. Jahrhunderts schließlich allgemein durchgesetzt. Das Reinigungshaus, Bet Tahara, wurde nun häufig als Leichenschauhaus eingerichtet, wo man Verstorbene noch eine Zeitlang aufbahren konnte. Die Änderung der Praktiken läßt sich konkret an den Inschriften der Grabsteine nachvollziehen. So ist zum Beispiel auf dem jüdischen Friedhof in Schwäbisch Hall auf vielen Grabsteinen der Jahre 1812 bis 1828 zu lesen, daß die Verstorbenen noch am Todestag beigesetzt wurden, während man den späteren Inschriften entnehmen kann, daß die Beerdigung ein oder zwei Tage nach dem Ableben stattfand.[34]

In den siebziger Jahren des 19. Jahrhunderts gab es erstmals jüdische Abteilungen auf konfessionsübergreifenden, kommunalen Friedhöfen. Daß der jüdische Teil überhaupt noch abgetrennt war, beruhte darauf, daß traditionsorientierte Juden auf einer kompletten physischen Abtrennung und einem separaten Zugang bestanden hatten. Viele jüdische Gräber verloren ihre traditionelle Gestaltung. Immer häufiger erschienen deutschsprachige Inschriften, Ornamente und Blumenschmuck. Dies rief den Widerspruch der Kulturzionisten hervor, die Anfang des 20. Jahrhunderts die Rückbesinnung auf eine eigene jüdische Identität forderten und sich dagegen wandten, daß jüdische Gräber wie ihre christlichen Gegenstücke gärtnerisch und bildhauerisch aufwendig gestaltet würden. Jüdische Gräber sollten sich wie die Gräber der Vorväter durch Schlichtheit und Würde auszeichnen. Eine bewußte Äußerung zur eigenen Identität war es auch, die Lebensdaten auf dem Grabstein nach jüdischer oder christlicher Zeitrechnung oder auch in Kombination beider anzugeben. Jüdische Gräber sind mit ihren Kombinationen aus jüdischen und nichtjüdischen Elementen häufig als ein Spiegelbild des aus verschiedenen Identitäten zusammengesetzten Selbstbildes der Bestatteten zu verstehen.

Dadurch, daß die Verantwortung für das Friedhofswesen aller Konfessionen schließlich auf die weltlichen Gemeindeverwaltungen überging, konnten Probleme auftreten, wenn die Behörden die spezifisch jüdischen Bestattungstraditionen ignorierten. Dies betrifft vor allem die unbegrenzte Aufrechterhaltung der Totenruhe. Noch heute kommt es zu Konflikten, wenn jüdische Friedhöfe Bauvorhaben im Wege stehen, und es erstaunt die Zeitgenossen, wenn orthodoxe Juden für die Gräber ihrer Toten nicht Kosten und Mühe scheuen, ja sogar bereit sind, dafür Gefahr für Leib und Leben in Kauf zu nehmen oder mit Polizei und Behörden in Konflikt zu geraten, wie es 1991/92 in Hamburg/Ottensen geschah, als auf dem Gelände eines ehemaligen jüdischen Friedhofs ein Einkaufszentrum errichtet werden sollte.[35]

Die unterschiedlichen Haltungen hinsichtlich der Frage, was jüdische Identität ausmacht, führten im 19. und 20. Jahrhundert immer wieder zu Meinungsunterschieden über den richtigen Umgang mit den Toten. Das machte sich zum Beispiel an der Frage der Einäscherung von Verstorbenen fest.[36] In neuester Zeit ist davon das Problem der Organentnahme und des Hirntodkriteriums im Zusammenhang mit der Transplantationsmedizin betroffen. Aus den traditionellen Gesetzestexten kann eine ablehnende Haltung zur Organentnahme vom Hirntoten begründet werden: Im Falle des Hirntods wird die Atmung maschinell aufrechterhalten. Wenn man das Aufhören der Atmung, wie traditionell im Judentum üblich, als notwendiges Todeszeichen bewertet, ist ein Hirntoter nicht tot. Folgerichtig würde dann für eine Organentnahme das Leben des hirntoten Menschen zunächst künstlich verlängert, um es schließlich durch Abbruch der Beatmung ebenso künstlich zu beenden. Beides ist nach den halachischen Gesetzen zum Umgang mit Sterbenden nicht erlaubt. Selbst unter der Bedingung, daß der Spender zum Zeitpunkt der Organentnahme unzweifelhaft tot ist, müssen eine Reihe von Gegenargumenten erwogen werden: das Gebot, daß von den Toten kein Nutzen gezogen werden darf, das Verbot, die Beerdigung zu verzögern, und das Problem der Leichenschändung. Dennoch wurde am 5. Dezember 1968 mit rabbinischer Zustimmung die erste Herztransplantation in Israel durchgeführt – ein Beleg für die Bandbreite der Haltung zum Tod im heutigen Judentum.[37]

Auch die jüdische Haltung zum Selbstmord zeigt eine gewisse Zeit- und Situationsabhängigkeit.[38] Grundsätzlich wird der Selbstmord in der jüdischen Tradition scharf verurteilt. Die Begräbnisrituale für einen Selbstmörder werden um der trauernden Hinterbliebenen willen durchgeführt, nicht zur Ehre des Toten selbst. Die Bibel kennt eine Reihe von Selbstmördern. Der wichtigste ist König Saul, der es vorzog, sich angesichts des bevorstehenden Todes durch die Hand der Philister ins Schwert zu stürzen. Die Selbsttötung in einer derartigen Bedrohungssituation gilt häufig als erlaubt, der Midrasch billigt Sauls Vorgehen ausdrücklich, so daß es hier sozusagen einen fließenden Übergang zum Märtyrertod gibt. Ein Muster für diese Art des selbst zugefügten Märtyrertodes war neben Sauls Tod der durch Flavius Josephus überlieferte Massenselbstmord von Massada

im Jahr 73, als die jüdische Besatzung der Bergfestung sich inklusive Frauen und Kindern umbrachte, bevor sie in die Hände der Römer fiel. Vergleichbare Massenselbstmorde werden aus den Verfolgungszeiten des Mittelalters berichtet, etwa aus York im Jahr 1190, wo es darum ging, der Zwangstaufe zu entgehen. Im späten 19. und im 20. Jahrhundert wurde das Phänomen Selbstmord von Juden in das komplexe Wechselspiel von Fremdbild und Selbstbild, Stereotypbildung und empirischer Erforschung einbezogen. Eine angenommene Tendenz zum Selbstmord bei Juden konnte als Zeichen ihrer Modernität, als Symptom der Degeneration, als Einfluß der Lebensweise oder ererbtes Rassenmerkmal ebenso wie als Folge eines verinnerlichten Antisemitismus im Sinne des Selbsthasses gedeutet werden. In der Zeit der Verfolgung durch die Nazis wurde der Selbstmord vieler Juden dann grauenhafte Realität.[39] Bereits kurz nach der Machtübernahme 1933 wurden Juden von den Nazis in den Tod getrieben. Viele zogen später die Selbsttötung der Deportation ins KZ vor. Zwischen 1938 und 1943 begingen zum Beispiel in Frankfurt am Main 715 Juden Selbstmord. Damit keine Panik ausbrach, wurde in Berlin die Veröffentlichung von Traueranzeigen eingeschränkt. Juden in den von Deutschen besetzten Ländern töteten sich, um nicht zu Helfern der Nationalsozialisten bei der Verfolgung und Ermordung anderer Juden gemacht werden zu können.

In der Folge dieser Geschehnisse ist die Wahrnehmung von Juden in der Gegenwart im hohen Maße durch die Toten bestimmt. So gibt es überall in Europa Friedhöfe als Zeugen der früheren Präsenz jüdischer Gemeinden. Durch die gleichzeitige Abwesenheit jedoch der lebenden Juden ebenso wie durch die häufig sichtbaren Spuren von Zerstörungen bezeugen sie die Verbrechen an den europäischen Juden. Zudem sind die jüdischen Grabstätten nicht selten noch heute konkrete Zielscheibe antisemitischer Ausschreitungen.

Schon seit dem Mittelalter wurden Juden immer wieder als Tote wahrgenommen, so-

Thomas Schlich

wohl aus der Eigenperspektive als auch von außen, waren sie doch häufig Opfer todbringender Verfolgungen. Dabei ist es bemerkenswert, wie die Opferrolle von außen zur Täterrolle umgedeutet werden konnte.[40] Zentral ist hier traditionell der Vorwurf des Gottesmordes: man schrieb den Juden die Schuld am Tod Jesu zu. Dazu kamen konkretere Anschuldigungen wegen Ritualmordes, wegen Brunnenvergiftung und wegen der bereits erwähnten Tötung von Sterbenden.[41] Das Bild des Juden als Toter wurde aber auch in der Figur des Ahasver, des unsterblichen Ewigen Juden, in sein Gegenteil verkehrt. Als Sühne für den Gottesmord muß er bis zum jüngsten Tage als Untoter heimatlos über die Erde irren. Diese Legende erhielt seit dem 17. Jahrhundert häufig eine judenfeindliche Ausrichtung. Der Ewige Jude trat auf als Stellvertreter des ganzen Judentums, der sämtliche negative jüdische Stereotype verkörperte. In einer paradoxen Verknüpfung ist hier der prototypische Jude nicht tot, sondern im Gegenteil unsterblich, weil ihm die Schuld für den Tod Jesu angelastet wird.[42]

Tote und die Erinnerung an sie prägen und konstituieren jüdische Identität. Bereits als Folge der Judenverfolgungen des Mittelalters machte das Gedenken an Tod und Leid einen wichtigen Teil der gemeinschaftlichen jüdischen Identität aus. Dies hat sich angesichts des noch angewachsenen Ausmaßes der Verfolgung erhalten. Das ins Extreme gesteigerte Maß von Tod und Verfolgung ist der millionenfache Mord an den europäischen Juden während des Zweiten Weltkriegs. Die Steigerung betrifft auch die Art des Todes. Der Tod im KZ war das genaue Gegenteil dessen, was die jüdische Tradition als erstrebenswert ansah. Die in einem industriellen Ausmaß organisierte Ermordung stellte eine totale Anonymisierung des Todes dar, die völlige Entwürdigung der Sterbenden und der Gestorbenen. In der Beispiellosigkeit ihres Todes sind die sechs Millionen Toten ein zentraler Bezugspunkt sowohl in der Wahrnehmung der Juden von außen als auch für das heutige jüdische Selbstverständnis.

Anmerkungen

1 Günther Sternberger: Jüdische Religion. München 1995, S. 11–14.

2 S. Ph. de Vries: Jüdische Riten und Symbole. Wiesbaden 1981, S. 173–174.

3 John Efron: Defenders of the Race. Jewish Doctors and Race Science in Fin-de-Siècle Europe. New Haven, London 1994.

4 Julius Preuss: Biblisch-Talmudische Medizin. Beiträge zur Geschichte der Heilkunde und der Kultur. Berlin 1911. Reprint Wiesbaden 1992, S. 477–479; Encyclopedia Judaica (EJ) 4, Sp. 1049–1053 »Birth«; Jeremy Cohen: »Be Fertile and Increase, Fill the Earth and Master It.« The Ancient and Medieval Career of a Biblical Text. Ithaca 1989.

5 Vgl. zum Beispiel: Ron Barkai: A History of Jewish Gynaecological Literature in the Middle Ages. Leiden, New York 1998, S. 91 u. 97.

6 Hirsch Jacob Zimmels: Magicians, Theologians and Doctors. Studies in Folk-Medicine and Folk-Lore as Reflected in the Rabbinal Responsa (12th-19th Century). London 1952, S. 61–63.

7 Preuss, Medizin (Anm. 4), S. 488–489.

8 Dietrich Andernacht: Regesten zur Geschichte der Juden in der Reichsstadt Frankfurt am Main von 1401–1519. Hannover 1996, S. 1018.

9 Jakob R. Marcus: Communal Sick-Care in the German Ghetto. New York 1947, S. 50.

10 Preuss, Medizin (Anm. 4), S. 464–470; EJ 4 (Anm. 4), Sp. 1049–1053 »Birth«.

11 Sternberger, Religion (Anm. 1), S. 12–14.

12 EJ 5, Sp. 567–576; Sternberger, Religion (Anm. 1), S. 12.

13 Ivan G. Marcus: Rituals of Childhood. Jewish Acculturation in Medieval Europe. New Haven 1996, S. 107.

14 EJ 5, Sp. 575.

15 Thomas Schlich: Medicalization and Secularization. The Jewish Ritual Bath as a Problem of Hygiene (Germany 1820s–1840s). In: Social History of Medicine 8 (1995a). S. 423–442.

16 David Sorkin: The Transformation of German Jewry.1780–1840. New York, Oxford 1987, S. 168–169; Mordechai Breuer: Jüdische Orthodoxie im Deutschen Reich 1871–1918. Sozialgeschichte einer religiösen Minderheit. Frankfurt am Main 1986, S. 234–236; Sander Gilman: The Jewish Body. New York 1991, S. 86–97.

17 EJ 5, Sp. 1423.

18 EJ 2, Sp. 336–339 »Afterlife«; EJ 4, Sp. 1165–1166 »Body and Soul«; EJ 5, Sp. 1420–1427 »Death«; EJ 11, Sp. 235–237 »Life and Death«; EJ 15, Sp. 172–174 »Soul«; EJ 15, Sp. 174–181 »Soul, Immortality of«.

19 Karl E. Grözinger: Die Totenruhe im Judentum. In: Menora. Jahrbuch für deutsch-jüdische Geschichte 4 (1993), S. 259–272. Zur Totenruhe auch: De Vries, Riten (Anm. 2), S. 300–302.

20 EJ 4, Sp. 1515–1523 »Burial«; Sylvie Anne Goldberg: Crossing the Jabbok. Illness and Death in

Ashkenazi Judaism in Sixteenth- through Nineteenth-Century Prague. Berkely 1996, S. 21–29.

21 Zimmels, Magicians (Anm. 6), S. 13–14; Fred Rosner: Modern Medicine and Jewish Law. New York 1972, S. 136–137; Breuer, Orthodoxie (Anm. 17), S. 233–234; EJ 3, Sp. 931–934 »Autopsies and Dissection«.

22 Rosner, Medicine (Anm. 21), S. 145–154.

23 EJ 5, Sp. 1425–1426; De Vries, Riten (Anm. 2), S. 269–301; Sternberger, Religion (Anm. 1), S. 101–111; Goldberg, Crossing (Anm. 20), S. 110–128.

24 Preuss, Medizin (Anm. 4), S. 608–616

25 EJ 15, Sp. 1188–1189 »Tohorah«; De Vries, Riten (Anm. 2), S. 271–273; Goldberg, Crossing (Anm. 20), S. 111.

26 Goldberg, Crossing (Anm. 20), S. 115–111, 133–135.

27 EJ 10, Sp. 660–663 »Kaddish«; De Vries, Riten (Anm. 2) S. 284–287; Goldberg, Crossing (Anm. 20), S. 38–40.

28 EJ 12, sp. 485–493 »Mourning«; De Vries, Riten (Anm. 2), S. 288–300; Goldberg, Crossing (Anm. 20), S. 120–128.

29 Vgl. Marcus, Sick-Care (Anm. 9); EJ 8, Sp. 442–446 »Hevra Kaddisha«; Goldberg, Crossing (Anm. 20).

30 Vgl. Goldberg, Crossing (Anm. 20).

31 EJ 4, Sp. 1515–1523 »Burial«; Goldberg, Crossing (Anm. 20), S. 81–82, 112–113; Daniel Krochmalnik: Scheintod und Emanzipation. Der Beerdigungsstreit in seinem historischen Kontext. In: Trumah. Zeitschrift der Hochschule für jüdische Studien Heidelberg 6 (1997), S. 107–149.

32 Falk Wiesemann: Jewish Burials in Germany. Between Tradition, the Enlightenment and the Authorities. In: Year Book of the Leo Baeck Institute 37 (1992), S. 17–31; Goldberg, Crossing (Anm. 20), S. 195–205.

33 Vgl. Schlich, Medicalization (Anm. 15); Thomas Schlich: The Word of God and the Word of Science: The Jewish Dietary Laws and Nutrition Science in Germany 1820s-1920s. In: Harmke Kamminga, Andrew Cunningham (Hrsg.): The Culture and Science of Nutrition 1840s–1940s. Amsterdam 1995, S. 97–128.

34 Heinrich Kohring: Der jüdische Friedhof in Schwäbisch Hall-Steinbach. Schwäbisch Hall 1996, S. 21.

35 Ina Lorenz, Jörg Berkemann: Streitfall Jüdischer Friedhof Ottensen. 2. Bd. Hamburg 1995.

36 De Vries, Riten (Anm. 2), S. 302–306.

37 Rosner, Medicine (Anm. 21), S. 155–176; Elliot N. Dorff: Choosing Life. Aspects of Judaism Affecting Organ Transplantation. In: Stuart J. Youngner, Renée C. Fox, Laurence J. O'Connell (Hrsg.): Organ Transplantation. Meanings and Realities. Madison (Wisc.) 1996, S. 168–193.

38 EJ 15, Sp. 489–491; Preuss, Medizin (Anm. 4), S. 603–608; Samuel S. Kottek: Medicine and Hygiene in the Works of Flavius Josephus. Leiden 1994, S. 171–180.

39 Israel Gutman (Hrsg.): Enzyklopädie des Holocaust. Die Verfolgung und Ermordung der europäischen Juden. München 1995, S. 1881 (Register), S. 203, 315, 696, 999, 1247.

40 Zum Juden als Mörder: Gilman, Body (Anm 16), S. 104–127.

41 Goldberg, Crossing (Anm. 20), S. 30–31.

42 Vgl. zum Beispiel: Avram Andrei Baleanu Die Geburt des Ahasver. In: Menora. Jahrbuch für deutsch-jüdische Geschichte 2 (1991), S. 15–43; EJ 16, Sp. 259–272 »Wandering Jew«.

Anhang

Autorinnen und Autoren

Susanne Belovari, Dr., geb. in Wien Favoriten. Studium der komparativen und historischen Soziologie, Latin American Studies sowie Gender and International Development in den USA. Publikationen zum US-amerikanischen und kolumbianischen Justizsystem, zu Frauen in der Wissenschaft und zur Geschichte der Rassentheorien. Promotion über die Geschichte der Völkerkunde und der Darstellung von Indianern in Museen und Weltausstellungen. Derzeit arbeitet sie an einer Publikation über Wissenschaftsgeschichte an der University of Wisconsin. Mitbegründerin der Summer School for Designing Society.

Christina von Braun, Prof. Dr. phil. Kulturtheoretikerin und Filmemacherin. Ca. 50 Filmdokumentationen und Fernsehspiele zu kulturgeschichtlichen Themen, zahlreiche Bücher und Aufsätze über das Wechselverhältnis von Geistesgeschichte und Geschlechterrollen. Buch und Filmreihe über die Geschichte des Antisemitismus (*Der Ewige Judenhaß*, Köln 1990). Seit 1994 Professorin für Kulturwissenschaft an der Humboldt-Universität zu Berlin.

John M. Efron, Dr. Außerordentlicher Professor für jüdische Geschichte an der Indiana University, Bloomington. Spezialist für deutsch-jüdische Geschichte. Zahlreiche Aufsätze und Bücher, z.B.: *Defenders of the Race. Jewish Doctors and Race Science in Fin-de-Siècle-Europe*. Yale 1994. In Kürze erscheint: *The History of an Intimate Relationship. Medicine and the Jews.*

Sander L. Gilman, Dr. Henry R. Luce Professor of the Liberal Arts in Human Biology. Vorsitzender des Department of Germanic Studies an der University of Chicago. Kultur-, Literatur- und Medizinhistoriker. Autor und Herausgeber von über fünfzig Büchern. Zuletzt gem. mit Jack Zipes: *Jewish Writing and Thought in German Culture. 1096–1996*. Yale 1997. Untersuchung zur visuellen Stereotypenbildung über Geisteskranke *(Seeing the Insane. 1982)*. Standardwerk über jüdischen Selbsthaß (1986). Zahlreiche Gastprofessuren in Deutschland, Südafrika, Kanada und den USA.

Susannah Heschel, Dr. Eli Black Professor of Jewish Studies am Dartmouth College. Zahlreiche Veröffentlichungen über deutsch-jüdisches Denken, über Abraham Geiger und den jüdischen Jesus. Herausgeberin des Bandes *On Being a Jewish Feminist*. Mitherausgeberin (gemeinsam mit David Biale und Michael Galchinsky) von *Insider/Outsider. American Jews and Multiculturalism*. Derzeit Fertigstellung des in Kürze erscheinenden Buchs über nationalsozialistische protestantische Theologen in Deutschland.

Robert Jütte, Dr., geb. 1954 in Warstein/Westfalen. Von 1983–1989 Dozent und später Professor für Neuere Geschichte an der Universität Haifa in Israel. Seit 1990 Leiter des Instituts für Geschichte der Medizin der Robert Bosch Stiftung in Stuttgart. Honorarprofessor an der Universität Stuttgart. Forschungsschwerpunkte: Sozialgeschichte der Medizin und Wissenschaftsgeschichte, vergleichende Stadtgeschichte, Alltags- und Kulturgeschichte der frühen Neuzeit, Medizin und Judentum. Zahlreiche Buchveröffentlichungen. Herausgeber der Zeitschrift Medizin, Gesellschaft und Geschichte.

Gabriele Kohlbauer-Fritz, Dr., geb. 1962. 1980-1987 Studium der Slawistik und Judaistik an der Universität Wien. 1985/86 Studienaufenthalt in Moskau. Promotion über *Die Russischen Religionsphilosophen und das Judentum*. Seit 1993 Kuratorin am Jüdischen Museum der Stadt Wien.

Zahlreiche Ausstellungen. Publikationen zur Geschichte der galizischen Juden und zur jiddischen Kultur in Wien.

Sybilla Nikolow, Dr. Studium der Mathematik, Physik und Wissenschaftsgeschichte in Leipzig und Dresden. Wissenschaftshistorikerin am Institut für Wissenschafts- und Technikforschung der Universität Bielefeld. Lehraufträge in Bielefeld und Hannover. Derzeit Forschungsprojekt über graphisch-statistische Repräsentationstechniken in der Wissenschaftsgeschichte, u.a. am Beispiel der Hygieneausstellungen nach 1900 in Deutschland. In Kürze erscheint dazu: *Performing the Invisible. »Volkskrankheiten« on Exhibition in Imperial Germany.* (Gemeinsam mit Christine Brecht) In: Cornelius Borck u. Andreas Mayer (Hrsg.): *Science on Display*. Amsterdam.

Rhoda Rosen, Dr. Derzeit freiberufliche Kunsthistorikerin in Chicago. Geb. in Südafrika, dort Lektorin für Kunstgeschichte an der Universität Witwatersrand in Johannesburg. Derzeit Arbeit an einer Reihe von internationalen Ausstellungen. Lehrauftrag für Kunstgeschichte.

Thomas Schlich, PD Dr. med., geb. 1962. Studium der Medizin und ärztliche Tätigkeit in Marburg/Lahn. 1991/92 Forschungs- und Studienaufenthalt an der Universität Cambridge. 1992–97 wissenschaftlicher Mitarbeiter am Institut für Geschichte der Medizin der Robert Bosch Stiftung in Stuttgart. Seit 1997 wissenschaftlicher Mitarbeiter und Privatdozent am Institut für Geschichte der Medizin der Universität Freiburg im Breisgau. Jüngste Buchveröffentlichung: *Die Erfindung der Organtransplantation. Erfolg und Scheitern des chirurgischen Organersatzes (1880–1930).* Frankfurt a. M. 1998.

Joachim Schlör, Dr., geb. 1960 in Heilbronn. Studium der Empirischen Kulturwissenschaft und Politikwissenschaft an der Universität Tübingen. 1990 Promotion über *Nachts in der großen Stadt. Paris, Berlin, London 1840–1930.* Stipendiat am Institut für deutsche Geschichte an der Universität Tel Aviv. Seit 1993 wissenschaftlicher Mitarbeiter am Moses Mendelssohn Zentrum für europäisch-jüdische Studien an der Universität Potsdam, Abteilung Kultur- und Literaturgeschichte. Veröffentlichungen zur Stadtgeschichte, zur deutsch-jüdischen Geschichte und zu Israel.

Wir danken folgenden Rechtsinhabern und Leihgebern für die freundliche Genehmigung zur Abbildung in diesem Katalog.

Archiv Klaus Wagenbach, Berlin: S. 70
Archives of Milton H. Greene: S. 118
The Art Institute of Chicago: S. 89
Steven E. Ashheim: Brothers and Strangers. The East European Jew in German and German Jewish Consciousness, 1800-1923. Madison 1982: S. 84
Samuel Bak: S. 88
Susanne Belovari: S. 25
Carolino Augusteum Salzburger Museum für Kultur- und Kunstgeschichte: S. 111
Courtesy of MGM: S. 71
Eduard Fuchs: Die Juden in der Karikatur. München 1921: S. 75, 76, 77, 78
Gemäldegalerie der Akademie der bildenden Künste in Wien: S. 59, 147
Susannah Heschel: S. 90, 93
Hygienemuseum Dresden: S. 16
Jewish Theological Seminary, New York: S. 61, 68, 69, 139, 142
Jüdisches Museum Prag: S. 141, 150, 151
Jüdisches Museum Wien: S. 17 (Photo David Peters), 47, 49, 50 (Photo David Peters), 53 (Photo David Peters), 127
Ron B. Kitaj: S. 117
Landesmuseum für Kultur und Geschichte Oldenburg, Photo H. R. Wacker: S. 67
Elanit Leder: S. 95
Maimonides-Zentrum Wien: S. 124
Marlborough Fine Art, London: S. 135, 136, 137
Musée de la Ville de Paris: S. 57
Nationalmuseum Warschau: S. 110
Naturhistorisches Museum Wien (Photos David Peters): S. 33, 37, 39
Österreichische Nationalbibliothek: S. 27, 29, 31
Sammlung Sanders, Amsterdam: S. 114, 115
Tel Aviv Museum of Art: S. 12, 13, 14, 15
Marina Vainshtein: S. 21
Vishniac Collection: S. 87
web:httpi\\artsci.wufstl.edu\~marton: S. 20
Wimmen's Comix Nr. 15, USA: S. 65
Wolff Collection, USA: S. 89
Ammy Ben Yacov Collection, New York: S. 30, 81, 82, 83

Personenregister